CLAUS STRUNZ

Geht's noch, DEUTSCHLAND?

Die schlimmsten Fehler, die unser Land lähmen – und 20 Ideen, wie es wieder besser wird

PLASSEN
VERLAG

Copyright 2018:
© Börsenmedien AG, Kulmbach

Cover- und Layoutgestaltung: Holger Schiffelholz
Coverfoto: Claudius Pflug
Satz und Herstellung: Daniela Freitag, Martina Köhler
Redaktion: Eduard Wolter
Druck: GGP Media GmbH, Pößneck

ISBN 978-3-86470-596-0

Alle Rechte der Verbreitung, auch die des auszugsweisen Nachdrucks,
der fotomechanischen Wiedergabe und der Verwertung durch Datenbanken
oder ähnliche Einrichtungen vorbehalten.

Bibliografische Information der Deutschen Nationalbibliothek:
Die Deutsche Nationalbibliothek verzeichnet diese Publikation in der
Deutschen Nationalbibliografie; detaillierte bibliografische Daten
sind im Internet über <http://dnb.d-nb.de> abrufbar.

Postfach 1449 • 95305 Kulmbach
Tel: +49 9221 9051-0 • Fax: +49 9221 9051-4444
E-Mail: buecher@boersenmedien.de
www.plassen.de
www.facebook.com/plassenverlag

INHALT

Vorwort 7

**1. Geht's noch? –
Wir lassen unsere Demokratie verkümmern**

1. Das System Angela Merkel – oder:
   Die Pervertierung der demokratischen Idee 18
2. Frank-Walter Steinmeier – oder: Das arrogante
   Wahlverfahren zum Bundespräsidenten 34
3. Wenn nur noch Reiche und Gebildete wählen – oder:
   Die große Angst der Politelite, dass wirklich jeder
   Mensch seine Stimme abgibt 44

DEMOKRATIE – SO GEHT'S, DEUTSCHLAND! 65

**2. Geht's noch? –
Wir sind kein „Team Deutschland" mehr**

1. Das Jogi-Prinzip – oder: Unser verlorenes WIR-Gefühl 68
2. Der Weg zu einem „Patriotismus 5.0". Gemeinsamkeit
   verordnen – oder: Wer freiwillig nicht will,
   muss müssen 74
3. Trennendes abschaffen – oder: Deutscher Staatsbürger
   ist man ganz oder gar nicht 95

TEAM DEUTSCHLAND –
SO GEHT'S, DEUTSCHLAND! 103

3. Geht's noch? – Wir lassen die falschen Einwanderer ins Land

1 Millionen Menschen sind eingereist, aber: Wer gehört zu Deutschland? 106
2 Wichtige Schritte zur richtigen Einwanderungspolitik: So wird Deutschland stark und bunt, ohne dass es den Deutschen zu bunt wird 124

EINWANDERUNG – SO GEHT'S, DEUTSCHLAND! ... 157

4. Geht's noch? – Wir sind nicht mehr das Land der Dichter und Denker

1 LOVL-Republik Deutschland: „Ich unterrichte Englisch, obwohl ich gar kein Englisch kann" 160
2 Alle reden über bessere Bildung, aber wir lassen unsere Schulen verfallen und die Lehrer im Stich ... 165
3 Brücken, Straßen, digitale Autobahnen: Deutschland holpert von Baustelle zu Baustelle 188

DICHTER & DENKER – SO GEHT'S, DEUTSCHLAND! ... 198

INHALT

**5. Geht's noch? –
Wir machen es unseren Feinden zu bequem**

1. Kampfzone Chemnitz oder: Das Schaulaufen der Feinde Deutschlands 200
2. Die Täter, die Wut und das Staatsversagen 202
3. Extreme von rechts und links: Die Ränder lassen die Mitte verschwinden 212
4. Alle auf die Juden: Der neue, gefährliche Dreifach-Antisemitismus 222
5. Der bröselnde Rechtsstaat: Zu langsam, zu schwach, zu milde 230
6. Wehrlose Demokratie? Die deutsche Tendenz zur Unterwerfung 253

GEGEN UNSERE FEINDE –
SO GEHT'S, DEUTSCHLAND! 264

Nachwort 265

Quellen 267

Vorwort

Na, Sie trauen sich ja was!

Denn was Sie hier lesen, stammt nicht von irgendeinem harmlosen Sachbuchautor, feingeistigen Feuilletonisten oder polternden Fernseh-Fuzzi. Nein, was Sie hier lesen, schreibt „der gefährlichste Journalist Deutschlands". Der „Scharfmacher" und „widerliche Hetzer", das „Maskottchen der AfD". Der „Spalter", „Rechtspopulist" und „Brandstifter".

Die Tonlage derer, die sich mit meiner Arbeit als Journalist befassen, verschärft sich deutlich. Offenbar gibt es in Deutschland doch etwas, was noch schlimmer ist und noch härter bekämpft werden muss als der Anschein, rechts zu sein. Und zwar: Recht zu haben!

Als Erster habe ich schon unmittelbar nach den massenhaften Straftaten auf der Kölner Domplatte in der Silvesternacht 2015/16 klar und deutlich darauf hingewiesen, dass diese Taten – Gruppen von Männern bedrängen, beleidigen, begrapschen und vergewaltigen Frauen – natürlich etwas mit dem kulturellen Hintergrund und dem von Besitzstand und Unterordnung geprägten Frauenbild der Täter, fast alle Nordafrikaner, zu tun haben. Der Aufschrei war groß: Das dürfe man nicht sagen, es stigmatisiere eine Gruppe von Menschen und sei daher rassistisch. Heute ist meine Analyse aufgrund der erdrückenden Faktenlage herrschende Auffassung.

Nachdem in Freiburg die Studentin Maria L. von Hussein K. vergewaltigt und getötet worden war – der Fall machte bundesweit Schlagzeilen –, fragte ich in einem Kommentar: „Wie viele Hussein K.s sind noch in Deutschland?" Ich meinte damit: allein eingereiste, junge Männer, von denen der deutsche Staat weder weiß, wer sie sind noch wo sie leben oder gar was sie vorher in der Heimat gemacht haben, darunter auch bereits straffällig gewordene Asylbewerber ohne Bleiberecht. Bei Hussein K. konnte nicht einmal das Alter festgestellt werden. Und ja, natürlich schwang auch mit: Wie viele potenzielle zusätzliche Vergewaltiger und Mörder sind wohl eingereist? Diesmal hieß es, ich würde damit alle Flüchtlinge zu Mördern und Frauenschändern erklären. Das ist natürlich Unsinn – und heute, viele furchtbare Straftaten später, die von Tätern mit ähnlichem Profil begangen wurden, hat sich nicht nur die Aufregung über meine Frage gelegt –, heute erkennt jeder an, dass ein Staat, der massenhaft Menschen einreisen lässt, ohne zuvor ihre Identität zu klären, sich grob fahrlässig verhält. Die Angehörigen von Opfern würden das vermutlich sogar noch schärfer formulieren.

Und drittens habe ich sehr früh immer wieder darauf hingewiesen, dass Mitgliedsländer eines Staatenbundes, der seine Außengrenzen nicht schützen kann – die EU versagt bis heute in dieser zentralen Frage –, ihre Landesgrenzen besser schützen müssen. Das wiederum wurde als Anfall von Nationalismus bewertet, der sich in einem ernst gemeinten gemeinsamen Europa nicht schicke, ja geradezu verwerflich sei. Inzwischen folgt ein Staat nach dem anderen dieser Überzeugung – weil sie vernünftig ist.

Und jetzt habe ich, der sogenannte „rechte" Recht-Haber, also auch noch ein Buch geschrieben!

Um es gleich vorweg zu sagen: Ich halte Deutschland für das schönste Land der Welt. Natürlich gibt es auch anderswo schöne Landschaften, Städte mit hoher Lebensqualität, Staaten mit funktionierenden Sozialsystemen. Aber wenn man alles zusammennimmt, dann kommt kein Land an das unsere heran. Deutschland hat Gebirge und Meer, Sonne und Schnee. Der Wechsel der Jahreszeiten hat seit jeher deutsche Dichter romantisch werden lassen und auch ohne umfassende Kenntnis von Literatur fühlen sich Frühling, Sommer, Herbst und Winter besser an als ewige Hitze oder dauerndes Eis. Wenn ich mit meinen Töchtern wandern oder gar wild zelten gehen wollte, müssten wir uns nicht vor Giftschlangen oder Raubtieren fürchten. Es gibt keine Erdbeben und überhaupt sind Naturkatastrophen selten, was das Leben hier sicherer und unbeschwerter macht.

Wenn wir auf der Straße ohnmächtig werden, ist in wenigen Minuten ein Rettungswagen zur Stelle. Die Sanitäter bringen einen ins Krankenhaus, wo man umfassend behandelt wird, selbst wenn man keine Krankenversicherungskarte dabeihat. Auch nach Kreditkarte und Vorkasse fragt erst einmal niemand. Und wenn einmal alles schlecht läuft im Leben – Krankheit, Scheidung, Job weg –, dann greifen in aller Regel die sozialen Sicherungssysteme, jedenfalls besser als in nahezu allen anderen Staaten dieser Erde, wo es so etwas für uns Selbstverständliches auch im Jahr 2018 noch gar nicht gibt.

Das alles macht Deutschland sehr attraktiv. Für alle, die das Glück hatten, hier geboren worden zu sein. Aber auch für Menschen, die in anderen Ländern in weniger guten Verhältnissen leben.

Unser politisches System, also die Idee, dass wir Repräsentanten wählen, die dann in unserem Auftrag und Namen Entscheidungen treffen, hat von allen politischen Systemen die wenigsten Schwächen – solange es von den Politikern mit

Leben erfüllt und nicht zum Selbstzweck missbraucht wird. Die Gliederung in Bund, Länder und Gemeinden mit klar verteilten Aufgaben hat sich über Jahrzehnte bewährt – auch wenn das immer schon langsamer und behäbiger war als zentralisierte Systeme. Genauer gesagt ist das sogar der Sinn: mit Bedacht abgewogene, möglichst viele Interessen berücksichtigende Entscheidungen statt Schnellschüsse mit weitreichenden Folgen, Rücksicht auf regionale Unterschiede, Vielfalt statt Einfalt, unterschiedliche Herangehensweisen statt Gleichmacherei.

Das alles macht diese Bundesrepublik stark. Ganz unabhängig davon, wer gerade regiert, ob also die Alltagsprobleme und die Herausforderungen der Zukunft eher von links oder eher durch die konservative Brille betrachtet und bearbeitet werden.

Wer das alles grundsätzlich infrage stellt oder alles grundsätzlich schlechtredet, wer also das System an sich für falsch hält, geht einen Schritt zu weit. Und auch dieses Buch stellt nicht die Frage nach dem Grundsätzlichen. Es will vielmehr aufzeigen, dass all das, was uns an Deutschland gefällt, was uns wichtig ist, wofür wir stehen und einstehen – dass all das in Gefahr gerät, wenn wir nicht endlich entschlossen damit beginnen, es zu verteidigen.

Die Warnzeichen sind nicht mehr zu übersehen. Viel zu viele Politiker erreichen die Bürger nicht mehr und immer mehr Bürger halten die wichtigsten Politiker des Landes für abgehoben. Den einen gehen zu oft und zu schnell die Argumente für ihr Handeln aus und bei den anderen wächst das Misstrauen, ob ihre Interessen überhaupt noch gewahrt werden. Wenn also der Vertrag, der vorsieht, dass die einen die Anwälte der anderen sind, nicht mehr ganz selbstverständlich für beide Seiten gilt – dann droht das gesellschaftliche Miteinander ins Wanken zu geraten. Der Frust, der aus Horst Seehofer sprach, als er am Tiefpunkt des Asylstreits mit Angela Merkel im Sommer in der *Süddeutschen Zeitung* formulierte, „Ich lasse mich nicht von einer Kanzlerin entlassen, die nur wegen mir Kanzlerin ist", hat – so scheint es – breite Schichten der Bevölkerung erreicht: Sie wollen sich auch nicht mehr von Abgeordneten vertreten lassen, die ohne ihre Stimmen gar nicht Abgeordnete wären.

Seit Ende 2015 hat sich diese Entwicklung beschleunigt. Immer öfter haben Polizisten und Krankenschwestern, Verkäuferinnen und Sachbearbeiter, Reinigungskräfte und Supermarktkassierer – also die Leistungsträger dieses Landes – das Gefühl, dass Landtags- und Bundestagsabgeordnete, Ministerinnen und Minister und auch die Bundeskanzlerin sich nur noch um sich selbst drehen. Dass sie ihren Teil der Leistung schuldig bleiben, anders als die, die jeden Tag von morgens bis abends in Büros, Altenheimen und Fabriken zum Wohlstand aller beitragen. Dass sie die Sicherheit im Inneren nicht ausreichend gewährleisten, die Grenzen nicht richtig schützen, Schulen und Straßen verkommen lassen und sich vornehmlich um ihr eigenes Auskommen im Alter kümmern, nicht aber um das der Bürger. Und ja, auch das: Dass sie sich mehr um Europa und die Welt kümmern als um Deutschland.

Es verfestigt sich immer schneller und befeuert durch immer neue Beispiele der Eindruck, dass Macht und Arroganz noch näher zusammengerückt sind, als sie das immer schon waren. Denn wer in den zentralen Gegenwarts- und Zukunftsfragen des Landes und den anstrengenden Themen der täglichen Debatte nicht gut und richtig findet, was der Kreis der etablierten Politik beschließt, der wird allzu oft von oben herab als „zu dumm" oder „zu rechts" abgestempelt und nicht ernst genommen oder, noch schlimmer, ignoriert.

„Was irritiert, provoziert und die eigenen Denkgewohnheiten herausfordert, wird nicht energisch bekämpft, sondern ganz leidenschaftslos von der Diskussion ausgeschlossen." So hat Thomas Ribi das Phänomen in einem bemerkenswerten Aufsatz in der *Neuen Zürcher Zeitung* beschrieben. Und weiter, ebenso scharfsinnig: „Selbstverständlich nicht, ohne dass man vorher ein passendes Etikett aufkleben würde. Schließlich will man wissen, in welche Schmuddelecke man die Geister bannt, die den häuslichen Frieden stören: neoliberal, populistisch oder reaktionär." Man ist geneigt, für Deutschland noch die Begriffe „Rassist" und „Nazi" zu ergänzen. Letzterer wird inzwischen so inflationär und immer häufiger in falschen Zusammenhängen verwendet, dass er seinen berechtigten Schrecken womöglich schon bald verliert. Mit all dem nimmt Deutschland an einer entscheidenden Stelle Schaden. Denn auf diese Weise bleibt ein wichtiger Teil einer funktionierenden Debattenkultur auf der Strecke: die abweichende Meinung.

Im TV-Duell zwischen Angela Merkel und Martin Schulz, das ich zusammen mit Sandra Maischberger, Maybrit Illner und Peter Kloeppel moderiert habe, wollte ich von der Bundeskanzlerin wissen: „Wann sind diese Leute weg?" Gemeint waren Asylbewerber, deren Antrag abgelehnt wurde, Menschen also, die Deutschland verlassen müssen. Eine vollkommen legitime Frage, formuliert so, dass jeder Mensch, egal welchen Schulabschluss er hat, verstehen kann, was gemeint ist. Den Kritiker des sehr linken Magazins *Freitag* hat meine Rhetorik an die Adolf Eichmanns erinnert, also an Sätze des Mannes, der die Transporte von Millionen Menschen in die Konzentrationslager der Nazis organisiert hat. Die Textpassage ist immerhin inzwischen gelöscht.

Andere erkannten in mir eine Gefahr für die Demokratie, einen Wegbereiter des Rechtsradikalismus und – vielen Dank für das Attest so großer Machtfülle – denjenigen, der der AfD bei der Bundestagswahl zu fast 13 Prozent der Wählerstimmen verholfen habe. Das alles lässt sich heute noch recht schnell zusammengoogeln.

Dabei habe ich meinen Standpunkt in der bürgerlichen Mitte, getragen von der auf Vernunft gründenden Überzeugung, dass Freiheit ohne Sicherheit nicht möglich ist, nie verlassen. Politik und Medien sind allerdings – Hand in Hand, was vor allem dem eigentlichen Kontrolleur kein besonders gutes Zeugnis ausstellt – in den vergangenen drei Jahren nach links an mir vorbeigezogen.

Bürger, die Sorgen haben, werden von den Repräsentanten der einstmals großen Volksparteien nicht gehört oder zu wenig beachtet. Journalisten, die aussprechen, was die Bürger umtreibt, werden sofort – siehe oben – in eine Schmuddelecke gedrängt. Damit sollen sie mundtot gemacht und vom öffentlichen Diskurs ausgeschlossen werden. Das ist eine gefährliche Form der Wirklichkeitsverweigerung, deren Folgen noch gar nicht in vollem Umfang abzusehen sind. Die Erosion der einstigen Volksparteien auf 20-Prozent-Niveau ist womöglich nur ein Vorbote einer viel gravierenderen Entwicklung. Dass sich bei Kommunalwahlen zum Teil nur 30 Prozent der Bürger beteiligen und bei Landtagswahlen weniger als 50 Prozent, gibt Anlass zu großer Sorge. Selbst im Oktober 2018 in Bayern, wo es um sehr viel ging, machte mehr als ein Viertel der Wähler nicht mit, in Hessen beteiligten sich nur 67,6 Prozent. Und wenn es zur Bundestagswahl geht, haben wir uns längst an Werte von nur 70 Prozent Wahlbeteiligung gewöhnt.

Deshalb ist genau jetzt der richtige Moment, um laut und deutlich und wiederum für jedermann verständlich zu sagen: Geht's noch, Deutschland?

Mir ist unser Land wichtig, es hat mir viel gegeben – vor allem die Möglichkeit, frei zu leben und zu arbeiten. Ich will helfen, dass dies alles für meine und alle anderen Kinder erhalten werden kann, damit sie die gleichen Möglichkeiten und Chancen haben. Deshalb mische ich mich seit Jahren in die Debatte um Griechenland-Hilfen, Zuwanderung, Bildungsmisere und soziale Gerechtigkeit ein und lasse mich, wenn es nicht anders geht, dafür öffentlich verprügeln. Ich erhebe meine Stimme, wenn wie in Chemnitz zu schnell geurteilt und verurteilt wird und wenn fähige Fachleute wie der Verfassungsschutz-Chef Hans-Georg Maaßen erst verbal hingerichtet und dann „wegbefördert" werden. Das alles tut man nur, wenn einem etwas am Herzen liegt, für ein Land, das man liebt, und für die Menschen, die hier leben und denen es weiterhin gut gehen soll. Deshalb habe ich dieses Buch geschrieben.

Es ist meine Form des „J'accuse ...!".

Ja, ich klage an – und zwar jeden, der glaubt, es könne alles einfach so weitergehen, der sich in Gleichgültigkeit flüchtet, ins warme Nest der Selbstzufriedenheit, der Machtmissbrauch oder unterlassenen Machtgebrauch duldet. Nein, ich glaube nicht, dass ganz Deutschland verrückt geworden ist. Aber ich bin sicher, dass es an der Zeit ist, in vielen Bereichen umzudenken.

Deutschland gleicht in der selbstverliebten und arroganten Art weiter Teile seiner Eliten derzeit nämlich einem Flugzeug, das in Frankfurt gestartet ist und in sechs Stunden in New York sein will, aber nur für vier Stunden getankt hat. In den ersten vier Stunden fühlt sich alles noch wie immer an. Es gibt zu essen und zu trinken, die Filme laufen, die Besatzung ist gut gelaunt. Man vergewissert sich gegenseitig, dass alles wunderbar ist: Ja, die Wirtschaft läuft, die Arbeitslosenquote ist so niedrig wie nie, die Exporte sind nach wie vor hoch. Aber nach drei Jahren Verunsicherungspolitik haben wir Flugstunde drei erreicht. Wir befinden uns noch in der gewohnten Reiseflughöhe, aber der Crash kommt näher, wenn wir uns nicht endlich ehrlich eingestehen: Wir müssen schnell notlanden. Wir brauchen neuen Sprit! Wir müssen auftanken und den Flieger generalüberholen.

Wenn wir all die eingangs erwähnten Schönheiten und Besonderheiten unseres Landes nicht nachhaltig gefährden wollen, müssen wir endlich aufhören, so zu tun, als scheine noch die Sonne über Politik, Wirtschaft und Gesellschaft. In allen drei Bereichen sind Stürme aufgezogen: die großen Migrationsbewegungen, weltweite Handelskriege, die Digitalisierung, Fragen zu Umwelt und Verteidigung, ein längst nicht mehr einiges Europa, der Totalschaden der deutschen Automobilindustrie, gescheiterte Integrationsbemühungen und unser brüchiges Selbstbildnis: Wer waren und wer sind wir? Und noch viel wichtiger: Wer wollen wir als Deutsche in Zukunft sein?

Die unbequemen Fragen lauten: Warum reden im einstigen Land der Dichter und Denker alle über Bildung, aber gleichzeitig lassen wir unsere Schulen verfallen? Warum haben wir so viel Angst vor Neuanfängen? Warum ruhen wir uns so lange auf früheren Erfolgen aus? Warum haben wir verlernt, andere Meinungen ernst zu nehmen und zu tolerieren? Warum lassen wir uns ausnutzen und kämpfen nicht beherzt um unsere Interessen?

Es müsse ein „Ruck" durch Deutschland gehen, hat Bundespräsident Roman Herzog 1997 gefordert, als er unser Land in einer mentalen Krise wähnte. In seiner Rede im Hotel Adlon in Berlin erinnerte er an den legendären US-Präsidenten John F. Kennedy, der einmal gesagt hat: „Unsere Probleme sind von Menschen gemacht, darum können sie auch von Menschen gelöst werden." Und Herzog formulierte weiter: „Das gilt auch für uns Deutsche. Und ich glaube daran, dass die Deutschen ihre Probleme werden lösen können. Ich glaube an ihre Tatkraft, ihren Gemeinschaftsgeist, ihre Fähigkeit, Visionen zu verwirklichen. Wir haben es in unserer Geschichte immer wieder gesehen: Die Deutschen haben die Kraft und den Leistungswillen, sich am eigenen Schopf aus der Krise herauszuziehen – wenn sie es sich nur zutrauen."

Dieses Buch will Denkanstöße dafür liefern – 20 Ideen, wie wir unser gelähmtes Land wieder nach vorne bringen können. Und wer weiß: Vielleicht ist der ein oder andere Vorschlag, der hier genannt wird, schon bald Teil eines Aufbruchs, wie wir ihn seit der Agenda 2010 des Bundeskanzlers Gerhard Schröder nicht mehr gesehen haben. Und womöglich inspiriert mancher Gedanke auch die Nachfolgerin oder den Nachfolger von Angela Merkel im Amt des CDU-Parteivorsitzenden dazu, neue Wege einzuschlagen.

„Wir müssen den Mut aufbringen, in unserem Land jetzt die Veränderungen vorzunehmen, die notwendig sind, um wieder an die Spitze der wirtschaftlichen und der sozialen Entwicklung in Europa zu kommen", hat Schröder in seiner Regierungserklärung zur Agenda 2010 gesagt.

Es ist Zeit für eine neue Agenda – die Agenda der Bürger.

Geht's noch?
Wir lassen unsere Demokratie verkümmern

KAPITEL

1 Das System Angela Merkel – oder: Die Pervertierung der demokratischen Idee

Der Fisch, so heißt es, stinkt vom Kopf. Dann schauen wir uns den Kopf mal etwas genauer an.

Bundeskanzlerin Angela Merkel ist mittlerweile so lange im Amt, dass meine Töchter mich kürzlich gefragt haben, ob in Deutschland eigentlich auch Männer Kanzler werden dürften. Sie ist eine Frau mit vielen Fähigkeiten. Sie beherrscht das Kräftespiel der Politik und verfügt über eine schnelle Auffassungsgabe. Sie ist im persönlichen Gespräch unterhaltsam, bisweilen sogar herzlich, aber im entscheidenden Moment kontrolliert und kaltblütig. Sie hört zu, seziert Argumente blitzschnell und setzt sie zu neuen Perspektiven zusammen. Diese Eigenschaften hätten sie in vielen Berufen für viele herausgehobene Positionen befähigt.

Was sie jedoch zu einer Virtuosin der Macht hat werden lassen, ist etwas, das sie nicht hat, nämlich eine in der Persönlichkeitsstruktur großer Politiker selten vorkommende Nullstelle: Angela Merkel ist immun gegen jegliche Art von Schmeichelei. Wer ihr Komplimente macht, ernst gemeinte oder vergiftete, wird stets ein leises Lächeln ernten, hat aber nicht automatisch einen Vorteil. Sie durchschaut und dechiffriert die Magie des Zwischenmenschlichen und widersteht jeder Form von Korruption durch Sympathie. Denn die Frau aus Templin ist im klassischen Sinne uneitel.

Natürlich achtet auch sie sehr genau darauf, welches Bild von ihr in der Öffentlichkeit gezeichnet und diskutiert wird. Und auch darauf, was dieses Bild für ihre Wahlchancen bedeutet. Dabei geht es um die übliche Form von Macht-Handwerk. Umfrageergebnisse, Beliebtheitswerte und Wichtigkeits-Ranglisten gehören zum Berufsleben eines Regierungschefs wie Ergebnisse und Tabellenplätze zu dem eines Fußballtrainers und

Börsenkurse zum Bär- und Bullengefühl eines Wirtschaftsbosses. Die tückische Form der Eitelkeit, also die, über die Männer in entsprechenden Positionen oft stürzen, gehört nicht zu den hervorstechenden Merkmalen der Kanzlerin. Sie behauptet beispielsweise, sich nie selbst zu googeln – und merkwürdigerweise nimmt man ihr das eher ab als die Aussage, vom Skandal im BAMF, dem Bundesamt für Migration und Flüchtlinge, nichts gewusst zu haben.

Dieser sympathische Mangel an Egozentrik macht es unwahrscheinlich, dass die Frau aus Ostdeutschland oft darüber nachdenkt, wie wohl eines Tages ihr Eintrag im Geschichtsbuch aussehen wird. Dabei hat sie mit ihrer Art, Politik zu machen, etwas geschafft oder, besser gesagt, angerichtet, was keiner ihrer Vorgänger auch nur ansatzweise erreicht hat: eine gefährliche Erosion der demokratischen Grundidee. Härter formuliert: die Pervertierung unseres Systems.

Konrad Adenauer, Merkels Ur-Urgroßvater als CDU-Kanzler, steht für die Politik der Westbindung. Und damit für die Integration der jungen Bundesrepublik in die politischen, ökonomischen und militärischen Bündnisse und Wertegemeinschaften des Westens. Dies erforderte Haltung und Mut von Adenauer, weil er Anfang der 50er-Jahre des vergangenen Jahrhunderts insbesondere von führenden Sozialdemokraten dafür scharf kritisiert wurde: Eine derartige einseitige Ausrichtung festige die deutsche Teilung und sei deshalb falsch. Das glaubte zum Beispiel der damalige SPD-Vorsitzende Kurt Schumacher. Aus heutiger Sicht lässt sich sagen: Danke, Konrad Adenauer!

Willy Brandt, der erste und bisher einzige wirkliche Popstar der SPD, ließ als Kanzler das außenpolitische Pendel auch in die andere Richtung ausschlagen. Er näherte die Bundesrepublik dem Osten an und bewirkte mit seiner Ostpolitik einen Wandel auch in den innerdeutschen Beziehungen. Auch das ein wichtiger und unstrittiger Eintrag im Geschichtsbuch.

Gerhard Schröder, hemdsärmeliger Macho-Politiker und Merkels Vorgänger im Amt, hat sich wegen seiner Nähe zum Boulevard, seinem großen Talent für Fernsehdebatten und einer außergewöhnlichen Begabung zum Populisten den Titel „Medienkanzler" redlich verdient. Diese Attribute haben den Mann aus Niedersachsen aber noch nicht historisch werden lassen. Das schaffte er mit der Agenda 2010 und seinem entschiedenen Nein zum Irak-Krieg. Die einschneidende Sozialreform hat den Arbeitsmarkt angekurbelt und seine Partei, die SPD, gespalten – es war die Geburtsstunde der Linkspartei. Beides hat Deutschland nachhaltig verändert.

Und Helmut Kohl, der Entdecker und Förderer von Angela Merkel, was ihr den zweifelhaften Branchennamen „Kohls Mädchen" einbrachte, hat die deutsche Wiedervereinigung entschlossen vorangetrieben. Das machte ihn zum „Kanzler der Einheit" – sehr viel größer geht es nicht. Aber das alles – auch nicht sein unermüdlicher Einsatz für ein starkes Europa – hat nicht verhindern können, dass ihn ausgerechnet sein „Mädchen" vom Thron stürzte.

Denn es war Merkel, die mit einem wohlkalkulierten und mutigen Gastbeitrag in der *Frankfurter Allgemeinen Zeitung* den Übervater schrumpfte. Der hatte sich eisern geweigert, die Namen von Parteispendern zu nennen. Merkel katapultierte mit dem Zeitungsartikel die 16 Jahre währende Ära des Kanzlers ins Geschichtsbuch und terminierte die 25 Jahre währende Ära des Parteivorsitzenden der CDU. Damals ahnte niemand, dass dieser kaltblütige Schnitt der Generalsekretärin ihren eigenen Aufstieg an die Spitze der Partei und des Landes begründen und damit auch der Anfang vom Ende der CDU als Volkspartei sein würde.

Merkel schrieb – einfühlsam im Ton und eisenhart in der Sache – Sätze wie diese: „Vielleicht ist es nach einem so langen politischen Leben, wie Helmut Kohl es geführt hat, wirklich zu viel verlangt, von heute auf morgen alle Ämter niederzulegen, sich völlig aus der Politik zurückzuziehen und den Nachfolgern, den Jüngeren, das Feld schnell ganz zu überlassen. Und deshalb liegt es auch weniger an Helmut Kohl als an uns, die wir jetzt in der Partei Verantwortung haben, wie wir die neue Zeit angehen." Und weiter: „Die Partei muss also laufen lernen, muss sich zutrauen, in Zukunft auch ohne ihr altes Schlachtross (...) den Kampf mit dem politischen Gegner aufzunehmen. Sie muss sich wie jemand in der Pubertät von zuhause lösen ...", formulierte das „Mädchen" treffsicher und mittlerweile selbstbewusst genug, um sich von ihrem politischen Ziehvater abzunabeln – und die ganze Partei gleich mit.

Sie hatte ganz ohne Zweifel den richtigen Zeitpunkt gefunden. Das war kein Zufall.

Einige Zeit später – gerade hatte sie dem Chef ihrer Schwesterpartei, Edmund Stoiber, den Vortritt bei der Kanzlerkandidatur überlassen, aus heutiger Sicht ein weiterer genialer Schachzug – traf ich Angela Merkel zum Mittagessen in einem Berliner Restaurant. Wir plauderten über Schröder. Sie wollte von mir wissen, wie es sich für den Chefredakteur von *BILD am SONNTAG* anfühle, wenn der Kanzler immerfort verkünde, dass er „BILD, BamS und Glotze" brauche, um Wahlen zu gewinnen. Ich sagte, Politik sei für ihn offenbar auch die Fähigkeit, die Mehrheit der Menschen mit seinen Botschaften zu erreichen. Merkel reagierte professionell: Ja, das gehöre sicher zum Handwerkszeug eines Regierungschefs.

Dann drehte ich den Spieß um.

„Was ist für Sie eigentlich Politik?", wollte ich von ihr wissen. Merkel antwortete nicht sofort, sie überlegte.

Ich war mir sicher, dass sie – auch aufgrund ihrer Erfahrungen und ihrer Biografie im unfreien System der DDR – mit einem Gedanken antworten würde, der etwas mit Freiheit zu tun hat. Und als Politikwissenschaftler hoffte ich, dass sie Politik irgendwie als Beitrag zur Verbesserung der Lebensverhältnisse möglichst vieler Menschen definieren würde. Aber das tat die Physikerin mit Doktortitel nicht.

Sie zitierte auch nicht irgendeinen Philosophen früherer Epochen. Dabei hätte aus heutiger Sicht – viele Wiederwahlen später – ein Satz Machiavellis gut zur *FAZ*-Aufsatz-Schreiberin gepasst: „Politik ist die Summe der Mittel, die nötig sind, um zur Macht zu kommen und sich an der Macht zu halten und um von der Macht den nützlichsten Gebrauch zu machen", formulierte der florentinische Chronist im 16. Jahrhundert. Sie brachte auch nicht im Sinne Albert Einsteins zum Ausdruck, dass sie den Staat als „für die Menschen da" begreife und deshalb eben nicht daran glaube, dass die Menschen für den Staat da seien. Und sie glänzte ebenso wenig mit einer Analogie wie einst Edward Kennedy, der sagte: „In der Politik ist es wie in der Mathematik: alles, was nicht ganz richtig ist, ist falsch."

Angela Merkel wählte eine andere Definition für Politik. Eine, die ihr gesamtes Handeln erklärt – und eine, die sie zu ihren größten Erfolgen und zu ihrem größten Fehler geführt hat. „Politik", formulierte sie ebenso besonnen wie klar, „ist die Kunst, den richtigen Zeitpunkt zu finden."

Politik ist für Merkel also in erster Linie nichts, was von Inhalten oder Haltungen – um nicht zu sagen: Überzeugungen – bestimmt und angetrieben wird. Sie ist demnach vielmehr ein mechanisches System aneinandergereihter Entscheidungen im richtigen Moment. Dieses System hat sie zu einer hohen Kunst entwickelt und damit die eigentliche Idee einer lebendigen Demokratie außer Kraft gesetzt oder zumindest stark verändert. Man könnte auch sagen: Merkel hat diese Idee nachhaltig beschädigt.

Seit mehr als zwölf Jahren lebt sie an der Spitze der Regierung für jede Bürgerin und jeden Bürger erkennbar vor, dass man ohne eigene Haltung in den Kernfragen der Politik erfolgreich im Amt bleiben kann. Dass sich nur unnötig angreifbar macht, wer zu früh – also im falschen Moment – eine eigene Meinung, einen Standpunkt, eine Überzeugung zu erkennen gibt. Dabei ist genau das das Wesen einer gelebten Demokratie: Haltung trifft auf Haltung, Argumente werden öffentlich ausgetauscht, es findet Diskussion und Kontroverse statt, vielleicht bricht sogar Streit aus. Wunderbar! Die Bürgerinnen und Bürger können sich aus alldem eine Meinung bilden und entsprechend wählen. Die Mehrheit kommt zum Zug, die Minderheit hat nicht „verloren", sondern konstruktiv am demokratischen Prozess mitgewirkt.

Das alles ist nicht Angela Merkels Art, zu handeln.

Sie ist keine überzeugende Rednerin, die leidenschaftlich für ihre Argumente wirbt und für eine Haltung kämpft – sie vielleicht sogar mit ihrer Person verbindet, was in der Konsequenz bedeuten würde, abzutreten, wenn die Haltung nicht oder nicht mehr mehrheitsfähig ist. Die Frau, die Helmut Kohl stürzte, hat den Beruf des Bundeskanzlers umgedeutet: Vom Regierungschef mit Richtlinienkompetenz und Haltung hin zur Mainstream-Surferin, die guckt, wo gerade die Mehrheit ist, und dann versucht, die Welle möglichst optimal zu erwischen. Auf der politischen Bühne wie in der Brandung kommt es dabei darauf an, dafür den richtigen Moment zu finden. Wenn es einer Hymne für diesen von Merkel professionalisierten Politikstil bedürfte, die Band „Juli" hätte sie geschrieben: „Das ist die perfekte Welle. Das ist der perfekte Tag. Lass dich einfach von ihr tragen. Denk am besten gar nicht nach." Das Geniale dabei: Mit dieser Strategie hat man in der Politik so gut wie immer die Mehrheit.

Es ist nach wie vor ein hübsches Gesellschaftsspiel unter Freunden: Wer kann mir einen Politikbereich nennen, in dem klar ist, wofür Angela Merkel steht? Oder eine richtige Reform, die jemandem etwas nimmt, die viele Menschen zwingt, sich zu verändern, die vielen etwas abverlangt? So wie etwa Schröders Agenda 2010, die er gegen seine SPD, gegen mächtige linksliberale Medien und gegen einen großen Teil der Bevölkerung durchgezogen hat – zum Wohle Deutschlands.

Na klar, werden jetzt einige sagen: Das ist bei Merkel der Ausstieg aus der Kernkraft. Sie ist also gegen Atomenergie – sonst hätte sie nicht den Stecker gezogen. Das stimmt nur, wenn man das Gedächtnis auch gleich abschaltet. Denn vor Fukushima stand Merkel intern und öffentlich eindeutig an der Seite der entsprechenden Industrie. Mehr noch: Merkel und die CDU waren immer die Atomkraftpartei, haben Rot-Grün in dieser Frage erbittert bekämpft und Ende 2010 hatte die von Merkel geführte schwarz-gelbe Regierung die Laufzeiten der deutschen Meiler um durchschnittlich zwölf Jahre verlängert – bis 2040.

Als dann am anderen Ende der Welt ein direkt ans Meer gebautes Kraftwerk überschwemmt wurde, sah die aufgeregte deutsche Öffentlichkeit politisch grün. Das war für Merkel das Signal, ihre Haltung innerhalb von wenigen Stunden komplett zu ändern. Seriös ist das nicht. Merkel hat damit Großkonzernen, die auf ihr Wort und die Haltung einer CDU-Chefin vertraut hatten, mehrere Hundert Millionen Euro teure Probleme bereitet, die diese natürlich auf ihre Kunden umlegen. Eine für die Bürger sehr teure Wende der Kanzlerin. Und es ist auch nicht vernünftig, ausgerechnet in diesem Energiebereich allein voranzumarschieren, solange unweit der Grenzen zu Deutschland in Frankreich Atomkraftwerke stehen – Sicherheitslücken inklusive.

Aber wenn die Mehrheitsmeinung nach links kippt, dann kippt Merkel eben mit. Besonders wenn – wie in diesem Fall in Baden-Württemberg – wichtige Landtagswahlen bevorstehen. Da ist sie wieder, die Kunst, den richtigen Moment zu finden.

Die Kanzlerin und der Mindestlohn – das ist eine ganz ähnliche Geschichte. Die von ihr geführte schwarz-rote Regierung hat ihn eingeführt, obwohl Merkel lange Zeit dagegen war. Sie selbst erinnert sich daran heute vermutlich nicht mehr so genau. Menschen ohne eigene Haltung verlieren manchmal den Überblick, wofür oder wogegen sie gerade sind oder sein müssen. Fest steht: Einen gesetzlichen Mindestlohn hat traditionell nur die politische Linke gefordert – so wie es sich für Arbeitnehmervertreter gehört. Die CDU war, auch noch unter Merkels Führung, klar anders positioniert: Löhne legen die Tarifparteien fest, der Staat halte sich hier besser raus. Aber die Wahlen 2013 kamen näher und näher und Merkel wollte die SPD in der Sozialpolitik nicht vollends vergrätzen, um sich die Partei auch weiterhin als möglichen Koalitionspartner warmzuhalten. Deshalb legte sie 2011 eine astreine Kehrtwende hin. Exakt das Gleiche hatte sie vier Jahre zuvor bereits beim Post-Mindestlohn vollbracht: erst dagegen, dann dafür. Manager, die sich auf ihr Wort verlassen hatten, zahlten bitter drauf. Findet Angela Merkel einen Mindestlohn jetzt also gut oder schlecht? Vermutlich weiß sie das nicht einmal selbst.

Bei Wehrpflicht und Doppelpass – der gleiche Mechanismus. Die Liste ließe sich noch verlängern. Vermutlich ist jeder Politiker und jeder Chef eines großen Konzerns bereits mindestens einmal Opfer einer Merkel-Wende geworden, an deren Anfang nicht zu erkennen war, wo man am Ende landet. Deshalb ist die Kanzlerin längst zur personifizierten Antithese von Planungssicherheit geworden. Was heute gilt, kann morgen schon zu einer falschen Sicht der Dinge erklärt werden, sofern es Merkel nutzt, weil sie die Mehrheit im Volk woanders wähnt – wenn es überhaupt erklärt wird.

Aber wie konnte es dann passieren, dass sie sich bei der Flüchtlingspolitik derart verrannt hat? An der tatsächlichen Mehrheitsmeinung der Deutschen vorbei, sie lange Zeit sogar arrogant ignorierend?

Die Antwort ist eine wirkliche Pointe, die beim Eintrag ins Geschichtsbuch keinesfalls fehlen darf: Merkels Mehrheits-Navi war im entscheidenden Moment ihrer Kanzlerschaft verstellt. Zwei Erlebnisse haben ihr ein falsches Bild davon gegeben, was die Mehrheit bewegt. Ein fast tragisches Geschehen, denn es handelt sich um Ereignisse, bei denen die gigantische Machtmaschine Merkel ausnahmsweise einmal emotional reagierte. Und genau das hat sie in die Irre geleitet.

Es ist der 15. Juli 2015, also etwa drei Monate, bevor Merkel für fast zwei Millionen Menschen die Tore nach Deutschland geöffnet hat. Die Kanzlerin ist zum Bürgerdialog „Gut leben in Deutschland" angereist. Sie trägt ein sommerliches, lindgrünes Sakko und helle Hosen. Die Stimmung ist gut. Sie ist in Bestform, lächelt viel und freundlich und antwortet ausführlich und kompetent auf alles, was die jungen Teilnehmer wissen möchten. 29 Schüler sind anwesend, die Fragenkomplexe sind – wie immer – vorher grob mit ihren engsten Mitarbeitern abgestimmt worden. Keine Gefahr also. Merkel fühlt sich hier in Rostock wie bei einem Heimspiel.

Dann bekommt Reem Sahwil das Mikrofon.

Das Mädchen sitzt in der ersten Reihe und ist – natürlich – ein bisschen aufgeregt. Sie wird gleich nicht etwa eine perfekt vorbereitete und auswendig gelernte Frage an die Bundeskanzlerin stellen, sondern sehr persönlich und emotional vom Schicksal ihrer Familie berichten und natürlich von ihrem eigenen.

Reem Sahwil wurde im Jahr 2000 in einem palästinensischen Flüchtlingslager im Libanon mit gesundheitlichen Problemen geboren. Sie saß weite Teile ihrer Kindheit aufgrund von Lähmungserscheinungen im Rollstuhl. 2010 kam sie mit ihrer Familie nach Deutschland, um hier von Spezialisten untersucht und behandelt zu werden. Der Aufenthaltsstatus der Familie lautet auf „befristet geduldet" als sie nun hier in der bisher so harmonischen Gesprächsrunde Frau Merkel gegenübersitzt.

„Ich bin mit meiner ganzen Familie hergekommen und mein Vater hat früher als Schweißer gearbeitet, und jetzt hier in Deutschland, weil wir immer noch nicht die Aufenthaltsbestätigung haben, kann er nicht arbeiten", sagt das Mädchen und sofort ist klar: Das wird eine schwierige Situation für die Kanzlerin. Ein junges Mädchen, sehr sympathisch, mit einem Problem im direkten Gespräch – das mögen Politiker nicht. Die Wahrscheinlichkeit, dabei schlecht auszusehen, ist hoch. Reem fragt: „Warum ist das eigentlich so, dass Ausländer nicht so schnell Arbeit kriegen wie Deutsche?"

Merkel will wissen, ob die Familie einen genehmigten Asylantrag habe und ob sie zurück in den Libanon solle. Reem sagt: „Ja, wir waren kurz davor, abgeschoben zu werden. Dann ging es mir halt richtig schlecht." Merkel spürt die Gefahr und versucht, weitere Fakten zu erfahren. „Was ist jetzt passiert?", will sie wissen. Das Mädchen schaut zu Boden und spricht weiter: „Wir waren in Berlin bei der Botschaft und haben die libanesischen Pässe geholt. Jetzt warten wir, bis eine Antwort der Ausländerbehörde kommt." Und in ihrem hervorragenden Deutsch fährt sie fort: „Ich möchte auch ehrlich gesagt meine Familie wiedersehen, weil das ist echt sehr heftig, dass ich seit vier Jahren meine Familie nicht gesehen habe, meine Tante, Oma und Opa, das sind wirklich Dinge, die mich bedrücken."

Die Kanzlerin nickt verständnisvoll und erklärt, dass sie mit den Bundesländern Gespräche darüber begonnen habe, wie solche Verfahren beschleunigt werden können. Denn „wir können den Menschen ja schwer sagen: So, jetzt hast du schön Deutsch gelernt, bist integriert und jetzt stellen wir nach vier Jahren fest, dass es gar kein richtiger Asylantrag ist."

Dabei hätte sie es belassen können – und wenn sie gewusst hätte, was sie sich mit den nächsten Sätzen einbrockt, dann hätte sie vermutlich geschwiegen.

Aber Merkel legte einen Gedanken nach, von dem man heute gar nicht mehr richtig glauben kann, dass die CDU-Chefin ihn wirklich gesagt hat. Es sind Sätze einer konservativen, vernünftigen, führungsstarken Kanzlerin: „Libanon gilt jetzt nicht als ein Land, was direkt einen Bürgerkrieg hat. Da leben sehr viele Menschen in Flüchtlingslagern, auch die Palästinenser, das sind keine sehr guten Umstände, in denen man lebt. Das wissen wir. Auf der anderen Seite haben wir Menschen, die sind in noch größerer Not, weil sie vor dem Bürgerkrieg fliehen." Und als ob sie es noch einmal mit einem deutlichen Ausrufezeichen versehen wolle, fügt sie hinzu: „Wir werden nicht alle Menschen, die im Libanon im Flüchtlingslager leben, in Deutschland aufnehmen können, weil wir noch sehr, sehr viele haben, die direkt aus dem Kriegsgebiet kommen."

Reem hört aufmerksam zu und versteht die Botschaft der Kanzlerin mit jeder Silbe ein bisschen besser. Sie sagt, dass sie studieren wolle. Und dass es unangenehm sei, jeden Tag zu sehen, wie andere Menschen ihr Leben genießen und man selber könne das nicht, weil nicht klar sei, ob man bleiben dürfe. Merkel ist berührt von der Offenheit der 15-Jährigen. Sie sagt, dass sie das alles gut verstehen könne.

Dann legt Merkel noch einmal nach: „Dennoch muss ich – das ist manchmal hart in der Politik, jetzt wo du vor mir stehst und du bist ja ein unglaublich sympathischer Mensch – sagen: Wenn wir jetzt sagen, ihr alle aus den Flüchtlingslagern im Libanon, aus Afrika, ihr alle könnt kommen – dann können wir das nicht schaffen."

Sie sagt wirklich. Wir können das NICHT schaffen!

Nur wenig später wird sie den gegenteiligen Satz prägen, der zur Schlagzeile ihrer Politik wird – und der so viele Menschen inzwischen aufregt.

„Wir schaffen das!", sagt sie am 31. August 2015 in der Bundespressekonferenz.

Im Gespräch mit Reem, sechs Wochen zuvor, bleibt sie präzise beim Gegenteil. Merkel sagt, um der Schülerin noch einmal zu erklären: „Wir können ja nicht alle in Deutschland willkommen heißen." Vielmehr müsse Deutschland dazu beitragen, dass die Länder wieder eine gute Heimat für ihre Bürger werden.

Reem weint. Merkel bemerkt es – und streichelt dem Mädchen über den Kopf. Sie sagt: „Das hast du prima gemacht." Das Streicheln wird zur Ikonografie dieses Tages.

Ein wichtiger Moment, um Merkel zu verstehen.

Die Kanzlerin hatte inhaltlich absolut richtig reagiert, alles genau so erklärt, wie es ist. Sie war höflich und hat die Rechtslage beschrieben und diese nicht angezweifelt. Und sie hat gesprochen, wie die Chefin einer konservativen Partei eben über dieses Thema spricht. Denn nein: Es kann nicht jeder für immer hier in Deutschland bleiben, der hier bleiben will. Deutschland hatte sich im Fall von Reem sehr großzügig gezeigt, das Mädchen wurde behandelt und die Familie versorgt. Merkel hat auch nicht unseriös versprochen, dass man sicher eine Lösung finden werde, weil sie selbstverständlich nicht in laufende Verfahren hineinregieren kann – das würde die Gewaltenteilung und den Rechtsstaat massiv beschädigen. Und sogar ein bisschen emotional ist die Kanzlerin geworden. Das kann doch nicht schaden – sollte man denken. Und ja, in diesem Fall hat sie sogar einmal so etwas wie Haltung gezeigt. Aber sie wurde dafür nicht gelobt. Schlimmer noch: Sie geriet in einen beispiellosen Shitstorm von Medien und Bürgern via Facebook und Twitter.

Unter dem Hashtag „merkelstreichelt" schlägt ihr eine beispiellose Welle der Empörung und Häme entgegen. „Kaltherzig" sei das gewesen und „widerwärtig". Jedes Medium befasst sich mehrere Tage lang mit Merkel und dem Mädchen und sogar Anne Will stellt eine Ausgabe ihrer Talkshow unter den Titel „Ist Deutschland zu unbarmherzig?". Jan Böhmermann twittert „Angela Merkel streichelt die Wirklichkeit tot". Der *STERN* titelt zu einem Foto der Kanzlerin: „Die Eiskönigin". Hin und wieder mischt sich auch eine Stimme der Vernunft in den Chor der Kritiker. „Natürlich hätte Merkel ganz anders reagieren können", schreibt Hugo Müller-Vogg in der Online-Ausgabe der *Frankfurter Allgemeinen Zeitung*. „Sie hätte, was

Politiker gerne tun, einfach zu dem Mädchen sagen müssen: ‚Schreib mir doch deinen Namen und deine Adresse auf. Ich kümmere mich persönlich um deinen Fall.' Dann hätten ihre Beamten im Kanzleramt zusammen mit dem Bundesamt für Migration und Flüchtlinge irgendwie die Gesetze zurechtbiegen und irgendwie einen Härtefall konstruieren können. Und alle Gutmenschen hätten vor dieser empathischen Kanzlerin den Hut gezogen – jedenfalls für einen kurzen Moment. Nun leben wir nicht in einer Bananenrepublik, in der die Herrscherin oder der Herrscher mal eben lieber Gott spielen: Mein Wille geschehe. Nein, wir leben Gott sei Dank in einem Rechtsstaat, in dem selbstverständlich auch die Regierungschefin an Recht und Gesetz gebunden ist."

Wie hätte sich Merkels Flüchtlingspolitik wohl entwickelt, wenn Stimmen wie diese die Meinung angeführt hätten?

Doch das war nicht so. Die erdrückende Mehrheit derer, die sich zu Wort meldeten, fiel über die Kanzlerin her. Der Ober-Onliner Sascha Lobo ließ wissen: „Wenn ihr das Problem habt, dass Euch Angela Merkel zu sympathisch ist, schaut das Video …" Der Blogger Thomas Knüwer wird deutlicher und drastischer: „Wie weit von dem, was wir Menschlichkeit nennen, muss man sein, wie verblendet, wie elfenbeintürmig?" Und der Autorenblog Carta urteilt: „Ein PR-Auftritt wie ein Formel-1-Unfall".

Merkel selbst äußerte sich wenig später. „Ich finde, die Geste war in Ordnung." Und weiter: „ich glaube (...), dass es wichtig ist, wenn eine Bundeskanzlerin mit Menschen diskutiert, wo sie die Sachlage nicht ganz genau kennt, dass ich da nicht sage: Weil du gerade die Bundeskanzlerin getroffen hast, ist aber dein Schicksal schneller zu lösen als das von vielen, vielen anderen. Trotzdem möchte man ein weinendes Mädchen trösten. Aber ich kann dadurch nicht die Rechtslage verändern." Sogar auf den Spott im Internet ging sie ein: „Was soll ich mich ärgern. Ich habe Probleme zu lösen."

Das klingt dickfellig, cool und in sich ruhend. Aber die Resonanz auf ihren Auftritt in Rostock blieb nicht ohne Folgen für ihre Kommunikation zum Thema Flüchtlinge und ihre Politik in diesem für ihre Kanzlerschaft bedeutendsten Bereich.

Merkel leitete eines ganz eindeutig daraus ab: Die Deutschen wollen maximale Herzlichkeit im Umgang mit Flüchtlingen – nicht völlige Vernunft. Doch die Kanzlerin hat bei dieser Analyse einen Fehler gemacht. Sie hat die veröffentlichte Meinung mit der öffentlichen Meinung verwechselt. Jahrzehntelang waren beide wenigstens im Kern identisch oder hatten Gemeinsamkeiten. Es sei keinesfalls mehrheitsfähig, schloss die Kanzlerin deshalb, wenn man auf Gesetze poche und das Unpopuläre ausspreche, auch dann nicht, wenn es die Wirklichkeit sei. Das hat die Kanzlerin tief in ihrem Erinnerungsarchiv abgespeichert. Und da lag diese Erfahrung auch noch, frisch und schmerzhaft, als ziemlich genau drei Monate später die ersten Züge mit Flüchtlingen am Münchner Hauptbahnhof ankamen.

Anfang September 2015 trafen täglich mehr Flüchtlinge in Zügen in München ein. Viele waren aus Syrien geflüchtet und hatten es bis Ungarn geschafft. Dort saßen sie zunächst fest. Dann ließ die Regierung von Viktor Orbán sie überraschenderweise weiterreisen, obwohl sein Land rechtlich dazu verpflichtet gewesen wäre, selbst die Asylverfahren durchzuführen.

In München wurden die Menschen, darunter auch Familien mit kleinen Kindern, herzlich empfangen. Viele Menschen waren zum Bahnhof gekommen, Kinder brachten Plüschtiere mit, um sie den Ankommenden zu schenken. Bilder, wie gemacht fürs Fernsehen: eine schöne, heile Willkommenswelt, eine gelebte Antithese zu Ausländerfeindlichkeit und Nationalismus. Deutschland noch einmal im Schwarz-rot-geil-Gefühl vergangener Weltmeisterschaften, der hässliche Deutsche ein für alle Mal Geschichte. So gut wie alle Medien machten mit.

Aber Angela Merkel missinterpretierte die Hilfsbereitschaft, die sich hauptsächlich auf Kriegsflüchtlinge mit Kindern bezog, und hielt sich dadurch für legitimiert, eine kollektive Einladung nach Deutschland in die Welt zu senden: Sie machte in der Folge Selfies mit Flüchtlingen (nicht etwa mit Grenzschützern!) und ließ die Grenzen nach Deutschland für alle und jeden offen. Zum zweiten Mal hatte sie aus einem Ereignis und der Berichterstattung in den Medien eine falsche Folgerung gezogen. Die Welle der Begeisterung, die sie dort sah, war gar keine.

An dieser Stelle werden die immer noch zahlreichen Merkel-Anhänger und immer weniger werdenden Befürworter offener Grenzen einwenden: Es ist doch egal, auf welchem Weg die deutsche Bundeskanzlerin zur richtigen, nachhaltigen, menschlichen Strategie gekommen ist – Hauptsache, sie macht jetzt diese Politik. Sie werden womöglich ebenfalls loben, dass die Kanzlerin hier nun wirklich einmal zu ihrem Kurs stehe, dass also viele der ihr zur Last gelegten Kritikpunkte ins Leere zielen.

Aber nicht einmal hierzu steht die Kanzlerin!

Alle, die bisher der Auffassung waren, dass ihre Haltung in der Flüchtlingsfrage auf ihre christliche Erziehung zurückzuführen sei – sie müssen bitterlich enttäuscht sein. Und auch, wer glaubte, es gehe ihr wirklich um ein einiges Europa, das nicht zur Festung verkommt, sondern offen bleibt für alle, die die Chancen sehen und diese nutzen wollen und daher für uns „wertvoller als Gold sind", wie es der glücklose Kanzlerkandidat Martin Schulz einmal formuliert hat – nein, darum geht es ihr auch nicht wirklich. Es geht ihr – wie immer – nur um das gerade Machbare, egal, was gestern war oder morgen sein wird. Sogar bei dem Thema also, das zweifellos ihre Kanzlerschaft prägen wird, hat sie sich bereits mit den Gegnern ihrer einstigen Politik vereint. Deshalb witzeln die Teilnehmer internationaler Delegationen in Brüssel nicht mehr nur darüber, wie lang sie als Kanzlerin noch durchhalte (die meisten glauben, bis Mitte 2019). Inzwischen lautet die inoffizielle Analyse ihrer

Flüchtlingswende hinter vorgehaltener Hand: „Jetzt macht Merkel schon die gleiche Politik wie Orbán – nur ohne Zaun."

Und in der Tat: „Auf EU-Ebene hat die einstige Kanzlerin der Willkommenskultur jetzt eine Flüchtlingspolitik nach dem Geschmack von Viktor Orbán gebilligt", analysiert die *Süddeutsche Zeitung* im Juli 2018 ein wenig enttäuscht. Und dann, im Grunde vernichtend: „... auch für die Kanzlerin steht das Schicksal der Flüchtlinge nicht mehr im Vordergrund". Was für ein Verrat an all denen, die ihr hier vertraut, die auf ihren Humanismus gesetzt haben.

Der geeignete Zeitpunkt – wir erinnern uns: ihn zu finden, ist das Wesen von Politik im Merkel'schen Sinne – ist für die Kanzlerin zwar bereits längst verstrichen, aber immerhin hat sie zu ihrer Strategie zurückgefunden, den Mainstream aufzunehmen und die Welle zu reiten. Und ihre bisherige Politik einmal mehr auf den Kopf zu stellen.

Mit einer solchen Art, Politik zu machen, lebt Angela Merkel den Menschen seit dreizehn Jahren das Falsche vor: Strebe nicht mit aller Kraft nach dem Wünschenswerten, sondern konzentriere dich vor allem auf das Machbare. So verkommt Politik zur bloßen Macht-Dienstleitung. Merkel hat Gestaltung zur Verwaltung degradiert, das Land der Dichter und Denker in eine Gesellschaft funktionierender Funktionäre verwandelt. Und den nächsten Generationen vorgelebt, dass es schlauer sein könnte, gänzlich ohne erkennbare Haltung durchs Leben zu gehen und sich immer schnellstmöglich dem gemeinsamen Nenner anzuschließen.

Die Demokratie, die es gegen Gegner von innen und außen in diesen Tagen so vehement zu verteidigen gilt wie selten zuvor – so trocknet sie von innen aus.

2 Frank-Walter Steinmeier – oder: Das arrogante Wahlverfahren zum Bundespräsidenten

12. Februar 2017, 14:16 Uhr. Riesen-Sensation in Berlin! Im Reichstag wird das Ergebnis der Bundespräsidentenwahl verkündet. Der Außenseiter Alexander Hold folgt Joachim Gauck im höchsten Amt, das man in Deutschland bekleiden kann. Überraschenderweise hat der erfahrene Richter aus dem Allgäu ausreichend viele Stimmen in der Bundesversammlung erhalten, um sich gegen den favorisierten SPD-Politiker Frank-Walter Steinmeier durchzusetzen. Kommentatoren sprechen von einem „Sieg der Demokratie".

Was für eine gute Nachricht, was für ein besonderer Tag für Deutschland!

Aber natürlich ist es anders gekommen – nämlich so wie immer bei der Wahl zum Bundespräsidenten. Der Kandidat, der vorher bereits als Sieger feststand, hat auch gewonnen. So etwas gibt es sonst eigentlich nur in anderen politischen Systemen.

Ausgerechnet in diesen Zeiten, in denen ein wenig echte, ehrliche, lebendige und überraschende Demokratie so wichtig gewesen wäre, um das verlorene Vertrauen der Bürger wenigstens ein bisschen zurückzugewinnen, lieferte schon die Nominierung des SPD-Kandidaten ein grauenhaftes Bild. Eines, das verständlich macht, warum sich so viele Menschen angewidert abwenden, wenn es um Politik oder gar Politiker geht. Ihr Eindruck: Alles ist vorher abgekartet – die Wahl zum Ritual verkommen, zur Farce degradiert. Die Art und Weise, wie Frank-Walter Steinmeier ins hohe Amt gekommen ist, widerlegt dieses Urteil der Bürger nicht nur nicht, sie ist ein lautes Ausrufezeichen dahinter. Der Eindruck der Menschen lässt sich so beschreiben: Sie haben derzeit das Gefühl, nicht gehört zu werden. Das Gefühl, dass sie keine Auswahl haben, dass „die da oben," eh machen, was sie wollen, dass ein Kreis abgehobener Leute aus Politik, Medien, gesellschaftlichen Großorganisationen wie Gewerkschaften und Kirchen sich fortwährend absprechen und alles feststeht, bevor sie, die Bürger, die Möglichkeit haben, sich einzubringen. Für diese Kritiker und natürlich auch für die wirklichen Feinde der Demokratie war die arrogante Wahl des 12. Bundespräsidenten eine eindrucksvolle Bestätigung ihrer Befürchtungen und ihrer Sicht der Dinge.

Das große Koalitionskartell aus CDU, CSU und SPD hat mit einem Deal die Grundlage für dieses Vertrauensdesaster gelegt. Die beiden Unions-Parteichefs Angela Merkel und Horst Seehofer verzichteten auf einen eigenen Kandidaten und unterstützten den SPD-Mann Steinmeier. Damit setzten sie das Grundprinzip jeder vernünftigen Wahl außer Kraft: nämlich die Auswahl. Wahl bedeutet ja eben nicht nur, wählen zu dürfen. Wahl bedeutet vor allem, dass man eine Auswahl haben muss. Da nun aber der überwiegende Teil der Bundesversammlung mit Wahlleuten von CDU, CSU und SPD besetzt worden ist, machten die drei Parteichefs Steinmeier bereits vor der Wahl zum Sieger. Der ehemalige US-Präsident Barack Obama hat in Ägypten vor dem sogenannten Arabischen Frühling einmal gesagt: „Wahlen allein machen noch keine Demokratie."

Merkel und Seehofer haben mit ihrer Entscheidung, auf einen eigenen Kandidaten zu verzichten, die Idee der Demokratie extrem strapaziert. Nicht die Person oder gar ein Programm, also ein Inhalt, eine Haltung, ein Versprechen, gaben den Ausschlag, sondern das Votum der Bosse. Das degradiert die Bundesversammlung, die unsere Verfassungsväter mit Blick auf die besondere Geschichte Deutschlands aus gutem Grunde so installiert haben, zur Abnicktruppe.

Um zu verstehen, wie weit der Prozess der Verkümmerung unserer Demokratie hier bereits gediehen ist, lohnt sich ein Blick auf die Argumente, die dazu führten, dass CDU und CSU keinen eigenen Kandidaten nominiert haben. Da wurde viel erklärt und verklärt. Aber im Grunde ging es um eines: Niemand war bereit, eine bei jeder fairen, freien Wahl natürlich mögliche Niederlage einzustecken. Die Angst vorm Verlieren führte dazu, gar nicht erst anzutreten. Das ist taktisch vielleicht nachvollziehbar, aber ein demokratisches Armutszeugnis. Denn „die Demokratie lebt vom Wettbewerb zwischen Menschen und ihren Ideen, zwischen Ansichten, Weltbildern und Visionen. Die Wahlniederlage ist in der Demokratie genauso wichtig wie der Wahlsieg. Die Bereitschaft, zu unterliegen, macht erst möglich, was Demokratien ausmacht – die freie Wahl", kommentierte *BILD*.

Diese Wahl hat also etwas deutlich zum Ausdruck gebracht, was unser Land derzeit im Kern lähmt: ein Sich-Durchwursteln in der Feigheits-Falle. Wer mutig antritt, gilt als Trottel, wer kneift, als Stratege. Angela Merkel hatte über Steinmeier bei dessen Nominierung gesagt, er sei „der richtige Kandidat in dieser Zeit". Vermutlich hat sie bis heute nicht bemerkt, dass sie damit aus Versehen etwas sehr Wahrhaftiges gesagt hat. Ein paar Monate zuvor hatte sie übrigens noch erklärt, dass Steinmeier nicht als Kandidat infrage komme. Und der damalige SPD-Chef Sigmar Gabriel twitterte zur Nominierung seines Parteifreundes: „Es ist gut, dass Koalitionsparteien sich auf von d[en] BürgerInnen gewünschten Kandidaten für Amt d[es] Bundespräsidenten verständigen." Er hatte ganz offenbar gar nichts verstanden. Oder noch schlimmer: Er glaubte, dass die Bürger zu blöd sein würden, den wirklichen Tatbestand zu verstehen.

Frank-Walter Steinmeier also. Als Kanzler wollten ihn die Deutschen nicht. Er holte bei der Bundestagswahl 2009 gegen Angela Merkel nur 23 Prozent – ein apokalyptisch schlechtes Ergebnis für die SPD. Dann kriegen die Menschen ihn jetzt eben als Präsidenten! Das können die Parteichefs nämlich ohne das störende Volk selbst beschließen. Was fast wie eine schrullige Trotzreaktion wirkt, ist in Wahrheit eine unangenehme Begleiterscheinung dessen, was die US-Amerikaner mit Donald Trump abgewählt haben: die Macht des Establishments, das macht, was es will.

Der erfolglose SPD-Kanzlerkandidat und spätere Außenminister der Großen Koalition, der gerade noch Pegida und Trump verdammt hat und dem russischen Präsidenten Wladimir Putin (den Freund seines Freundes Gerhard Schröder!) mit viel Verständnis begegnet ist, der im Parteienwettbewerb klare Kante zeigen musste und auch kräftig austeilte – derselbe Mann ist nun also zum politischen Neutrum ernannt, zum Vermittler, Händeschüttler und Bundesverdienstkreuzverleiher. Er wechselt seine Rollen, wie andere täglich ihr Hemd – wer soll ihm das abnehmen? Für einen Vertrauensverlust dieser Größenordnung ist das Amt aber eigentlich zu wichtig: Immerhin kann der Bundespräsident das Parlament auflösen, er vertritt Deutschland nach innen und außen, schließt völkerrechtlich verbindliche Verträge ab, entlässt Bundeskanzler, Bundesminister, Offiziere, Richter und Bundesbeamte.

Im Fernsehen schauen sich an diesem kalten, grauen, bewölkten Sonntag die Wahl – deren Ende jeder kennt – entsprechend wenige Deutsche an. Die *ARD* berichtet von 11:35 Uhr bis 15 Uhr – 2,16 Millionen Menschen sind dabei. Das *ZDF*-Spezial von 14 bis 15 Uhr schalten 3,15 Millionen ein, eher ältere Menschen als jüngere oder diejenigen, die mitten im Leben stehen. Nur zur Erinnerung: Deutschland hat 82 Millionen Einwohner und es geht um das höchste Amt im Staat. Man kann also ohne Übertreibung sagen: Die Wahl hat niemanden interessiert. Ein Demokratie-Debakel. Aber das ist noch nicht der Tiefpunkt an diesem Tag.

In seiner weithin unbeachtet gebliebenen Antrittsrede sagt Steinmeier doch tatsächlich: „Wir brauchen den Mut, einander zuzuhören; die Bereitschaft, das eigene Interesse nicht absolut zu setzen; das Ringen um Lösungen in einer Demokratie nicht als Schwäche zu empfinden [...]." Wie glaubwürdig ist das aus dem Munde eines Mannes, der gerade aufgrund einer beispiellosen Kungelei ins Amt gekommen ist? Es gab ja eben keinen Wettbewerb der Kandidaten, der Ideen, der Versprechen. Und die Bereitschaft, das eigene Interesse nicht absolut zu setzen, war ja eben nicht vorhanden in einer Gruppe von Feiglingen, deren eigenes Interesse es war, bloß nicht zu verlieren. Wer es also bis dahin geschafft hatte, der Veranstaltung am Fernseher beizuwohnen, musste nun endgültig frustriert zur Kenntnis nehmen: Was Politiker reden, hat mit dem, was sie tun oder getan haben, immer weniger zu tun. So etwas lässt sich wohl am treffendsten als Glaubwürdigkeitskrise beschreiben.

Bleiben wir einmal bei diesem Gedanken: was Politiker so reden.

Nichts wird derzeit so oft gesagt und betont und mit Nachdruck versichert wie die Notwendigkeit, mehr auf die Bürger zu hören, sie mehr einzubeziehen, kurz: sie ernst zu nehmen. Das sei, so heißt es allenthalben, die klare Botschaft der jüngsten Wahlschlappen. Aber geschieht das wirklich? Und was folgt daraus, wenn es konkret wird? Die Wahl zum Bundespräsidenten - nicht nur die Frank-Walter Steinmeiers - ist dafür ein gutes Beispiel.

Dabei wäre eine ehrliche, kritische und selbstkritische Auseinandersetzung mit dem Wahlmodus der Schlüssel zu einer Veränderung im Sinne der Bürger.

Anders als in den Vereinigten Staaten, in Frankreich oder in Polen haben die Deutschen mit der Wahl ihres Präsidenten nichts zu tun. Denn der Bundespräsident wird von der Bundesversammlung gewählt - einem elitären Kreis von Politikern und Prominenten. Nun kann man auch ohne viel Geschichtssinn verstehen, dass nach den Erfahrungen der Hitler-Diktatur ein starkes Staatsoberhaupt mit direkter Legitimation durch das Volk von den Verfassungsvätern nicht gewollt war. Auch ein grundsätzliches Misstrauen den Bürgern Deutschlands gegenüber war 1949 aus der Perspektive der alliierten Hitler-Besieger nachvollziehbar. Aber ist dieser richtige Grundgedanke von damals heute noch zeitgemäß? In einer aufgeklärten Gesellschaft starker Individuen? In einem Deutschland, in dem Individualismus und Politiker-Verdrossenheit längst an die Stelle von Machtgläubigkeit und kollektiver Führer-Liebe getreten ist?

Artikel 54 des Grundgesetzes regelt: „Die Bundesversammlung besteht aus den Mitgliedern des Bundestages und einer gleichen Anzahl von Mitgliedern, die von den Volksvertretungen der Länder nach den Grundsätzen der Verhältniswahl gewählt werden." Das bedeutete bei der Wahl 2017: 630 Bundestagsabgeordnete, also Berufspolitiker – die meisten ohne jegliche Erfahrung im wirklichen Leben – und 630 von den Bundesländern entsandte Vertreter, überwiegend ebenfalls Berufspolitiker aus den Ländern. Wie viele Mitglieder jedes Bundesland in die Bundesversammlung schickt, hängt von der Größe ab. Aus Nordrhein-Westfalen kamen zum Beispiel 135, aus Bayern 97 Wahlleute.

Neben den Abgeordneten ihrer Parlamente entsenden die Länder prominente Persönlichkeiten. An dieser Stelle wird es interessant. Warum eigentlich nicht „normale" Bürger, also die, auf die man nun ja angeblich mehr hören möchte, die man besser einbeziehen will, die wichtiger werden sollen, weil es ja schließlich diese Leute sind, für die Politik im Grunde gemacht wird.

Das normale Volk kommt aber in dem hochmögenden Kreis kaum vor. Aber sind eine Altenpflegerin, ein Polizist, eine Krankenschwester, eine Mutter von vier Kindern, ein Bäckermeister mit zwei Angestellten nicht mindestens so wahlberechtigt wie Schauspieler, Sportler und ehemalige Politiker? Leisten sie nicht auch viel – und haben sie sich mit dieser Leistung nicht ebenfalls das Recht auf eine Stimme verdient? Im Grundgesetz heißt es: „Alle Menschen sind vor dem Gesetz gleich.

Männer und Frauen sind gleichberechtigt." Das heißt aber doch auch: Alle Menschen sind gleich wichtig – nur nicht, wenn es darum geht, den wichtigen Präsidenten zu wählen. Dann sind Prominente wichtiger. Das eine ist eine gut gemeinte Willenserklärung im wichtigsten Gesetzestext, das andere hingegen die Realität.

2017 wählte Weltmeister-Trainer und Merkel-Freund Jogi Löw mit, entsandt von den Grünen. Ein Mann mit politischen Ansichten, Fähigkeit zur klaren Kante, es sei denn, es geht um Mesut Özil. Aber warum er – und nicht der Platzwart des ATS Kulmbach oder der Jugendleiter von Wattenscheid 09?

Die Schauspielerin Natalia Wörner, außerhalb der Bundesversammlung und abseits der Filmsets Lebensgefährtin des SPD-Politikers Heiko Maas, also einem Berufspolitiker, gehörte ebenso zum erlauchten Kreis. Eine Frau mit Meinung und Passion. Aber warum eigentlich sie – und nicht eine Krankenschwester aus Kiel oder Rosenheim?

Die Travestiekünstlerin Olivia Jones war ebenso angereist, um bei der Besetzung des höchsten Amtes im Staat mitzuwirken. Eine großartige Repräsentantin des bunten Deutschlands – aber warum nicht ein homosexueller Alleinunterhalter, der in sächsischen Kleingartenkolonien bei bunten Abenden für Stimmung sorgt?

Andere Wahlmänner und -frauen hätten für eine Öffnung hin zu Bürgern ohne Sonderstellung in der Gesellschaft mit Sicherheit nicht nur Verständnis, sondern würden das sogar begrüßen. Friede Springer etwa oder die verdienten Politiker Edmund Stoiber oder Wolfgang Thierse würden es vermutlich als Ehre empfinden, für Menschen aus der Mitte der Gesellschaft, die dieses Land täglich an der Basis mitgestalten und tragen, ihren Platz in der Bundesversammlung zu räumen.

Wie wäre es also, wenn künftige Bundesversammlungen wie bisher zur Hälfte aus Bundestagsabgeordneten, zur anderen Hälfte jedoch aus normalen Bürgern aller Bundesländer bestünden? Die Antwort ist eindeutig: Es wäre ein kleiner Durchbruch hin zu einer wirklichen Mitbestimmung aller an der wichtigsten Personalentscheidung des Landes.

Bei näherer Betrachtung können nur zwei Gegenargumente geltend gemacht werden – ein zynisches, also typisch politisches und ein logistisches, also etwas, was man mit ein wenig Kreativität lösen kann.

Der machtpolitisch nachvollziehbare, unendlich zynische und öffentlich niemals zugegebene Gedanke derer, die eine solche Innovation verhindern wollen, lautet: Wenn eine Hälfte der Versammlung, also 50 Prozent der Stimmberechtigten, nicht mehr von den Parteien geschickt wird, ist gefährlich unklar, wer am Ende die Wahl gewinnt. Treiber und Schwungrad derer, die lieber am Bestehenden festhalten wollen, ist also Angst. Man kommt an dieser Stelle nicht umhin, sich die Worte Roman Herzogs, eines ehemaligen Bundespräsidenten also, noch einmal ins Gedächtnis zu rufen. Sie sind aktueller denn je: „... nur zu leicht verführt Angst zu dem Reflex, alles Bestehende erhalten zu wollen, koste es, was es wolle. Eine von Ängsten erfüllte Gesellschaft wird unfähig zu Reformen und damit zur Gestaltung der Zukunft. Angst lähmt den Erfindergeist, den Mut zur Selbstständigkeit, die Hoffnung, mit den Problemen fertigzuwerden."

Und ja – natürlich wäre es einer Bundesversammlung, die zur Hälfte aus Nicht-Abgeordneten besteht, aus Kindergärtnern, Busfahrerinnen, Polizisten, aus Gebäudereinigern und Computerexperten, aus Menschen, die nicht mit Politik ihr Geld verdienen zuzutrauen gewesen, dass sie mit Mehrheit für Alexander Hold votiert hätten. Den Außenseiter, den Präsidenten der Herzen. Wäre das so schlimm gewesen?

Nein, mit der Wahl des beliebten Fernsehrichters, der nicht in Berlin bereits parteipolitisch verfilzt ist, Mut zur eigenen Meinung hat und sich als Jurist schon sein Berufsleben lang für die wichtigsten Werte unseres Zusammenlebens einsetzt, hätte die Bundesversammlung, die dann auch eine Bürgerversammlung wäre, ein starkes Signal für eine Erneuerung der Demokratie in Deutschland gesendet. Das käme einem Ruck gleich, der endlich wieder mehr Begeisterung für unser eigentlich gutes und bewährtes System auslösen würde.

Und auch umgekehrt wird daraus ein herrlicher, demokratie-belebender Sachverhalt: Die Kandidaten müssten vor der Wahl tatsächlich Bürger überzeugen, dass sie als Präsident geeignet wären. Nicht mehr nur der parteipolitisch motivierte Wahlakt entscheidet, also der, der strategisch und taktisch gedacht ist, sondern eine richtungsweisende Mischform aus parteipolitischer Vernunft und Bürgersinn. Kurz: die Bündelung zweier Stärken unseres Systems. Das wäre auch deshalb reizvoll, weil all jenen, die sich ständig darüber beklagen, dass sie nichts wirklich mitbestimmen können, ein wichtiges Argument für ihre Dauernörgelei aus der Hand genommen wäre.

Bleibt die logistische Frage: Wie soll man bestimmen, welcher Bürger in den Entscheidungskreis der Bundesversammlung berufen werden soll? Wenn also tatsächlich ganz im Willy Brandt'schen Sinne der Versuch unternommen würde, mehr Demokratie zu wagen?

Ein mögliches Verfahren könnte sein, auf Menschen zu setzen, die außerhalb von Parlamenten oder politischen Parteien bereits Verantwortung übernehmen. Zum Beispiel könnten 16 Plätze in der Bundesversammlung für Schulsprecherinnen und -sprecher reserviert sein. Jedes Bundesland würde einen entsenden. Bewerben könnten sich alle, die 16 Jahre alt sind. Das Los würde entscheiden. Nach diesem Prinzip ließe sich das gesellschaftliche Leben in zehn bis 15 Bereiche aufteilen – und schon würde die Bundesversammlung enorm an tatsächlicher Lebenserfahrung dazu gewinnen. Sie wäre nachgerade ein Spiegel der Gesellschaft – das perfekte Gremium für eine so wichtige Wahl.

Oder aber das Zufallsverfahren bestimmt in jedem Bundesland die Wahlleute. Das Risiko: gleich null! Statistiker sind sich sicher, dass so nicht nur Menschen ausgelost würden, die einer bestimmten Partei anhängen. Oder nur Frauen. Oder nur junge Menschen. Oder nur Selbstständige. Der Effekt: riesig! In allen Kreisen und Städten würde diskutiert – und die Politik wäre gezwungen, dieser Bundesversammlung starke Persönlichkeiten anzubieten. Ein kleiner Schritt für das Verfassungsorgan, aber ein großer im Hinblick auf mehr echte Bürgerbeteiligung.

Frank-Walter Steinmeier hat in seiner Antrittsrede die Grundlage für eine solche Reform indirekt gelegt. Er sagte wörtlich: „Deshalb, liebe Landsleute: Lasst uns mutig sein! Dann ist mir um die Zukunft nicht bange." Wenn diesen Worten nun auch Taten folgen – dann wäre ihnen tatsächlich nichts hinzuzufügen.

3 Wenn nur noch Reiche und Gebildete wählen – oder: Die große Angst der Politelite, dass wirklich jeder Mensch seine Stimme abgibt

Wir stellen uns vor: Den Fußballbundesliga-Vereinen laufen die Fans davon. Die Stadien, einst an jedem Spieltag ausverkauft, sind nur noch zur Hälfte gefüllt – wenn überhaupt! Und bei TV-Übertragungen schalten viel weniger Menschen ein als noch vor zehn Jahren. Der Grund: Die Zuschauer trauen der Liga nicht mehr zu, dass sie attraktiven, mitreißenden Fußball bietet. Rumpel-Fußball, immer nur torlose Unentschieden, kaum mehr richtige Stars – das alles zusammen hat die Stimmung kippen lassen. Der Deutsche Fußball-Bund und die Deutsche Fußball Liga würden daraus eine glasklare Botschaft ableiten: Wir müssen den Fußball wieder attraktiver machen – und zwar schnell und mit allen Mitteln, auch unkonventionellen. Man würde Regeländerungen diskutieren, um das Spiel schneller zu machen. Man würde Finanzstrukturen überprüfen und sich fragen, ob diese schuld daran sind, dass keine Weltstars mehr in Deutschland spielen wollen. Eines jedoch würde man auf keinen Fall tun: die Fans beschimpfen, weil die natürlich wie immer zu dämlich seien, die genialen Ideen der Funktionäre zu verstehen.

Oder: Ein Unternehmen gerät in finanzielle Schwierigkeiten, weil weniger Kunden seine Produkte kaufen. Im ersten Jahr, in dem ein Rückgang zu verzeichnen ist, würde der Vorstand möglichweise noch Markttendenzen oder punktuelle Probleme als Grund benennen. Aber spätestens in Jahr zwei käme alles nicht nur auf den Prüfstand – aus den Erkenntnissen würden auch sofort Konsequenzen gezogen. Je nach Bestandsaufnahme würden die Mitarbeiter besser geschult, die Vertriebswege mit modernen Mitteln, vielleicht denen der Digitalisierung, effizienter gestaltet oder sogar das Heiligtum angefasst: das Produkt selbst würde also verbessert werden. Kurz: Die Kunden müssen besser erreicht und wieder zufriedener werden. Dann kaufen sie wieder öfter und mehr. Am Erfolg dieser Maßnahmen würde das Management gemessen werden. Auch in diesem Fall käme man nicht auf die Idee, die Kunden verantwortlich zu machen und zu sagen, sie hätten keine Ahnung von den tollen Produkten.

Die Verkümmerung der Demokratie in der Bundesrepublik Deutschland hat verglichen mit den beiden Beispielen aus Sport und Wirtschaft ein weit dramatischeres Ausmaß erreicht. Eines, das – wenn man einmal genau hinschaut – den Sinn des Ganzen bereits ad absurdum führt. Denn in Deutschland nehmen nicht nur immer weniger Menschen an Wahlen teil, es wählen tendenziell auch nur noch besser Gebildete mit höherem Einkommen, also eine Bürgerelite. Daraus folgt, dass sich eine Elite eine Elite zusammenwählt.

„Die Beteiligung sank von Wahl zu Wahl zumeist nur um wenige Prozentpunkte, weshalb der Rückgang selten dramatisch wirkte – und falls doch, so konnte er als einmaliger Ausrutscher interpretiert werden", hat Professor Armin Schäfer festgestellt. Aber: „... das Ergebnis dieses lang anhaltenden Trends ist eine Beteiligung von knapp mehr als 40 Prozent bei Europawahlen, von etwa 50 Prozent bei Kommunal- und 60 Prozent bei Landtagswahlen. Selbst an Bundestagswahlen, bei denen noch in den siebziger Jahren mehr als 90 Prozent der Wahlberechtigten ihre Stimme abgaben, haben 2009 und 2013 nur noch knapp mehr als 70 Prozent der Wahlberechtigten teilgenommen." Sogar in der überaus aufgeheizten Stimmung des Bundestags-Wahljahres 2017 machten nur 76,2 Prozent mit – der Anteil der Nichtwähler war immer noch immens.

„Zum Problem für die Demokratie wird die sinkende Wahlbeteiligung, weil die Bevölkerungsgruppen in verschiedenem Ausmaß dazu neigen, nicht zur Wahl zu gehen", analysiert Schäfer weiter. „Eine niedrige Wahlbeteiligung, so lässt sich verallgemeinern, ist eine sozial ungleiche Wahlbeteiligung. Während Bürger mit hohem Einkommen und hoher formaler Bildung weiterhin in großer Zahl wählen, gilt dies für diejenigen mit geringem Einkommen und einem niedrigen Bildungsgrad nicht mehr." Wenn nur noch Reiche und Gebildete wählen – das ist die vielleicht gefährlichste Fehlentwicklung unserer Zeit. Sie führt dazu, dass in der repräsentativen Demokratie nur noch ein Teil der Gesellschaft repräsentiert ist, alle anderen sind ausgeschlossen. Das mag zwar denen, die gerade an der Macht sind oder ein Mandat in einem Parlament innehaben, also denen da oben, ganz recht sein. Aber so war das nicht gedacht mit der Demokratie in der Bundesrepublik. Und so darf es auch nicht weitergehen.

Unsere Vorstellung von Demokratie basiert ja eigentlich auf der Idee, dass jeder Erwachsene eine Stimme hat und sich mit dieser Stimme auch beteiligt, sie quasi alle vier oder fünf Jahre einmal erhebt, indem er sie bei einer Wahl abgibt. Jede dieser Stimmen ist gleich viel wert, egal ob sie von einem ungebildeten Arbeitslosen oder einer superschlauen Universitäts-Professorin stammt. Die Entwicklung in Deutschland tendiert aber eher zu der Demokratie-Idee von Aristoteles, der vor mehr als 2000 Jahren im antiken Griechenland vehement dafür plädierte, Demokratie nicht als reine Volksherrschaft zu verstehen, weil sonst zu viel Macht bei den Mittellosen liege, mit deren Stimmen dann Missbrauch getrieben und damit der Willkür Tür und Tor geöffnet wäre. Die Herrschaft solle lieber bei den Vermögenden und damit Freien liegen.

Sehr weit sind wir heute von einer längst überwunden geglaubten Gesellschaftsform nicht mehr entfernt. Zwar hat sich die Ordnung und die Verteilung des Vermögens geändert, aber die Schere zwischen Arm und Reich, also zwischen mittellos und vermögend und damit zwischen unfrei und frei hat sich in den vergangenen Jahren wieder weiter geöffnet. Umso wichtiger ist es, sich darauf zu besinnen, dass das Zusammenleben nur dann von der absoluten Mehrheit der Menschen als glücklich oder wenigstens zufriedenstellend im Sinne von fair empfunden wird, wenn alle daran teilhaben. Tatsächlich gelebte Teilhabe ist ohne Teilnahme – an Wahlen – aber kaum herzustellen.

Bis ins 18. Jahrhundert hinein hielt sich die Überzeugung, dass nur der Selbstständige und im materiellen Sinne Reiche ein Interesse am Wohlergehen des Staates habe. Den Armen und Dummen fehle hierzu der eigene Wille, befanden die wichtigsten Denker. Erst mit der Französischen Revolution setzte sich allmählich der Gedanke durch, dass immer breitere Schichten der Gesellschaft an der Meinungsbildung teilnehmen sollen, also die Gleichheit aller Menschen tatsächlich Gestalt bekommt.

Jeder einigermaßen vernünftige Mensch wird sich heute dieser Vorstellung anschließen. Aber warum lassen wir dann zu, dass zwar jeder Mensch eine Stimme hat und wählen darf, es aber nicht tut? Im Ergebnis führt das nämlich zu einer Neuauflage dessen, was wir längst für überwunden hielten: eines Ständewahlsystems, in dem der Adel (heute definiert nicht mehr durch blaues Blut, sondern durch Geld und Bildung) wählt und handelt und das Volk nicht wählt und behandelt wird.

Manchmal öffnet einem ja die Sprache die Augen und weist so den Weg in eine bessere Zukunft: Der Wahlvorgang wird immer wieder auch „Urnengang" genannt. Menschen werfen ihren Stimmzettel in „Wahlurnen". Urnen sind auch Gefäße für die Asche von Toten. Das klingt nach mausetot und uralt („Urna" war im antiken Griechenland die Bezeichnung für „Gefäß") – und es klingt nach Friedhof. Das wäre so, also würde das Tor beim Fußball „Sarg" heißen statt „Kasten". Und wer käme schon auf die Idee, bei einer Hochzeitsfeier einen Trauermarsch zu spielen? Aber bei Wahlen, der Hoch-Zeit der Demokratie, stellen wir Urnen auf! Der Begriff „Urne" beschreibt besser, als es jede wissenschaftliche Arbeit oder jeder noch so durchdachte Schlauberger-Vortrag auf einem Podium jemals könnte, was unser Wahlsystem inzwischen ist: das Gegenteil einer lebendigen Demokratie, von der aber alle umso lauter reden, je toter sie ist.

Wie also lässt sich der Urnengang wiederbeleben, wie der Tatbestand eines de facto Elite-Wahlsystems verändern? Dazu lohnt es sich, den Nichtwähler etwas genauer zu betrachten.

Nichtwähler sind, so viel steht fest, ärmer und weniger gebildet als diejenigen, die an der Wahl teilnehmen. Je ärmer ein Wahlbezirk, ein Stadtteil oder eine Gegend im ländlichen Raum ist, desto mehr Menschen bleiben bei Wahlen zu Hause. Dasselbe gilt für junge Menschen. Abitur und Studium bedeutet: Wähler. In der Gruppe derer mit Hauptschulabschluss wählt die Mehrheit nicht mehr. Wahlen und Abstimmungen sind ein „Fest der Demokratie", doch die Partygäste stammen überwiegend aus der Mittel- und Oberschicht, während die anderen noch nicht einmal mehr sehnsüchtig von draußen zuschauen. Soziologen und Wahlforscher haben festgestellt: Nichtwähler gehen häufig davon aus, dass ihre Stimme nichts bewirke und die Parteien und Politiker sich nicht für ihre Anliegen interessierten.

Es stimmt nicht, dass sich Menschen heutzutage als Ersatz für Parteien und Wahlen anderweitig politisch engagieren. Wahr ist hingegen, dass auch in Vereinen, Bürgerinitiativen und sonstigen mehr oder weniger politischen Initiativen die gebildete Mittel- und Oberschicht überproportional vertreten ist. Auch dort setzen Menschen mit Abitur und Studium und Haus oder Eigentumswohnung ihre Anliegen durch.

Das führt dazu, dass eher weniger Flüchtlingsheime in gutbürgerlichen Stadtteilen eröffnet werden, weil der organisierte Widerstand dort größer ist als im Arbeiterviertel. Autobahn-Ausbauten, Windräder, ja sogar Kindergärten (wegen der Lärmbelästigung, wenn die Kleinen draußen sind!) scheitern regelmäßig eher am Widerstand der gut Betuchten als am Aufstand von Hartz-IV-Empfängern. Daraus ergibt sich eine brutale Schieflage. Von gleich verteilten Chancen und Lasten kann keine Rede mehr sein.

Dabei hätten die Nichtwähler, würde man sie erreichen und hören, ein enormes Machtpotenzial, ihre Interessen durchzusetzen. Würden alle, die ihr Kreuz bei der Bundestagswahl 2017 verweigert haben, jetzt eine eigene Nichtwählerpartei stellen, wären sie die zweitstärkste Kraft im neu gewählten Bundestag. Mit 24,4 Prozent lägen die Nichtwähler somit knapp hinter der CDU, die nach dieser Rechnung 24,9 Prozent der Stimmen hätte. SPD (15,7 Prozent), AfD (9,9 Prozent), FDP (7,9 Prozent), Grüne (7,1 Prozent) und Die Linke (6,7 Prozent) würden alle den Sprung über die Fünf-Prozent-Hürde schaffen. Die *WELT* hat nachgerechnet und ist noch am Wahlabend zu einem spektakulären Ergebnis gekommen: „Allerdings würde das ‚ehrliche' Wahlergebnis mögliche Regierungsoptionen verändern. Sowohl eine große Koalition aus CDU und SPD als auch eine Jamaika-Koalition aus CDU, FDP und Grünen – wie sie nun möglich sind – hätten dann keine Mehrheit. Für eine Regierung müssten sich zum Beispiel CDU, SPD, FDP und Grüne zusammenschließen." Bei Landtagswahlen mit viel geringerer Beteiligung ist die Zahl der Nichtwähler noch viel eklatanter. Und es drängt sich schon wieder die Frage auf: Wen repräsentieren dann eigentlich noch die Gewinner?

Nun ist das alles kein neues Phänomen, es begleitet die jüngere Demokratiegeschichte der Bundesrepublik vielmehr seit fast 40 Jahren. Immer wieder sind Versuche unternommen worden, gegen den Abwärtstrend der Wahlbeteiligung anzugehen. Aber nie hat es so richtig geklappt. Immer war es zu zaghaft, zu punktuell, zu kurzfristig – und am Ende gut gemeint, aber nicht gut oder eben gar nicht gemacht. In den vergangenen Jahren hat sich zudem der Eindruck breitgemacht, die herrschende (gewählte) Klasse habe gar kein Interesse, das

System wirklich zu verändern, weil das bestehende ihnen ja nutzt. Tief im Unterbewusstsein vieler Politiker und anderer gebildeter Deutscher schwingt auch mit – jedenfalls höre ich das immer wieder mal heraus, wenn es nach ein paar Gläsern Wein ehrlich wird –, dass die Vorstellung, jeder Idiot würde mitabstimmen, doch nur zu einem Anwachsen der Stimmanteile von unangenehmen Parteien führen würde. Kurz: Um totalen Unsinn bei der Wahl zu vermeiden, sei es vielleicht gar nicht so schlecht, wenn nur die Gebildeteren zur Wahl gingen. Das ist mehr als 2000 Jahre nach Aristoteles ein schwerer Rückfall ins Stände- und Klassendenken – und ein Arroganzanfall ohnegleichen. Wer also schon nicht die Chance auf eine bessere Bildung hatte, der soll jetzt am liebsten auch noch seine Stimme für sich behalten oder wenigstens ungültig machen. Solchen Ideen kann man nur ein überzeugtes „Nicht mit mir!" entgegenschleudern. Was zur Folge hat, dass man gute Argumente braucht, wie man es denn anstellen könne, mehr Menschen für Wahlen zu begeistern.

Aus meiner Sicht gibt es zwei ganz konkrete Wege, um die wir uns nicht länger herumdrücken dürfen, wenn sich der Eindruck nicht verdichten soll, dass eigentlich niemand an einer wirklichen Veränderung interessiert ist.

Da mit den immer wiederkehrenden „Geht wählen!"-Kampagnen von Künstlern und Sportlern, von Bildungseinrichtungen oder Medienhäusern, die, selbst wenn sie hochprofessionell und unterhaltsam gemacht sind, stets etwas von einem erhobenen Zeigefinger haben, bisher nicht viel erreicht worden ist, muss das Wahlrecht in der Bundesrepublik grundlegend modernisiert werden. Und weil vereinzelte lobenswerte Vorschläge von Politikern wie etwa, die Wahllokale wochenlang geöffnet zu lassen (wie in Schweden) oder Wahlurnen (da sind sie wieder!) an Bahnhöfen aufzustellen, zwar in die richtige Richtung gehen, aber bisher politische Eintagsfliegen ohne nachhaltige Wirkung geblieben sind, dürfen wir damit nicht mehr länger warten.

Die vielen Versuche, bei Kommunalwahlen mehr Menschen politisch zu aktivieren, haben die, die man erreichen wollte, eher verunsichert oder verschreckt: Verfahren wie Kumulieren oder Panaschieren, die klingen wie aus dem Sexualratgeber oder einem Kochbuch, sind zu kompliziert und machen Wahlscheine noch intransparenter, als sie vielerorts ohnehin schon sind. Sobald der Eindruck entsteht, man müsse studiert oder wenigstens einen Intelligenzquotienten ähnlich dem von Stephen Hawking haben, um zu begreifen, wie man richtig wählt, ist alles verloren.

Dann machen wir jetzt doch mal ernst:

› Deutschland braucht eine Wahlpflicht!

› Und wir müssen endlich einen Weg finden, wie wir online abstimmen können, jeder also auch von seinem Handy aus!

In Deutschland gibt es Schulpflicht – gut so! Wer dauerhaft nicht zum Unterricht kommt, wird von der Polizei hingebracht. Das setzt ein klares Zeichen: Bildung ist uns hier in diesem Land wichtig.

In Deutschland gibt es Steuerpflicht – jeder, der hier seinen Wohnsitz hat, ist unbeschränkt steuerpflichtig. Das Signal an alle Bürger ist unmissverständlich: Wer von den Leistungen des Staates profitiert, der muss sich auch mit seinem Geld daran beteiligen.

In Deutschland gilt Führerscheinpflicht – Autos, Mopeds, Gabelstapler, nicht einmal kleine Segelboote darf man ohne entsprechenden Nachweis fahren. Und wenn sich jemand mit Influenza ansteckt, also der echten Grippe, dann besteht eine Meldepflicht, um andere Menschen nicht in Gefahr zu bringen.

Helmpflicht, Gurtpflicht, die Pflicht, sich auszuweisen, und so weiter und so weiter. Alles sicher sinnvoll. Aber ausgerechnet die wichtige Mitwirkung an der Entscheidung, die die Grundlage für alle Regeln liefert, nach denen wir leben – also die Wahl –, ist freiwillig. Das war so lange richtig, wie 90 Prozent der Menschen ihre Stimme abgegeben haben. Aber jetzt ist es falsch und – siehe oben – sogar gefährlich, weil das politische System so zu einem Elitenwahlsystem verkommt.

Bisher gibt es in Deutschland keine Mehrheit für eine Wahlpflicht. Das liegt möglicherweise an den Erfahrungen aus der DDR, wo sie zwar nicht festgeschrieben war, es aber einen großen gesellschaftlichen Druck gab, zu wählen, der einer gefühlten Wahlpflicht gleichkam. Also wird es Zeit, dafür zu werben und einzutreten, anstatt tatenlos zuzusehen, wie selbst in turbulenten Zeiten wie jetzt, in denen es um wirklich Wichtiges geht, ein Viertel der Menschen sich gar nicht mehr beteiligt.

Gute Gründe für eine Wahlpflicht gibt es viele. In Australien, Belgien und Luxemburg, wo Nichtwählen spürbare Sanktionen nach sich zieht, wählen regelmäßig 90 Prozent der Wahlberechtigten. Die Wahlpflicht führt dort nicht zu einem größeren Interesse für Politik und auch nicht zu einer höheren Zufriedenheit mit der Demokratie. Aber sie sorgt dafür, dass die Wahlbeteiligung in allen Bevölkerungsgruppen hoch ist. Ein Riesenerfolg, denn damit zwingt sie die etablierten Parteien, Angebote an alle Bürger zu formulieren – also zum Beispiel nicht nur an Rentner, die hierzulande besonders intensiv wählen. Und: Neu gegründete Parteien haben eine ungleich größere Chance, aus dem Stand eine beachtliche Größe und Bedeutung zu erlangen. Auch das ein herrlich belebender Faktor für eine zu verkümmern beginnende Demokratie wie unsere – und natürlich ein Albtraum für etablierte Altpolitikverteidiger.

Selbstverständlich bedeutet eine Wahlpflicht nicht, dass sich jeder auch für eine Partei entscheiden muss. Man kann seinen Wahlzettel auch ungültig machen oder – falls man sehr deutlich machen will, was man von Politik und Politikern hält – „Fuck you" oder „Leck mich!" draufkritzeln. Aber man kann eben nicht nicht mitmachen. Denn sonst wird eine Strafe fällig.

So wie bei Fahren ohne Führerschein, säumigen Steuererklärungen oder Schuleschwänzen.

In Australien, das immer wieder als Vorzeigemodell für eine Wahlpflicht genannt wird, müssen die Bürger seit 1924 abstimmen. Der ehemalige US-Präsident Barack Obama hielt das Verfahren für so geeignet, dass er überlegte, es in den Vereinigten Staaten einzuführen. Wer einmal nicht ins Wahllokal kommt, muss 20 Dollar (umgerechnet 15 Euro) zahlen. Passiert es öfter, wird jemand also ein Wiederholungs-Nichtwähler, droht sogar Gefängnis. Die Wahlbeteiligung sank in den vergangenen 50 Jahren nie unter 92 Prozent. Auch spannend: Ungültig machen nur etwa drei Prozent der Menschen ihren Zettel – ein unglaublicher Wert, der Mut machen sollte, sofort eine Debatte über eine Wahlpflicht in Deutschland zu beginnen.

Und auch alle, die jetzt sagen: „Um Gottes willen – dann kriegen Parteien wie die AfD ja noch mehr Stimmen!", können sich entspannen. In Australien erhalten sogenannte populistische Parteien regelmäßig nur ein Prozent. Allerdings: Bei einer Wahlpflicht, bei der natürlich auch alle ungültigen Stimmen mitzählen (nämlich als „ungültig"), hätten Grüne, Linke und FDP vermutlich in manchen Jahren große Schwierigkeiten, die Fünf-Prozent-Hürde zu überspringen. Aus diesen Parteien wird also wenig Zustimmung zu einer Wahlpflicht kommen – wer schafft sich schon gerne selbst ab? Und genau darin liegt ein großes Mentalitätsproblem der heute handelnden Politiker: Statt sich mutig darauf zu verlassen, auch diejenigen begeistern zu können, die bisher nicht wählen, ist man lieber dafür, sie draußen zu lassen. Es ist zu befürchten, dass das kein Zukunftsmodell ist.

Ein weiteres Phänomen im Zusammenhang mit der Wahlpflicht zeigt sich in Belgien und Luxemburg. In Belgien existiert sie seit 1893, und wer sich seiner Pflicht entzieht, kann mit bis zu 50 Euro Bußgeld bestraft werden. Wer seine Stimme nicht abgibt, dem droht sogar die Streichung aus dem Wählerregister, also der Verlust seines Wahlrechts. Das Interessante: Obwohl die Sanktionen seit vielen Jahren nicht mehr umgesetzt werden, liegt die Wahlbeteiligung trotzdem bei 90 Prozent.

In Luxemburg das gleiche Bild: Wahlpflicht, keine Sanktionen mehr seit den 1960er-Jahren – Wahlbeteiligung regelmäßig über 90 Prozent. Offenbar genügt schon die Ansage ans Volk, dass erwartet wird zu wählen, als Motivation, sich mit seiner Stimme zu engagieren. Wenn das kein Vorbild ist! Mehr noch: Es ist ein Modell für Deutschland!

Aber geht das in unserem überregulierten und eher veränderungsunwilligen Land überhaupt? Dessen Politiker nach wie vor den Eindruck erwecken, Neues sei gleichbedeutend mit Schlechterem? Denen der Schwung zur Erneuerung fehlt, die Bereitschaft, Risiken einzugehen, eingefahrene Wege zu verlassen, Neues zu wagen, wie Roman Herzog es vor mehr als 20 Jahren für das ganze Land formulierte und damit auch die Politikergeneration kritisierte, die noch heute im Amt ist.

Ein Blick in unser wichtigstes Gesetz, das allen anderen zugrunde liegt, gibt die Antwort: Natürlich geht das – mehr noch: Es ist dort vielleicht sogar für Zeiten wie unsere so vorgesehen.

Das Grundgesetz lässt die Möglichkeit einer Wahlpflicht offen, es sei denn, man missinterpretiert aus Beharrungsstarrsinn Artikel 38, Absatz 1, Satz 1. Dort heißt es, die Wahlen in unserem Land müssen „frei" sein. Jeglicher Zwang im Zusammenhang mit der Stimmabgabe ist damit ausgeschlossen. Das bezieht sich aber eindeutig auf den Inhalt und nicht auf die Teilnahme. Denn das Bundesverfassungsgericht hat im Grundgesetz schon immer ein Menschenbild erkannt, das „nicht auf das selbstherrliche, souveräne Individuum zielt, sondern auf die auch in der Gemeinschaft stehende und ihr vielfältig verpflichtete Persönlichkeit". Ein der Gemeinschaft „verpflichteter" Bürger kann nach dieser Logik eben auch zur Wahl verpflichtet werden.

Und außerdem, ganz unjuristisch, unideologisch und undogmatisch: Wer sollte schon dagegen sein? Für alle, die auch bisher schon wählen gehen, ändert sich durch eine Wahlpflicht nichts. Und die anderen, die es nicht tun, werden endlich zur Teilnahme animiert. Mit ihnen geschieht also genau das, was alle immer wollten: Sie beteiligen sich endlich. So wird die Wahl zur echten Volksabstimmung aller Bürger über die wichtigsten Fragen der Gegenwart und Zukunft.

Wir stellen uns die nächste Bundestagswahl im Jahr 2021 vor, einen Sonntag im September. Die Union aus CDU und CSU liegt nur noch bei historisch schlechten 25 Prozent, ist aber immer noch die Nummer eins. SPD und AfD kommen letzten Umfragen zufolge auf je 18 Prozent und ringen um die Stimmen der sogenannten kleinen Leute. Die Grünen liegen bei stabilen 15 Prozent, die Linke kratzt an der Zehn-Prozent-Marke. Und die FDP kämpft wie Union, SPD, Grüne und Linke mit einer neuen Partei, nennen wir sie „Die Vernünftigen", um die vielen Millionen Wähler, die sich in den vergangenen Jahren von den etablierten Parteien abgewandt haben, denen aber die AfD aufgrund ihrer immer noch nicht überwundenen Nähe zu obskuren rechten Spinnern und widerlichen Nazis nicht wählbar erscheint. Es ist trüb und regnerisch, aber spannend wie nie. Dieses Mal werden seit Langem einmal wieder mehr als 90 Prozent der Wahlberechtigten ihre Stimme abgeben – denn es gelten zum ersten Mal die Bedingungen der Wahlpflicht. Die Regelung besagt: Wer nicht wählen geht, muss zahlen. Als Strafe wurden nach langen Diskussionen 50 Euro festgelegt. Das mag hoch erscheinen, aber in einem Land, in dem Schwarzfahren beispielsweise in Hamburg 60 Euro kostet, ist das angesichts der Wichtigkeit des Deliktes eher noch günstig. Nichtwähler sind ab sofort die Schwarzfahrer der Demokratie: Sie nehmen eine Dienstleistung in Anspruch, bleiben aber ihren Beitrag schuldig.

Einige Millionen Menschen stehen dann also zum ersten Mal in einem Wahllokal. Sie werden erstaunt sein, dass sie der von allen so gepriesenen Bürgerpflicht in muffigen, nach Linoleum-Politur riechenden Klassenzimmern nachkommen sollen, in denen sonst Angstschweiß vor Latein- oder Mathematikarbeiten vergossen wird. Oder in Hinterzimmern und Gesellschaftsräumen von Sparkassen, wo an Werktagen Leberwurstbrote aus Plastikbehältern entnommen werden.

Andere, die sich für den Weg der Briefwahl entschieden haben, weil sie das zu Hause in aller Ruhe erledigen können, werden in der Hoffnung über der Anleitung brüten, bloß nicht mit den endlosen Listen durcheinanderzukommen oder sie gar in den falschen Umschlag zu stecken. Wenn sie Pech haben, findet gleichzeitig noch eine Volksabstimmung oder eine Kommunalwahl statt – dann werden sie erstmals bereuen, dass sie kein Abitur und kein Politikstudium haben. Beides ist augenscheinlich notwendig, um zu begreifen, worum es hier bei welcher Wahl mit welchem Kandidaten von welcher Partei geht. Komplizierter geht es kaum.

Das alles macht deutlich, dass wir auch 2021 so wählen, als würden wir noch mit Kutschen durch die Gegend fahren und Schwarzweißfernsehen gucken. Als hätte sich seit Konrad Adenauer gar nichts geändert. Als hätte die Digitalisierung nicht stattgefunden. Während jeder Bürger seine Lohn- beziehungsweise Einkommensteuer heute schon per digitalem Formular einreichen kann, Personalausweis und Reisepass voller persönlicher Daten computerlesbar sind und wir bereits darüber diskutieren, ob unsere intimsten Gesundheitsdaten in Datenbanken hinterlegt sein sollen, um im Notfall schnell eingesehen werden zu können, wählen wir noch immer total analog. Bis heute hat man in einem deutschen Wahllokal den Eindruck, man müsse wie in Malaysia, Simbabwe oder Afghanistan gleich seinen Finger in wasserfeste Farbe tauchen, um sicherzustellen, dass man kein zweites Mal wählt.

Alle westlichen Demokratien brauchen – schon allein, um die jungen Wählerinnen und Wähler ohne oder mit mittlerem

Schulabschluss nicht vollends zu verlieren – dringend die Möglichkeit, online abzustimmen. Und es wäre erstrebenswert, dass die Technologie dafür aus Deutschland kommt: die digitale Demokratie, made in Germany. Das wäre nach dem Diesel-Desaster der deutschen Autoindustrie endlich mal wieder eine Erfolgsgeschichte, auf die wir stolz sein könnten. Wir, die Deutschen, denen man 1945 erst beibringen musste, was Demokratie bedeutet und wie sie funktioniert, könnten die „Demokratie 5.0" zum Exportschlager machen.

All diejenigen, die jetzt aufschreien und sich um die Sicherheit sorgen, die fürchten, dass Wahllisten gehackt werden und damit öffentlich wird, welcher Bürger welche Partei gewählt hat oder die sich gar angstvoll fragen, ob die Russen – wie mutmaßlich in den USA – dann auch die Wahlen in Deutschland manipulieren können, müssen sich folgende Fragen stellen: Wer macht heute eigentlich bei Briefwahlen die Kreuze für Behinderte, Ältere, Kranke? Und wer bestimmt in streng hierarchischen Familien auf dem Land, was gefälligst gewählt wird? Wählt dort vielleicht Mutti, was Vati gut findet, weil sonst ein Ehekrach droht? Und wie sieht das in muslimischen Familien mit einem Patriarchen an der Spitze aus – können dort die Töchter wirklich anders wählen als Vater und Bruder? Die Anfälligkeit für Ungereimtheiten ist auch im bestehenden analogen Abstimmungsverfahren nicht gering. Sie ist sozusagen Teil des Systems.

Es gehört zu den unwidersprochenen Wahrheiten unter Fachleuten, dass ausgerechnet die Briefwahl, die bei der Bundestagswahl 1957 eingeführt wurde, um „dem Ziel, eine möglichst umfassende Wahlbeteiligung zu erreichen", näher zu kommen, die Fehlerquote deutlich erhöht hat. „Überall im Bundesgebiet melden die Wahlämter Rekordzahlen bei den Briefwählern. Mehr als 20 Prozent der Wahlberechtigten geben in diesem Jahr statt im Wahllokal ihre Stimme per Post ab", hat *FOCUS* kurz vor der Wahl 2013 berichtet. Und hinzugefügt: „Sofern sie einen Stimmzettel bekommen." Aus vielen Teilen Deutschlands hatten sich Menschen gemeldet, die ihre Unterlagen nie erhalten haben. Die Post gab bekannt, man könne sich die Sache nicht erklären.

Der *SPIEGEL* fasste die irritierende Panne – die, wäre sie online passiert, zu Recht als Argument gegen jede Form der Internetwahl verwendet worden wäre – so zusammen: „Verschollene Umschläge, vertauschte Stimmzettel, schlampige Zusteller – die Berichte über Briefwahlpannen bei der Bundestagswahl häufen sich. Jetzt warnt die oberste Wahlaufsicht: Wer die Post der Kabine vorzieht, geht ein Risiko ein."

Die Liste der Fehlleistungen, die die *SPIEGEL*-Redakteurinnen Annette Meiritz und Anna-Lena Roth nach der Wahl 2013 zusammengestellt haben, macht klar, dass auch die heutige, von allen akzeptierte Wahlmethode bereits Probleme mit sich bringt:

> Verwirrung um verschollene Stimmen: In Hamburg ließen sich rund 300.000 Briefwähler Unterlagen zuschicken, im Ergebnis berücksichtigt wurden aber zunächst nur knapp 200.000 Briefwahlstimmen, hieß es. Die Behörden räumten Rechenfehler ein, die nachträglich korrigiert wurden, es gingen keine Stimmen verloren. Am Freitag wurde ein weiterer Fall bekannt: In Ratzeburg blieben 200 ungeöffnete Briefwahlumschläge in einer Postfiliale liegen.

> Unterlagen gingen auf dem Weg verloren: In Mainz, Hamburg, Frankfurt am Main und Göttingen gab es Berichte über Bürger, die ihre Briefwahlunterlagen angefordert hatten, diese aber nie bekamen. Der Fehler liege bei der Post, sagen die Behörden.

> Unterlagen kamen zweifach an: In Köln bekamen Dutzende Briefwähler ihre Unterlagen doppelt. Grund war eine Maschinenstörung bei der Druckerei.

> Es wurden falsche Unterlagen verschickt: In Bochum wurden bei der Briefwahl die Stimmzettel von benachbarten Wahlkreisen vertauscht. Die Zahl der abgegebenen Stimmen sei zu gering, um das Ergebnis zu beeinflussen, versichert man bei der Stadt. Auch in Duisburg landeten falsche Unterlagen in den Briefkästen.

> Veraltete Unterlagen gingen raus: Dutzende Briefwähler in Oberhausen bekamen Wahlscheine von 2009 nach Hause geschickt. Ein Mitarbeiter des Wahlamts hatte wohl versehentlich in einen falschen Karton gegriffen. In der Schachtel wurden noch Unterlagen der letzten Bundestagswahl gelagert, um sie Schulen als Lehrmaterial zur Verfügung zu stellen.

Wer also das bestehende Wahlverfahren mit den Möglichkeiten, in einem Wahllokal oder per Brief zu wählen zu sehr verteidigt, tut der Gesellschaft keinen Gefallen. Das ist für alle Gegner von Online-Wahlen eine schmerzhafte Erkenntnis. Und auch der Verweis darauf, dass die persönliche Stimmabgabe hinter irgendwelchen Holzaufstellern in Klassenzimmern vollkommen sicher sei, ist von der Wirklichkeit erst jüngst bei der Bundestagswahl 2017 dementiert worden. Im Düsseldorfer Stadtteil Garath wurden in einem Wahlbezirk die falschen Stimmzettel ausgegeben. „Der Fehler fiel erst nach drei Stunden auf", berichtete *RP Online*. In Mönchengladbach gingen um 16:45 Uhr die Wahlzettel aus und auch in Köln hatten mehrere Wahllokale zu wenige Stimmzettel. In Krefeld wiederum konnten die Wähler erst ab 9 Uhr abstimmen, weil die Wahlhelfer den falschen Schlüssel bekommen hatten und das Wahllokal deshalb nicht bereits um 8 Uhr aufschließen konnten.

Das missliche Phänomen konnte nicht nur an Rhein und Ruhr beobachtet werden, auch in Brandenburg an der Havel kam es zu Ungenauigkeiten. Dort wurden Fehldrucke unter den Stimmzetteln entdeckt – statt zwei Stimmen konnten die Wähler hier nur noch ihre Zweitstimme abgeben, hat die *Märkische Allgemeine* festgestellt. „Es handelt sich dabei um einen Fehler der Druckerei", wird die Kreiswahlleiterin Viola Niemann zitiert. Da insgesamt 190.000 Stimmzettel angefertigt worden waren, könne „das schon einmal passieren", sagte sie weiter. Ein bisschen zu lapidar.

Nach jeder Wahl werden solche Ungereimtheiten gemeldet. Und dann gleich wieder relativiert: Auf das Ergebnis habe das keine Auswirkungen gehabt. Die Abstände von Wahlsiegern zu den Nächstplatzierten seien jeweils größer als die Zahl der Pannen-Stimmen. Also kein Problem. Das kann man mit guten Gründen so sehen – es würde dann allerdings genauso für die befürchteten Ungereimtheiten bei Internet-Abstimmungen gelten. Aber was passiert eigentlich, wenn es einmal nicht so ist? Wenn es um ein oder zwei Stimmen geht?

Halten wir also fest:

> Die persönliche Stimmabgabe im Wahllokal ist störanfällig, aber relativ sicher. Es gehen aber immer weniger Wähler hin.

> Die Briefwahl ist bequemer und wird dadurch immer beliebter. Bei der Bundestagswahl 2017 gaben bereits 28,6 Prozent der Bürger ihre Stimme auf diese Weise ab. Briefwahl ist aber wesentlich pannenträchtiger.
> Hinzu kommt, dass die Stimmen hier bereits vor dem eigentlichen Wahltermin abgegeben werden müssen, was dazu führt, dass nicht alle Wähler den gleichen Informationsstand haben können. Oftmals geschehen kurz vor dem Wahltag noch Dinge, die die Wahlentscheidung eines Briefwählers womöglich anders hätte ausfallen lassen. Das kollidiert – streng genommen – sogar mit dem Grundgesetz, in dem es heißt: Eine

Wahl muss allgemein, unmittelbar, frei, gleich und geheim sein. „Gleich" bedeutet auch gleichen Stand der Information.

Und Achtung, jetzt müssen alle Bewahrer und Zukunftsskeptiker ganz stark sein: Eine Online-Wahl, also die Möglichkeit, direkt am Wahltag von überall aus per Computer oder Handy abzustimmen, könnte einige dieser Probleme lösen. Das macht die Idee für wirklich überzeugte Demokraten überaus attraktiv: Es kommen keine neue Probleme hinzu, denn Sicherheitslücken gibt es im antiquierten analogen System jetzt auch schon. Und mancher bestehende Nachteil wird sogar ausgemerzt. Aber das Wichtigste ist: Es besteht die Chance, mehr Menschen zur Teilnahme an den Wahlen zu gewinnen.

Das Fachmagazin *Heise* hat in einem hervorragenden Artikel nachgewiesen, dass eine geheime Wahl übers Internet durchaus möglich ist. „Wähler können damit bequem von zu Hause oder aus dem Urlaub übers Internet wählen und prüfen, ob ihre Stimme korrekt ins Endergebnis einfließt. Verglichen mit der Briefwahl ist das sogar sicherer", notieren die beiden Autoren. Denn: „Nachdem der Stimmzettel in den Postkasten eingeworfen wurde, kann der Briefwähler (…) nicht weiter nachvollziehen, was damit passiert. Selbst wenn er den Stimmzettel im Wahlamt abgibt, weiß er nicht mehr, als dass der Stimmzettel im Wahlamt ankam. Die Auszählung kann er dabei nicht überprüfen und auch nicht, ob das Wahlamt seine Stimme nicht einfach verschwinden lässt." Das alles sei online aber möglich.

In einigen Kantonen der Schweiz, die nicht gerade für demokratisches Hasardeurtum und Gefahrensucherei bekannt ist, werden bereits Wahlen über das Internet angeboten. Die Bürger können dort online abstimmen. Und Estland bietet als einziges Land der Welt die Möglichkeit, bei allen Wahlen diesen elektronischen Weg zu wählen.

Das technische Verfahren genau erklären zu wollen, führt in die Tiefen der Kryptografie und ist deshalb für jeden schwer nachvollziehbar, der schon in der Schule immer froh gewesen ist, wenn Mathe vorbei war. Vereinfacht lässt sich sagen, dass jeder Wähler zusammen mit dem Wahlbescheid Zugangsdaten bekommt. Zu diesen gehört eine Wähler-ID und ein Passwort – das Ganze versiegelt wie die PINs von neuen Bankkarten. Damit loggt er sich spätestens am Wahltag auf der Wahlwebseite ein und klickt dort seinen bevorzugten Kandidaten an. Mit einem zweiten Klick schickt er dann seine Stimme ab.

Selbstverständlich kann es dabei zu Sicherheitslücken kommen. Aber für jede einzelne, die auftreten könnte, gibt es heute schon überzeugende technische Lösungen. Und das ist das Entscheidende: Es ist möglich, im Netz mindestens ähnliche Sicherheitsstandards herzustellen, wie sie in der analogen Welt existierten. Die Verfahren dafür werden immer besser. Nirgendwo schreiten Innovation und technischer Fortschritt so schnell voran wie in der digitalen Welt. Was heute in Nuancen noch unmöglich erscheint, wird morgen schon erstaunlich reibungslos funktionieren.

Deshalb muss das Urteil des Bundesverfassungsgerichts von 2009 – also verglichen mit heute aus der digitalen Steinzeit – neu bewertet werden. Kritiker von Online-Wahlen interpretieren es als klares Nein der höchsten Richter. Das hält aber nicht stand: Das Gericht hat sich keineswegs gegen E-Voting ausgesprochen, sondern gegen die damals angewandte Praxis und gegen suboptimale Wahlmaschinen. Die damalige Technik habe Mängel, sei zu schwer zu kontrollieren, hieß es.

Die Aufgabe der Politik wäre es nun also, die berechtigte Kritik des Bundesverfassungsgerichts aufzugreifen und mit den Mitteln von 2018 eine technisch sichere Lösung zu finden. In Zeiten von digital erzeugten Währungen wie Bitcoins und eines digitalen Personalausweises sollte das möglich sein. Und ja: Dann muss das Ganze noch einmal den Verfassungsrichtern zur

Begutachtung vorgelegt werden. Es ist nicht unwahrscheinlich, dass sie dann zu einer neuen, positiven Bewertung kommen. Das hohe Gremium hat sich schon immer dadurch ausgezeichnet, dass es die sich verändernde Lebenswirklichkeit der Menschen mit den richtungsweisenden Gedanken der Verfassungsväter in Einklang bringen kann. Warum sollte das ausgerechnet bei der für eine Demokratie so zentralen Frage von Wahlen nicht gelingen?

So wie in der Musikindustrie neben die Schallplatte erst die CD und dann der Download getreten ist, sollte möglichst bald schon neben Wahllokal und Briefwahl die Online-Wahl existieren. Der Inhalt ist ja der gleiche, aber der Vertriebsweg hat sich durch neue Technologien verändert. Und der Effekt wird hier wie da sein, dass insgesamt mehr Menschen durch leichteren Zugang teilhaben können. Hier wie da werden sie davon auch Gebrauch machen. Und hier wie da wird das Neue das Alte nicht komplett verdrängen, sondern alle Zugänge werden nebeneinander existieren. Gerade jüngere Menschen, also diejenigen, die mit Facebook, Instagram und Snapchat aufgewachsen sind, werden die digitale Wahlmethode nutzen. Sie bringen ja heute schon kaum noch einen handschriftlichen Brief zur Post und ihre Urlaubsfotos kleben sie auch längst in keine Alben mehr.

Für das Verhalten von Kunden und Verbrauchern – das sind ja die gleichen Menschen wie Zuschauer, Leser oder eben Wähler – gibt es kein besseres Barometer als den Handel. Ob die Möglichkeit, online wählen zu können, zu mehr Wahlbeteiligung führt, lässt sich deshalb nicht nur durch das Studieren der Gewohnheiten junger Generationen „fühlen" und prognostizieren, es lässt sich zudem aus den Erfahrungen des Einzelhandels ableiten. Die Antwort ist eindeutig: „Das Internet als Vertriebsweg für Waren aller Art wächst kräftig", berichtete das *HANDELSBLATT* Anfang 2018. Besonders interessant: „Das größte Wachstum sehen wir bei Versendern, die ihre Heimat im stationären Handel haben", wird der Verbandspräsident zitiert. Nicht wenige von ihnen haben Umsatz und Rendite durch das Erschließen neuer, moderner Vertriebswege steigern können. Das bedeutet: Wer die Digitalisierung positiv annimmt, hat Erfolg. Darin liegt, davon bin ich überzeugt, auch eine große Chance für die Demokratie.

In ein paar Jahren wird jedenfalls niemand mehr verstehen, wieso es so lange nicht möglich war, im Internet abzustimmen. So wie man sich noch vor ein paar Jahren nicht vorstellen konnte, dass man eines Tages seine Post mit dem gleichen Gerät verschicken wird, mit dem man auch Musik hört, Fotos und Filme guckt und seinen Urlaub bucht.

Konrad Zuse, der Erbauer des ersten funktionsfähigen Computers der Welt, war übrigens ein Deutscher. Die Erfinder eines sicheren Online-Wahlverfahrens made in Germany – also des Wählens per Mausklick – wären seine würdigen Enkel.

Kapitel 1
DEMO-KRATIE
– so geht's, Deutschland!

» Schluss mit der „Alternativlos"-Politik! Deutschland muss wieder das Land der vielen Haltungen werden, von denen sich die zukunftsfähigste durchsetzt.

» Mehr Bürgerbeteiligung bei der Wahl zum Bundespräsidenten! Die Bundesversammlung sollte zur Hälfte aus „normalen" Bürgern bestehen, nicht aus noch mehr Politikern und Prominenten.

» Deutschland sollte eine Wahlpflicht einführen: Wer nicht wählt, zahlt 50 Euro Strafe.

» Deutschland muss das erste große Land der Welt sein, in dem auch online gewählt werden kann. Die „digitale Demokratie" kann ein Exportschlager werden.

Geht's noch?
Wir sind kein „Team Deutschland" mehr

KAPITEL 2

1. Das Jogi-Prinzip – oder: Unser verlorenes WIR-Gefühl

Neulich auf einer langen, einsamen Autofahrt in die Nacht hinein habe ich im Radio einen Satz gehört, der mir nicht mehr aus dem Kopf geht: „Das Beste an mir waren wir", sang irgendein unglücklicher Typ über seine kaputt gegangene Beziehung. Was da so melancholisch aus den Lautsprechern kam, ist viel mehr als eine Liebeserklärung – es ist die Formel jedes erfolgreichen Zusammenlebens. Und wenn man die Zeitform aus der Vergangenheit in die Gegenwart holt, dann eignet es sich sogar als Leitmotiv für ein ganzes Land:

Das Beste an mir sind WIR!

Zusammen sind wir einzigartig. Zusammen holen wir alles aus uns heraus. Nur zusammen sind wir stark.

Genau das hat Deutschland nach dem Krieg ausgezeichnet: Gemeinsam haben unsere Großmütter die Trümmer weggeräumt, gemeinsam haben unsere Eltern und Großeltern das Land wiederaufgebaut und jedenfalls den Westteil zum Wirtschaftswunder geführt. Gemeinsam haben die Deutschen im Osten den falschen Sozialismus der SED-Diktatur in die Knie gezwungen, die Stasi vertrieben, die Mauer niedergerissen. Und gemeinsam haben wir die Wiedervereinigung mit all ihren Schwierigkeiten hinbekommen. So sind wir Export-Weltmeister geworden und Fußball-Weltmeister auch.

Das Hochwasser 2002, die sogenannte Jahrhundertflut, haben die Deutschen mit einer bis dahin so noch nicht gesehenen Hilfsbereitschaft besiegt. Es war der personell größte Katastropheneinsatz in der Nachkriegszeit. Auch die Flüchtlingskrise wäre ohne das Engagement von Hunderttausenden Freiwilligen eine noch viel größere humanitäre Katastrophe geworden, als sie es ohnehin schon ist. Als der Staat komplett versagte, waren die Bürger zur Stelle, um zu reparieren, was die Politiker verbockt hatten.

Einer der bekanntesten Sätze des US-Präsidenten John F. Kennedy lautet: „Frage nicht, was dein Land für dich tun kann, sondern was du für dein Land tun kannst". Ohne dass man das uns Deutschen hätte irgendwie befehlen müssen, haben die meisten Menschen in diesem Land viele Jahrzehnte lang genau so gehandelt. Aber dieses alle miteinander verbindende Grundverständnis hat Risse bekommen. Manchmal hat man sogar das Gefühl, dass es vollends verloren gegangen ist. Dem „Team Deutschland" ist damit etwas Wichtiges abhandengekommen.

So wie bei der Deutschen Fußballnationalmannschaft während der Grusel-WM in Russland alles andere als eine Mannschaft auf dem Platz stand, so ist das ganze Land in Gruppen zerfallen, die nicht mehr an einem Strang ziehen. Sie nutzen jede Gelegenheit, sich gegenseitig zu blockieren, unmöglich zu machen und sich auf Kosten des Staates Vorteile zu verschaffen. Bei der Rente werden von der Politik Alte gegen Junge ausgespielt, bei anderen Themen Einwanderer gegen Einheimische, regelmäßig immer noch Ossis gegen Wessis, gerne auch EU-Kritiker gegen EU-Fans, Flüchtlingshelfer gegen Flüchtlingskritiker und in der am Ende vollends überhitzten MeToo-Debatte manchmal sogar Männer gegen Frauen und Frauen gegen Männer. Die Möglichkeiten, sich gegenseitig zu bekämpfen, waren noch nie so vielfältig wie heute. Ein Post bei Facebook, ein Tweet bei Twitter, ein Foto bei Instagram – und schon läuft die Kampagne gegen einen anderen.

Der gut gemeinte Hashtag #zsmmn, der für das deutsche Team vor der Weltmeisterschaft erfunden und vom Deutschen Fußball-Bund in die Kampagne übernommen worden war, sollte die Verbindung von Fans und Nationalmannschaft stärken. Er symbolisiert besser als viele vollständige Wörter das Problem: Wenn man wichtige Teile eines Ganzen außen vor lässt – hier die Vokale u, a und e –, dann kann kein wirkliches

„Zusammen" daraus werden. Aber nur wenn alle mit dabei sind, macht die ganze Sache Sinn.

So wie die Jung-Millionäre bis tief in die Nacht im Mannschaftshotel auf ihren Spielekonsolen rumdaddelten – vermutlich jeder für sich allein –, die eigenen Social-Media-Seiten mit eitlen Sinnlosigkeiten füllten und auf dem Platz wie ein wahllos zusammengewürfelter Haufen millionenschwerer Egos agierten, so ichbezogen wirkt in diesen Tagen unser ganzes Land. Jeder versucht, für sich das Beste rauszuholen. Kaum jemand denkt noch daran, etwas für sein Land zu geben. Dass einer der Spieler offenbar auch noch eine Shisha-Tabak-Pfeife mit ins Trainingslager gebracht hat, verwundert dann auch nicht mehr.

So wie die DFB-Chefs und der Bundestrainer Jogi Löw hilf- und haltungslos geschwiegen haben, als die Spieler Mesut Özil und Ilkay Gündogan erst ihre Propagandashow für den türkischen Despoten Recep Tayyip Erdogan abzogen, Özil mit seinem Rücktritt eine einzigartige Schmutzkampagne gegen Deutschland lostrat und schließlich auch noch eine maßlose und dreiste Rassismusdebatte vom Zaun brach, so passiv und teilnahmslos schauen Deutschlands Politiker seit Jahren zu, wie die schlimmsten Feinde unseres Landes unbehelligt daran arbeiten können, unseren Rechtsstaat und unsere Idee vom Zusammenleben auszulöschen.

Es ist höchste Zeit, dieser Entwicklung endlich etwas entgegen zu setzen! Das beste Mittel gegen das Jogi-Prinzip ist ein neues, starkes „Wir", ein echtes „Team Deutschland", in das alle in diesem Land versammelten Talente eingebunden werden, das offen ist für Neues, auch wenn das schwerfällt. Kurz: Wir brauchen ein modernes, zeitgemäßes „Wir", das nicht die einen gegen die anderen ausspielt, sondern das Beste aus allen herausholt. Wir brauchen keine schlechten Vorbilder wie unsere Nationalspieler, die sich untereinander als „Kanaken" und „Kartoffeln" bezeichneten. Der *SPIEGEL* zitiert einen Insider, dass

„Die Mannschaft" in diese beiden Grüppchen zerfallen sei, also in Spieler mit Migrationshintergrund, die sich selbst „Kanaken" nannten, und in deutsche Spieler ohne ausländische Wurzeln, die von den „Kanaken" als „Kartoffeln" verspottet wurden. Das alles habe zwar weniger mit Politik und Religion zu tun als mit Lifestyle. „Kanaken" wie Özil, Boateng, Rüdiger und Gündogan lieben Bling-Bling, also Protzsymbole ihres Reichtums. „Kartoffeln" wie Müller oder Hummels bevorzugen eher einen zurückhaltenden Lebensstil. Die „Kartoffel" Hummels, einer der wenigen im Team, der über den Spielfeldrand hinausdenken und zudem vollständige deutsche Sätze bilden kann, sei außerdem als „Klassensprecher" verhöhnt worden.

Das alles erinnert fatal an die Schulhöfe in sozialen Brennpunkten, also Orte, an denen kaum Integration stattfindet. Und auch, wenn man darin nicht unbedingt Rassismus erkennen muss, so liefert das Verhalten der Vorbilder für Millionen Kinder doch viel Stoff zum Nachdenken über das Wir-Gefühl. Anders gesagt: So kann es nicht wirklich entstehen.

Ein positives Wir-Gefühl entsteht durch ein echtes Miteinander, durch ein großes, gemeinsames Ziel und durch konkrete Maßnahmen, die alle Bürger oder jedenfalls eine große Mehrheit quer durch die Gesellschaft auf das „Wir" einschwören.

Die einprägsamste Geschichte in diesem Zusammenhang beginnt im Jahr 1961. Der Präsident der Vereinigten Staaten von Amerika, John F. Kennedy, tritt am 25. Mai vor die Mikrofone der Radio- und Fernsehstationen. Er gibt eine Parole aus: Noch vor Ablauf der nächsten zehn Jahre solle ein US-Amerikaner als erster Mensch den Mond betreten und gesund wieder auf die Erde zurückkehren. Kennedy sagt wörtlich: „Es ist an der Zeit, dass diese Nation eine klare Führungsrolle im Weltraum einnimmt." Mit seiner Grundsatzrede schwört er die Amerikaner auf ein großes Ziel ein.

Wann gab es nach der Wiedervereinigung ein solches Ziel für unser Land?

Hatte die schon vor dem Start wieder geplatzte Jamaika-Koalition aus CDU/CSU, Grünen und der FDP eine Vision von Format? Etwa: Wir wollen Deutschland zur Bildungsnation Nummer eins machen. Oder zum umweltfreundlichsten Land der Welt. Oder an die Spitze der Digitalisierung führen. Nein, die mutlosen Koalitionäre hatten stattdessen mehr als 100 Einzelpunkte, die sie abhaken wollten. Das ist Zukunftstod durch Klein-Klein. Das Bittere dabei: Die dann in größter Not geschmiedete kleinste Große Koalition aller Zeiten, die seitdem das Land und die eigenen Posten mehr schlecht als recht verwaltet, hat bis heute auch noch keinen großen Gedanken hervorgebracht.

1962 besuchte Kennedy dann Cape Canaveral, die Raumfahrtbasis der NASA. Er sah in einer Halle, so ist es überliefert, den Hausmeister, der den Boden kehrte. Kennedy verließ seine Delegation und ging zu dem Mann. Er sagte: „Hallo, ich bin Jack Kennedy. Was machen Sie hier?" Der Mann schaute auf und antwortete: „Ich helfe dabei, den ersten Menschen auf den Mond zu bringen." Selbst wenn die Begebenheit erfunden wäre, was immer mal wieder behauptet wird, steht sie für etwas von unschätzbarem Wert: Ganz egal, wie groß oder klein deine Rolle in einem Projekt ist, sie zahlt immer auf etwas noch Größeres ein. Wenn alle in einem Team – auch im Team Deutschland – daran glauben und entsprechend handeln, können unglaubliche Dinge vollbracht werden. Dann wird die Hybris, die eine Autofirma einst zum Werbeslogan machte, plötzlich Wirklichkeit: Nichts ist unmöglich! Am 21. Juli 1969 um 3:56 Uhr mitteleuropäischer Zeit stieg Neil Armstrong auf die oberste Sprosse der Leiter, um aus dem Landemodul „Eagle" auf die Mondoberfläche hinabzusteigen. Er sagte: „Ein kleiner Schritt für einen Menschen, aber ein großer Sprung für die Menschheit." Er war der erste Mensch auf dem Mond.

Wie würde die Szene mit dem Hausmeister, die ganz am Anfang stand, wohl im Deutschland des Jahres 2018 ausgehen?

Der Hausmeister würde vermutlich darauf hinweisen, dass das Lohngefälle zwischen den Astronauten und ihm zu groß sei. Die Hausmeister- und Gebäudereiniger-Gewerkschaft käme sofort mit Forderungen auf den Präsidenten zu. Linke Medien würden die Kosten der Weltraummission in noch mehr Windräder umrechnen und der Regierung vorhalten, sie setze falsche Prioritäten. Die Ministerpräsidenten aller Länder, in denen nicht die Startrampe gebaut wurde, sähen sich vom Bund benachteiligt. Und irgendjemand hätte sicher irgendeinen Juchtenkäfer oder Kammmolch in der Gegend entdeckt und würde den Präsidenten fragen, ob er es mit seinem Gewissen vereinbaren könne, für ein bisschen Technikromantik die kleinen Tierchen zum Aussterben zu verurteilen. Am Ende hätten alle ein merkwürdiges Gefühl. Und die große Idee – sie wäre geschreddert.

In einer Zeit ohne solche große gemeinsame Vision, der allgegenwärtigen Tendenz, sich im Kleinkarierten zu verheddern, und ohne Politikertypen, die in der Lage wären, ein übergeordnetes Ziel zu setzen und Begeisterung dafür zu entfachen, kurz: In Merkel-Land muss es zu einem wichtigen Staatsziel werden, das deutsche Wir-Gefühl nicht vollends zu verlieren. Drei Schritte können dazu beitragen, es langsam wieder wachsen zu lassen:

- Gemeinsames verordnen
- Trennendes abschaffen
- Engagement würdigen

2 Der Weg zu einem „Patriotismus 5.0".
Gemeinsamkeit verordnen – oder:
Wer freiwillig nicht will, muss müssen

Paul Ziemiak ist ein kluger Mann. „Wir leben in einem wunderbaren, einem wohlhabenden Land", sagte der Vorsitzende der Nachwuchsorganisation von CDU und CSU im Sommer 2018 in einem Interview mit BILD am SONNTAG. „Ein Gesellschaftsjahr gibt die Möglichkeit, etwas zurückzugeben und gleichzeitig den Zusammenhalt im Land zu stärken." Und schwupps! Schon hatte er eine neue, hitzige Debatte in der Erregungsrepublik losgetreten, die die CDU-Generalsekretärin Annegret Kramp-Karrenbauer kurz zuvor angeregt hatte und die längst überfällig war.

Pflichtjahr? Gesellschaftsjahr? Ja, Deutschland braucht ein „Wir-Jahr" für alle!

Gegen all die Ich-AGs, die Ego-Shooter, die Selbstdarsteller, die Grüppchenbilder, die zynischen Spalter. Gegen die Selfie-Mania und für alle Menschen. Als Zeichen dafür, dass wir den Kennedy-Satz „Frag, was du für dein Land tun kannst", nicht immer nur in Büchern und Reden zitieren, sondern ihn als Gemeinschaft endlich auch beherzigen und auf die Straße bringen.

Ziemiak hatte die Idee noch gar nicht ganz zu Ende formuliert, da prasselten schon die Gegenargumente auf ihn ein. Das sei ein erheblicher Eingriff in die Lebensplanung und damit in die Freiheit, legte Linda Teuteberg, Mitglied des FDP-Bundesvorstands, vor. Und ihr Parteichef Christian Lindner mit seinem untrüglichen Gespür dafür, was nur fünf bis maximal zehn Prozent der Deutschen gut und richtig finden, sekundierte: „Ökonomischer Unsinn!", auf Deutsch: Ein „Wir-Jahr" würde der Wirtschaft schaden.

Aber Ziemiak bekam auch überraschend viel Zuspruch. Dass ausgerechnet er diese Idee mit sich verbindet und sie vorantreibt, hat sicher auch mit seiner Biografie zu tun. Er kam als Flüchtling nach Deutschland. Und er spürt, dass er gerne etwas zurückgeben würde. 2015 vertraute er dem SPIEGEL an: „Seit meiner Ankunft hat mir unser Staat unschätzbar viel geschenkt: Sicherheit, Freiheit, eine gute Ausbildung und den Eintritt in die Politik (...)" Der 33-Jährige, der in der bundesdeutschen Politik noch als „jung" gilt, was viel über die Oma- und Opa-Generation der Amtsinhaber sagt, freut sich nach seinem Vorstoß über Unterstützung aus vielen politischen Lagern. Er weiß: Das hätte schlechter laufen können. Vermutlich hatte er nach vielen Erfahrungen mit guten Vorschlägen aus den vergangenen Jahren eher damit gerechnet, dass die Idee schon am Abend des ersten Tages ihre letzte Ruhe finden würde – im Massengrab der neuen, frischen Gedanken.

Die schärfste Waffe der Bewahrer und Fortschrittsfeinde ist stets die Sprache. Gleich zu Beginn der Debatte, die Ziemiak angestoßen hatte, war von „Zwangsdienst" die Rede – wer könnte da schon dafür sein. Auch das Wort „Dienstpflicht", das sofort die Schlagzeilen beherrschte, klingt eher nach muffigen Krankenhauszimmern, in denen jemand widerwillig alte Menschen in Rollstühle setzt, oder nach fiesen Kasernenhöfen, auf denen junge Menschen mit Exerzierübungen Zeit vergeuden, die sie anderswo besser investieren könnten.

Viel besser ist es, wenn schon der Begriff klar macht, was wirklich gemeint ist. Deshalb muss es „Wir-Jahr" heißen: ein Deutschland-Start-up für alle. Ein Zukunfts-Camp, kostenlose Workshops sozusagen, um Fähigkeiten und Kenntnisse zu erwerben, die in der Schule nicht ausreichend vermittelt werden. Ein reales Reality-Format, das Akademikerkindern klarmacht, was es bedeutet, nicht mit iPhone und Mini-Cabriolet aufgewachsen zu sein, das jungen Erwachsenen aus Hochhaussiedlungen die Augen dafür öffnet, dass man etwas schaffen kann, wenn man zusammen anpackt. Dass sich das lohnt, auch ohne viel Geld zu verdienen. Dass es einem selbst und anderen etwas bringt. Und dass es wichtig ist zu vertrauen, sich auf andere zu verlassen, auf andere zählen zu können. Ein „Wir-Jahr" kann das Leben abseits von Mamas Rockzipfel weit weg vom Klassenzimmer fühl- und erlebbar machen. Ein kleiner Schritt für jeden Einzelnen und ein großer für das ganze Land.

Ein solches Wir-Jahr „ist ein Beitrag für eine starke Demokratie", hat Heribert Prantl in einem fulminanten Plädoyer in der *Süddeutschen Zeitung* formuliert. Denn für eine Gemeinschaft, die ihre Zukunft miteinander gestaltet, brauche man „Menschen, nicht Narzissten". Ein soziales „Pflichtjahr" – am richtigen Begriff muss Prantl noch arbeiten – „tut den jungen Menschen gut, es tut dem Gemeinwesen gut, es tut dem Land gut. Es ist der Einstieg in die soziale Wirklichkeit, es ist ein soziales Erfahrungsjahr." Und schließlich der entscheidende Satz: „Das Pflichtjahr ist ein Anti-Egoismus-Jahr."

Die Argumente der Gegner eines „Wir-Jahres" sind nicht neu, aber gefährlich für die Idee, weil sie gefährlich klingen. „Freiheitsentzug" hat Christian Lindner getwittert. Das klingt nach Knast und irgendwie böse. Offenbar übt der FDP-Chef gelegentlich einmal, wie Populismus gehen könnte, wenn man ihn mal braucht. Er war es auch, der Mesut Özil schon weit vor der WM hart dafür kritisiert hat, dass dieser die deutsche Nationalhymne nicht mitsingt. Ein echter Freiheits-Freund würde aber urteilen, dass es gerade Kennzeichen und Errungenschaft einer freien Demokratie ist, selber entscheiden zu können, ob man singt oder nicht. Nur in Diktaturen muss man singen, wenn man keine Nachteile erleiden will.

Mit der Freiheit als Argument ist es also keine leichte Sache. Das Grundgesetz regelt in Artikel 12 bewusst auch in Abgrenzung zum Reichsarbeitsdienst der Nationalsozialisten, dass niemand zu einer bestimmten Arbeit gezwungen werden darf. Daraus leiten Gegner eines „Wir-Jahres" ab, dass dies gar nicht möglich sei. Die Freiheit des Einzelnen überwiege hier eindeutig die möglichen Vorteile, die sich für das Gemeinwesen daraus ergeben. Ein Jahr für alle könne demnach also nur freiwillig geleistet werden. Das ist eine schöne Idee – mit zwei gravierenden Nachteilen.

Erstens: Die Freiwilligkeit führt dazu, dass das soziale Jahr eher die Söhne und Töchter besser gebildeter und wohlhabenderer Eltern leisten, um ihren ohnehin schon erstklassigen Lebenslauf noch ein bisschen zu tunen. Sich für Alte eingesetzt oder in Afrika auf einer Aids-Station geholfen zu haben, kommt in Vorstellungsgesprächen immer gut an. Das „Wir-Jahr" wird auf diese Weise zum Ego-Booster. Es verstärkt damit soziale Unterschiede, statt sie abzuschwächen.

Und zweitens: Nur die wenigsten jungen Menschen fühlen sich von einem freiwilligen Jahr angesprochen, das es ja bereits in Deutschland gibt. Die nach 1985 Geborenen, die der Herausgeber der Shell-Jugendstudie Klaus Hurrelmann einmal als „Ego-Taktiker" bezeichnet hat, sehen darin für sich keinen Vorteil und ignorieren dementsprechend die freiwilligen Angebote. Sie hüpfen opportunistisch von einer Option zur anderen, immer fleißig, immer auf der Suche nach dem größtmöglichen Gewinn, wie die ZEIT schon 2014 festgestellt hat. Und: „Wir sind dabei, eine Gesellschaft von sozialen Autisten zu werden."

Ein verpflichtendes „Wir-Jahr" kann beides verändern: Es fördert die Gleichheit, anstatt die Ungleichheit zu zementieren. Und es zwingt alle jungen Deutschen zu einer ähnlichen Erfahrung und öffnet so manchem Ego-Taktiker die Augen für die Wichtigkeit des Wir in der Gesellschaft. Deshalb ist die Chance groß, dass ein Pflichtjahr nicht als der Entzug einer Freiheit empfunden wird, sondern als Zugewinn an Lebenserfahrung. So kann ein neuer, moderner Bürgersinn entstehen – Bürger mit Sinn.

Das „Wir-Jahr" muss deshalb selbstverständlich auch für junge Menschen mit einem sogenannten „Doppelpass" verpflichtend sein, die sich nicht entscheiden wollen oder können. Hier haben sie keine Wahl: Ein deutscher Pass bedeutet auch, sich für Deutschland zu engagieren. Er bringt Rechte, aber auch Pflichten mit sich. WIR heißt eben auch HIER.

Natürlich sind Bedenkenträger allein durch dieses starke Argument nicht zu überzeugen. Reflexhaft fragen sie: Ist das denn nicht viel zu teuer?

Wirtschaftsexperten haben darauf immer eine Antwort. Sie sind schnell mit Beispielrechnungen zur Stelle. Es gibt unendlich viele davon und sie alle beruhen auf Annahmen und Szenarien. Die allermeisten sagen der Einführung eines „Wir-Jahres" wirtschaftliche Nachteile voraus. Wie alle Prognosen sind sie aber störanfällig. Oft teilen sie das Schicksal von Wetterberichten, die einen selbst im Zeitalter von minutengenauen Wetter-Apps manchmal im Regen stehen lassen. Ein Sachverhalt muss allerdings durchaus ernst genommen werden: Ökonomisch betrachtet sei die Einführung einer allgemeinen Dienstpflicht nichts anderes als eine Steuererhöhung. „Denn bei einem Pflichtjahr wird der betreffenden Person eine Naturalsteuer auferlegt, da er oder sie dem Staat ohne marktgerechte Gegenleistung Zeiteinheiten zur Verfügung stellen muss", analysiert der *TAGESSPIEGEL*. Zusammen mit der Einschränkung individueller Freiheiten (zum Beispiel des Rechts auf freie Wahl des Berufs und des Arbeitsplatzes) widerspreche sie somit grundlegenden Werten und Normen der sozialen Marktwirtschaft.

Ein soziales Jahr passt also nicht zur Idee einer sozialen Marktwirtschaft? Da muss man erst einmal darauf kommen. So denken Fachidioten, nicht aber Menschen, denen es auf das Gesamte ankommt, die das Land und die Menschen nicht nur als Wirtschaftsfaktoren sehen. Und was das nicht zu widerlegende Argument der Quasi-Steuererhöhung angeht: Es wäre die sinnvollste, an die ich mich erinnern kann. Denn sie käme am Ende wirklich allen zugute und nicht – wie meistens – nur einzelnen Gruppen. Außerdem wäre sie auch die gerechteste, denn jeder würde das Gleiche für seine Heimat leisten.

Eines sei all denen noch zugerufen, die sagen, dass die „verlorenen Jahrgänge" Staat und Gesellschaft viele Millionen Euro kosten, weil sie erst später ins Berufsleben starten und damit erst später zur Wertschöpfung beitragen und auch erst später Steuern zahlen: Ein Pflichtjahr dient auch der Orientierung. Wer weiß schon nach der Schule genau, was er werden will? Die wenigsten. Studiengänge werden begonnen und dann wieder abgebrochen, Lehren nicht zu Ende gebracht. Auch das sind immense persönliche und gesellschaftliche Kosten. Wer vor dem Start in den Beruf erst einmal den Kopf frei bekommen hat, neue Impulse und Eindrücke aufsaugt, entscheidet sich danach vermutlich häufiger gleich für den richtigen Job.

Konkret könnte ein verpflichtendes „Wir-Jahr" die beiden Fundamente einer guten Gesellschaft stärken: Sicherheit und Soziales. Und das könnte so aussehen: Alle rund 700.000 Schulabsolventen eines Jahrgangs, Männer und Frauen, können wählen, in welchem Bereich sie sich engagieren wollen:

- Alten- und Krankenpflege
- Schulen und Kindergärten
- Bundeswehr

Pflegeheime und Kliniken, Bildungseinrichtungen und die Armee pitchen wie beim TV-Format „The Voice of Germany" um ihre neuen, jungen Zeitarbeiter. Das übliche Bewerbungsverfahren wird also umgekehrt. Das bedeutet: Die künftigen Arbeitgeber müssen sich vorstellen, ihre Stärken und die Bedeutung ihrer Institutionen herausstellen, um Mitarbeiter werben, die sich dann für einen der drei Bereiche entscheiden. Die Arbeit wird – wie ein Minijob – mit je 400 Euro pro Monat vergütet. Der Nachweis über das abgeleistete Jahr ist Voraussetzung für den Beginn eines Studiums. Auszubildende, die auch früher erst nach der Lehre eingezogen wurden, weil sie vorher noch zu jung waren, leisten ihr „Pflichtjahr" zwischen Ausbildung und Anstellung.

Dieser Ansatz geht also nicht von einer Wehrpflicht aus, die auch als Sozialdienst abgeleistet werden kann. So war es früher einmal – das soziale Engagement hieß damals Zivildienst und hat, wie der Wehrdienst auch, ganz sicher den meisten wohl nicht geschadet. Der neue „Wir"-Gedanke basiert auf einer anderen Grundlage. Er stellt Bundeswehr und soziales Engagement gleichberechtigt nebeneinander. Das eine ist nicht der Ersatz für das andere, Wichtigere. Das ist neu – und vom Grundgesetz nicht gedeckt. Es müsste zugunsten eines „Wir-Jahres" geändert werden. Das geht nur durch ein Bundesgesetz, für das zwei Drittel der Mitglieder des Deutschen Bundestages stimmen, und zusätzlich mit der Unterstützung von zwei Dritteln der Stimmen des Bundesrates. Ein weiter und harter Weg also für Paul Ziemiak und seine Mitstreiter. Er führt über das neue Grundsatzprogramm der CDU, das 2020 fertig sein soll – also eine Art Agenda 2020 der Konservativen –, hinein ins Wahlprogramm für die Bundestagswahl 2021. Sollte sich das „Wir-Jahr" dort wiederfinden, also die CDU sich festlegen, dass sie es nach der Wahl einführen will, gäbe es seit Langem einmal wieder einen Grund, darüber nachzudenken, die von Angela Merkel zu einer zweiten SPD umgekrempelte Partei zu wählen.

Welches Argument könnte die bisherigen Kritiker der „ehrenwerten Idee" (Ex-Verteidigungsminister Guttenberg, der die Wehrpflicht 2011 ausgesetzt hat) eines verpflichtenden sozialen Jahres umstimmen? Also die SPD (sie ist gegen einen „Zwangsdienst"), die FDP (sie warnt vor „Freiheitsberaubung" und „ökonomischem Unsinn"), die Linke (sie stört sich ebenfalls am „Zwang") und die Grünen (sehen einen „krassen Eingriff in die Freiheit" und stören sich in der aktuellen Debatte an der Kopplung mit der Wehrpflicht).

Sie alle sind überzeugte Demokraten: Dann lassen wir doch die Bürger in einer Volksbefragung darüber entscheiden!

Bisher haben repräsentative Umfragen ergeben, dass die Deutschen mit großer Mehrheit für ein „Wir-Jahr" sind. Deshalb ist das Instrument der Volksbefragung für die Gegner des Projekts wohl keine attraktive Vorstellung – was für eine deformierte Auffassung von Demokratie!

Sie alle sind auch überzeugte Europäer. Hier könnte tatsächlich der Schlüssel zu einer verfassungsändernden Mehrheit liegen – durch eine Erweiterung des Wir-Gedankens auf Europa. Konkret: Man kann sein „Wir-Jahr" auch bei entsprechenden sozialen Institutionen in anderen europäischen Staaten leisten. Dienst in anderen Armeen als der Bundeswehr erscheint aus heutiger Sicht unrealistisch, weil das Militär aus guten Gründen national organisiert ist. Aber wer weiß, vielleicht wäre der Wir-Gedanke aus Deutschland auch der Einstieg in ein europäisches Bataillon, das dann wiederum den Gedanken einer gemeinsamen europäischen Sicherheitspolitik konkret werden lassen könnte.

Für jeweils eine ganze Generation entstünde durch ein gemeinsames soziales Jahr ein vollkommen neues Bild von Europa – mehr noch: ein gemeinsamer europäischer Spirit. Endlich wäre der meistgenannte Grund, warum Europa für uns wichtig ist, nicht mehr nur der alte, rückwärtsgewandte „Kein Krieg mehr". Sondern: Das Gefühl einer neuen, jungen europäischen Bürgerschaft.

Zum europäischen Bürger wird man nicht dadurch, dass einem immer von Politikern und Lehrern und Journalisten eingebläut wird, dass das gut und wichtig ist. „Zum Bürger wird man, indem man als Bürger handelt", hat der Soziologe Mathias Greffrath einmal in einem Text für *NDR.de* formuliert und an eine Initiative der Soziologen Ulrich Beck und Daniel Cohn-Bendit für ein europaweites freiwilliges soziales Jahr erinnert. Die Erfahrungen der Projekte haben eines gemeinsam: „Das größte Manko aller bisherigen Freiwilligendienste ist – gerade ihre Freiwilligkeit", schreibt Greffrath. „Diese Initiativen erreichen im Wesentlichen diejenigen Jugendlichen, die ohnehin schon europäisch denken und weltoffen sind (...), aber kaum die jungen Frauen und Männer mit Haupt- oder Realschulabschluss."

Ein verpflichtendes „Wir-Jahr" für Europa – mit Deutschland als Vorreiter – könnte hingegen die Tür zu einem neuen europäischen Zeitalter aufstoßen. Einem, dessen Herz und Seele nicht von oben verordnet, sondern von unten gewachsen wären. Basierend auf gemeinsamen Erfahrungen junger Menschen, auf Netzwerken aus beruflichen Kontakten und persönlichen Freundschaften. Mit jedem Jahrgang ein Stückchen mehr, mit jeder Generation fester und tragfähiger.

Frag nicht, was Europa für dich tun kann, sondern was du für Europa tun kannst! Der so erfrischende französische Präsident Emmanuel Macron, der zu Beginn seiner Amtszeit als neuer Kennedy gefeiert wurde, hat den Satz des Amerikaners zwar nicht europäisch umgedeutet, er könnte aber sehr wohl die Überschrift seiner Europa-Politik sein. Ein in Deutschland begründetes „Wir-Jahr", ausgedehnt auf Europa, eines Tages gekoppelt mit ähnlichen Initiativen anderer Länder, würde genau das umsetzen, was er in seiner bereits berühmten Sorbonne-Rede gefordert hat: „Bis 2024 soll die Hälfte einer Altersgruppe bis zu ihrem 25. Lebensjahr mindestens sechs Monate in einem anderen europäischen Land verbracht haben. Seien es Studierende oder Auszubildende."

Der französische Präsident ist also der perfekte Alliierte auf dem Weg zu einem „Wir-Jahr". Als solcher könnte er dann auch einmal zeigen, dass er seinen in der Tat großartigen Reden auch großartige Taten folgen lassen kann. Damit die deutschen Senioren, Schulen und sozialen Einrichtungen nicht leer ausgehen, falls sich viele junge Deutsche für das „Wir-Jahr" in anderen europäischen Ländern entscheiden, schreibt Macron ein französisches Pendant aus, ein „Wir-Jahr" für alle jungen Franzosen, das sie nicht zum Militär zwingt, sondern auch soziale

Dienste in Deutschland vorsieht. Es wäre eine spektakuläre, längst überfällige Initiative, denn die deutsch-französische Freundschaft, der deutsch-französische Jugendaustausch – einst die Motoren Europas – brauchen neue Impulse. Immer weniger Franzosen lernen Deutsch und umgekehrt, immer weniger Schüler aus beiden Ländern besuchen sich.

Entlang einer solchen deutsch-französischen Achse – eben keiner Einbahnstraße, sondern eines gelebten Miteinanders der nächsten Generationen – könnte wirklich ein neues, junges Europa voller Esprit und Tatendrang entstehen – die Wiege eines europäischen Patriotismus. Dieser darf aber nicht die nationalen Patriotismen ablösen. Die Liebe der Deutschen zu ihrem Land, der Stolz der Franzosen auf ihre Heimat und die Überzeugung der Griechen, dass Griechenland das schönste Land der Welt ist, müssen wie in einem Europa-Puzzle ineinander gelegt und miteinander verbunden werden, um gemeinsam stark sein zu können.

Mit seiner klaren Ansage an Schulen und Universitäten weist Macron auch dafür den Weg. Er weiß, dass gemeinsame Stärke nur aus dem Zusammenwirken von Einzelstärken entstehen kann. Das bedeutet: Nur, wer stolz sein darf, Franzose zu sein, wird auch ein stolzer Europäer. Und ja, das bedeutet auch: Deutsche müssen wieder stolz darauf sein dürfen, Deutsche zu sein, damit sie sich als Deutsche auch als Europäer fühlen können. Der Schlüssel für dieses Bewusstsein liegt in den Schulen.

Regiert von einer eher linken Pädagogik, ist der Gedanke eines deutschen Patriotismus allerdings so gut wie ausradiert an deutschen Schulen. Das ist nachvollziehbar, wenn man Patriotismus ausschließlich alt und rückwärtsgewandt auslegt und reduziert auf die Folgen von falsch verstandenem, glühendem, extremem Patriotismus, der zumeist in Kriegen oder anderen Katastrophen endet. Textzeilen wie „Deutschland, Deutschland über alles" oder „Am deutschen Wesen mag die Welt genesen" sind die Überschriften des alten Deutsch-

Denkens. Es wäre die Aufgabe von Politikern und Lehrern, eine zeitgemäße und moderne Interpretation von Patriotismus zu entwickeln und weiterzugeben, einen Patriotismus 5.0 sozusagen, bei dem neben dem „Stolz" Begriffe wie „Zugehörigkeit" und „Verbundenheit" zu Deutschland und zu den Werten, für die unser Land steht, eine Rolle spielen. Was macht Deutschland heute aus, was macht uns stark? Wofür stehen wir und was ist für uns nicht akzeptabel? Warum ist Schwarz-Rot-Gold so geil? Die Antworten auf diese Fragen liefern die Ressource für eine neue Deutschland-Kampagne unter dem Hashtag #dazugehoeren. Eine solche Herangehensweise nimmt sofort viele negative Emotion aus der Debatte. „Patriotismus 5.0" verbindet Heimatliebe – Patriotismus bedeutet wörtlich „Vaterlandsliebe" – mit einer in der Zeit der Digitalisierung einhergehenden Weltoffenheit. Die Definition eines lebendigen, stolzen, nicht nationalistischen, menschenfreundlichen Patriotismus 5.0 hat der Seefahrtsdichter Gorch Fock bereits im 19. Jahrhundert formuliert. Sie lautet: „Mit der Heimat im Herzen die Welt umfassen". Es lohnt sich, den Text „Mensch und Heimat", aus dem diese wegweisende Zeile stammt, einmal im Ganzen zu lesen – er sollte aufgrund seiner lebensklugen, fast lässigen Art zur Standardlektüre an deutschen – nicht nur an Hamburger – Schulen werden:

„Es gibt drei Stufen. Die erste: der Heimat den Rücken kehren, den Himmel stürmen wollen, die Welt aus den Angeln heben.

Die zweite: sich, der Welt gram, der Heimat wieder zuwenden, in ihr alles sehen, sie zum Mittelpunkt allen Lebens machen, die Welt draußen verachten.

Die dritte und höchste: mit der Heimat im Herzen die Welt umfassen, mit der Welt vor Augen die Heimat liebend und bauend durchdringen."

Schulen sind die zentralen Orte, in denen sich ein solches Zugehörigkeitsgefühl zur Heimat herausbilden kann. Denn anders als viele andere Institutionen, die auch dazu beitragen können, zum Beispiel Sportvereine und Jugendzentren, müssen alle Kinder und Jugendlichen zur Schule gehen. Aber nutzen wir diesen Umstand wirklich, um deutlich zu machen, was Zuhausesein in Deutschland, was Deutschsein bedeutet? Welche Rechte und Pflichten damit verbunden sind? Machen wir ausreichend deutlich, was einen Patrioten von einem Nationalisten unterscheidet? Dass ein Patriot ein Mensch ist, wie es Bundespräsident Johannes Rau einmal definiert hat, der sein Vaterland liebt. Ein Nationalist sei hingegen jemand, der die Vaterländer der anderen verachtet. Besser kann man es nicht sagen. Aber wird das vermittelt zwischen Kreidetafeln und verstopften Toiletten?

Die Antwort lautet: Nein.

Es beginnt schon bei den Symbolen, die für Zugehörigkeit und Verbundenheit stehen: Warum weht eigentlich nicht vor jeder Schule in unserem Land die deutsche Flagge? Als tägliche Erinnerung daran, dass hier Bildung und Erziehung im Geiste von Einigkeit und Recht und Freiheit stattfinden. Dass hier die im Grundgesetz festgeschriebenen Überzeugungen gelebt und vermittelt werden. So, wie sie zusammen mit der europäischen Flagge auf dem Reichstag steht und vor den meisten staatlichen Gebäuden. Warum also nicht vor staatlichen Schulen? Für die Forderung, dort auf religiöse Symbole – also auch auf das Kreuz – zu verzichten, mag es wegen der Trennung von Kirche und Staat noch ein paar vernünftige Argumente geben. Aber gegen ein sichtbares Bekenntnis zu Schwarz-Rot-Gold gibt es sie nicht. Vor den meisten der mehr als 900 vom türkischen Religionsministerium finanzierten Moscheen in Deutschland weht neben der türkischen ganz selbstverständlich auch die deutsche Flagge. Schulen, an denen die deutsche Fahne im Wind weht, sucht man außer an Feiertagen vergebens. Auch das ist typisch deutsch: Nur wenn kein Schüler da ist, flaggen deutsche Schulen Schwarz-Rot-Gold.

Manchmal entsteht in Deutschland der im wahrsten Sinne des Wortes verrückte Eindruck, dass man sich abseits von Spielen der „Mannschaft", die hoffentlich bald wieder „Deutsche Nationalmannschaft" heißt, lieber nicht mit einer Flagge blicken lässt, um nicht als nationalistisch oder deutschtümelnd, auf jeden Fall pfui-bäh, zu gelten. Die Gründe dafür sind vielschichtig, aber den Ton setzen auch hier die Politiker.

Dass ein paar Grüne die Fahne sogar beim Fußball verbieten wollen, weil sie im sogenannten „Party-Patriotismus" die Vorstufe zu nationalistischem Denken und Gewalt verorten, gehört irgendwie schon zur Folklore der Polit-Republik. Und dass Linksextreme bei Demos unser Land als „Stück Scheiße" verunglimpfen, wird diese Republik auch aushalten. Aber dass Angela Merkel am Wahlabend 2013 nichts mit der deutschen Flagge zu tun haben wollte, ist vielsagend, und die Symbolik der Szene ist fatal.

„Es ist der 22. September, fast 22 Uhr. im Adenauer-Haus feiert die CDU sich und ihre Kanzlerin", beschreibt die ZEIT den Auftritt der Spitzenpolitiker. „Aus den Lautsprechern schallt *Tage wie diese* von den Toten Hosen, im brechend vollen Saal tanzen junge Helfer in CDU-Orange und mit Deutschlandfahnen, auf der Bühne steht CDU-Prominenz. Die meisten wippen eher unbeholfen zur Musik, auch die Kanzlerin ist nicht wirklich locker, nur Fraktionschef Volker Kauder schnappt sich ein Mikrofon und grölt mit." In dieser Atmosphäre, beobachtet von zig Kameras, passiert etwas eigentlich ganz Normales. „CDU-Generalsekretär Hermann Gröhe lässt sich von unten eine der Deutschlandfahnen auf die Bühne reichen, er will eigentlich nur nett sein zu den vielen Helfern, die für die CDU gekämpft haben", beobachten und deuten die Reporter. Aber eine hat etwas dagegen!

Der Kanzlerin gefällt das nicht. Sie eilt zu Gröhe und nimmt ihm die Fahne aus der Hand. Aber nicht etwa, um sie selbst zu schwingen und das Land zu feiern, dessen Chefin sie ist. Nein, es ist eine unfreundliche Geste. Mit verkniffenem Blick zwischen all den lachenden, fröhlichen Gesichtern, nimmt Merkel Gröhe die Flagge aus der Hand, beinahe reißt sie sie ihm weg, hält sie nach unten und gibt sie eiligst am Bühnenrand ab. Gröhe schaut verdutzt zu ihr hinüber. Sie nimmt Blickkontakt auf, schüttelt den Kopf und ihre Mimik sagt: Mensch, das ist doch jetzt total unpassend. „Warum ist Merkel so streng? Hat sie Angst, die falschen Bilder zu produzieren?", fragt die ZEIT. Allein dass die Frage überhaupt aufkommt, zeigt, wie schräg unser Deutschland-Empfinden inzwischen geworden ist. Was sollte denn schlimm daran sein, wenn die deutsche Bundeskanzlerin am Abend ihrer Wiederwahl glücklich die deutsche Fahne schwingt? Und was sagt die Szene aus, die deutlich macht, dass sie genau das nicht will? Meinungsforscher und Psychologen haben dafür ein Wort: Bekennerdefizit. Also: Jemand hat ganz offensichtlich Probleme, sich mit etwas zu identifizieren. Was denken und fühlen die Bürger wohl, wenn das ausgerechnet auf ihre Kanzlerin zutrifft? Wie sollen sich Migranten zu diesem Land bekennen, wenn es nicht einmal viele Deutsche tun?

Eine Deutschland-Fahne vor jeder Schule, gern mit einer europäischen daneben – das wäre ein guter Anfang, jeglichem Bekennerdefizit entgegenzuwirken oder besser gesagt, es gar nicht aufkommen zu lassen. Nur wenn wir uns selbst zu unseren Farben und den damit verbundenen Werten und Überzeugungen bekennen, können wir auch andere, die neu in unser Land kommen, davon überzeugen oder am besten gleich begeistern. In den meisten öffentlichen Schulen in den USA gehört ein Treuegelöbnis gegenüber der Nation und der Flagge zum Morgenritual. Die Schüler sprechen gemeinsam einen Text: „Ich schwöre Treue auf die Fahne der Vereinigten Staaten von Amerika und die Republik, für die sie steht, eine Nation unter Gott, unteilbar, mit Freiheit und Gerechtigkeit für jeden."

Das ist in einem Land wie Deutschland, das so viel mit sich und seiner Geschichte zu tun hat, womöglich ein bisschen viel verlangt. Aber wünschenswert wäre es schon, dass alle, die in Deutschland zur Schule gehen, die Werte dieses Landes gut und richtig finden.

Symbole nützen natürlich nur, wenn es im Unterricht auch entsprechende Inhalte gibt. Hier besteht erheblicher Nachholbedarf oder sagen wir es positiv und konstruktiv: Hier kann noch viel getan werden, um Kinder und Jugendliche zu kritischen, aber überzeugten Bürgern zu erziehen.

Nachdem es Ende August 2018 nach dem Mord an einem jungen Mann, mutmaßlich verübt von einem geduldeten Asylbewerber, in Chemnitz zu rechten Aufmärschen und linken Gegendemonstrationen kam und die absolute Mehrheit der Demonstranten entweder übersehen oder gleich dem rechten Rand zugeordnet wurde, fragte der *SPIEGEL* zu Recht: „Kommt politische Bildung an Sachsens Schulen zu kurz?" Wird also die Demokratie mit all ihren schützenswerten Stärken und Schwächen, die man aushalten muss, den Kindern ausreichend intensiv nahegebracht?

Die folgende Analyse beschreibt tatsächlich ein Vakuum in der politischen Bildung. Sie verweist auf eine Studie, über die man sich – je mehr man sich mit ihr befasst – immer mehr aufregen kann. Ein Forscherteam der Uni Bielefeld hat gewaltige Unterschiede zwischen den Bundesländern festgestellt. Lehrer an Gymnasien in Hessen und Schleswig-Holstein haben laut Lehrplan achtmal mehr Zeit, ihren Schülern politische Bildung nahezubringen, als Lehrer an Gymnasien in Bayern. Hier gibt es offenbar erheblichen Nachholbedarf für das Land, das so gerne von sich behauptet, das schönste und beste zu sein. Auch der Freistaat Sachsen, also das Bundesland, in dem Chemnitz liegt, ist deprimierend weit abgeschlagen.

Es ist völlig unverständlich, warum die formalen Vorgaben in den 16 Bundesländern so unterschiedlich sind. Bildung ist Ländersache, aber die Ausbildung zum mündigen Bürger ist doch in Kiel genauso wichtig und sinnvoll wie in Rosenheim. Die Bielefelder Forscher haben aber noch viel Gravierenderes herausgefunden. In Nordrhein-Westfalen sind sie tiefer in die Materie eingestiegen und haben untersucht, was sich hinter den einzelnen Unterrichtseinheiten tatsächlich verbirgt. Das Ergebnis: „Für politische Themen bleiben im Unterricht in der Sekundarstufe I (Klasse 5 bis 10 bei Gesamt- und Realschulen und Klasse 5 bis 9 bei Gymnasien) pro Woche nur 17 bis 20 Minuten." Und als ob das nicht schon katastrophal genug wäre: „Kein anderes Fach wird so oft von fachfremden Lehrern unterrichtet wie ‚Politik' und ‚Politik/Wirtschaft'". Anscheinend gehen Bildungspolitiker und Schulleitungen davon aus, dass Politik jeder erklären kann.

In den Stundenplänen gibt es dafür in deutschen Schulen nicht einmal einen einheitlichen Namen. Die Bildung in diesem Kernbereich des gesellschaftlichen Zusammenlebens wird in den Fächern Gemeinschaftskunde, Sozialkunde, Politische Bildung, Politik, Politik/Gesellschaft/Wirtschaft, Gemeinschaftskunde/Rechtserziehung/Wirtschaft und Wirtschaft/Politik vermittelt. Mit jeweils unterschiedlichen Schwerpunkten – vermutlich auch noch je nach Überzeugung und Vorlieben der einzelnen Lehrerinnen und Lehrer gewichtet. Daraus kann nur ein sinnvoller Schluss gezogen werden: Wir brauchen einen gemeinsamen Begriff und einen gemeinsamen Lehrplan für alle deutschen Schulen. Das wäre – nicht nur nach Chemnitz – genau der richtige Schritt. Schwarz-Rot-Gold weht überall in Deutschland, dann sollten auch die unter dieser Flagge vermittelten Inhalte gleich sein.

Ich höre schon den Aufschrei angesichts dieser Forderung! Insofern: Nein, es soll nicht die Staatbürgerkunde wieder eingeführt werden, mit der den Schülerinnen und Schülern in der DDR die entsprechende Ideologie und Propaganda des Arbeiter- und Bauernstaates eingetrichtert wurde. Das braucht niemand mehr.

Aber wo werden unsere Werte vermittelt? Wo wird über unsere Flagge, unter anderem entstanden im Freiheitskampf gegen Napoleon, stolz getragen beim Hambacher Fest der Demokraten, gesprochen, wo über das Grundgesetz ausführlich diskutiert? Meist sind diese Themen integriert in verschiedene Fächer. Wenn es gut läuft, kommt ein Thema dran. Wenn man im Lehrplan hinterherhinkt oder der Lehrer keinen Schwerpunkt setzt oder gar kein Lehrer da ist – etwa 40.000 Lehrerinnen und Lehrer fehlen in unserem Land! –, dann halt nicht.

In Zeiten, in denen jährlich zigtausend Menschen nach Deutschland strömen, muss man vielleicht mehr machen, muss Gemeinschaftskunde einen höheren Stellenwert bekommen, ebenso gemeinsame Symbole und Rituale. Es reicht ja einmal die Woche: Ein paar Unterrichtsstunden für das Wir, für Deutschland, für das Team Deutschland. Das wäre ein guter Anfang.

Ein zentraler Faktor, um das dringend benötigte Wir-Gefühl herzustellen, ist die Sprache. Sie drückt aus, woher man kommt und wer man ist, welche Geschichte einen geprägt hat, wo die Wurzeln liegen. Deutsch war immer *der* Kern unserer gemeinsamen nationalen Identität. Sehr spät lebten die Deutschen erst in einem politischen Gesamtstaat, einem Nationalstaat. Sie waren stets in ganz viele unterschiedliche Gebiete und Staaten aufgesplittert, doch die Sprache hat die Kulturnation Deutschland immer zusammengehalten. Sie hat ein Nationalgefühl entstehen lassen, uns zu Deutschen gemacht.

Heute hat man vielerorts allerdings das Gefühl, dass sich die wunderbare Sprache allmählich zurückzieht – oder zurückgezogen wird, jedenfalls nicht mehr so wertgeschätzt wird, wie es angemessen wäre. Fast keine Bewerbung für einen Arbeitsplatz wird mehr ohne Fehler losgeschickt. Die Deutschkompetenz vieler Vorbilder der jungen Generationen – Rapper, Fußballstars, Models – ist mit dem Wort „unterentwickelt" noch freundlich beschrieben. Je gebildeter und reicher die Familien sind, desto häufiger gelten Englisch oder Chinesisch als wichtiger. Und das, obwohl – erst recht nach dem Brexit, also der Abkehr der Briten von der Europäischen Union – in Europa die meisten Menschen Deutsch sprechen. Das zeigt ganz deutlich: Wir brauchen ein neues deutsches Sprachselbstbewusstsein.

Deutsch muss deshalb endlich ins Grundgesetz. Es ist ein Skandal, dass es das nicht längst schon ist! Und ich gebe ehrlich zu: Das wusste ich nicht. Für mich war klar, dass das Grundgesetz für die Bundesrepublik Deutschland die „erste" Sprache festschreibt. Andere Verfassungen tun dies ganz selbstverständlich. In der EU haben sich 18 der 28 Staaten zu ihren Sprachen als Ausdruck ihrer Kultur im Verfassungstext bekannt – ironischerweise sogar die, die Deutsch sprechen wollen, obwohl sie es auch anders handhaben könnten.

Artikel 8 der österreichischen Bundesverfassung lautet zum Beispiel: „Die deutsche Sprache ist, unbeschadet der den sprachlichen Minderheiten bundesgesetzlich eingeräumten Rechte, die Staatssprache der Republik." In der Schweiz heißt es in Artikel 70: „Die Amtssprachen des Bundes sind Deutsch, Französisch und Italienisch." Deutschland hingegen bekennt sich nicht zum Deutschen. Fehlt eigentlich nur noch, dass demnächst schief angeguckt wird, wer sich traut, in Deutschland Deutsch zu sprechen.

Aus dem Jahr 2008 ist ein Antrag der CDU überliefert, in dem sie dafür plädierte, der deutschen Sprache Verfassungsrang einzuräumen. Angela Merkel bedauerte den Beschluss ihrer Partei und vertraute dem Sender *RTL* an: „Ich war dagegen." Sie persönlich finde es nicht gut, „alles ins Grundgesetz zu schreiben. Wir haben jetzt Anträge auf Kultur, auf Sport, auf die Frage der Familien, auf die deutsche Sprache jetzt, und wir müssen aufpassen, dass das jetzt nicht inflationiert." Sie hätte auch sagen können: „Die Sprache Deutsch sollten wir nun wirklich ins Grundgesetz aufnehmen, über die anderen Bereiche sollten wir noch diskutieren." Aber sie machte Deutsch nicht zu ihrer Sache.

Zehn Jahre später ist es also höchste Zeit, dass Deutsch alleingültige Landes- und Amtssprache wird. Der Weg dazu führt über Artikel 20 Grundgesetz. Dort wird in Absatz 2, Satz 2, als Hauptstadt Berlin und die Bundesflagge festgelegt. Diese Stelle muss um folgenden Satz erweitert werden: „Die Sprache der Bundesrepublik Deutschland ist Deutsch." Das wäre ein Symbol mit allergrößter Strahlkraft.

Holger Klatte hat die Vorteile in einem Aufsatz für die Bundeszentrale für Politische Bildung zusammengefasst: Durch die Anerkennung einer herausgehobenen Rolle der deutschen Sprache würde ihr bei allen politischen Entscheidungen eine stärkere Bedeutung zukommen, die sprachliche Angelegenheiten betreffen. „Bei einer Reform der Lehrpläne an Schulen erhielte der Anteil des Deutschunterrichtes größeres Gewicht. Auch in der Zuwanderungspolitik würde deutlich gemacht, dass die deutsche Sprache, welche als Staatsziel in der Verfassung steht, eine Grundvoraussetzung dafür ist, in Deutschland zu leben und zu arbeiten. Somit bekämen die Kommunen bessere Argumente dafür, Geld für Sprachkurse einzufordern."

Gerade der letztgenannte Punkt wird immer wichtiger. Denn es muss gelten und auch so angewendet werden: Wer Deutscher werden will, muss Deutsch sprechen. Die Sprache muss von Zuwanderern als Verständigungsgrundlage vom ersten Tag an gelernt werden, um Integration überhaupt möglich zu machen. Die deutsche Sprache ist ja die Grundlage für beruflichen Erfolg, für Teilhabe am gesellschaftlichen Leben, für das Herausbilden einer gemeinsamen deutschen Identität.

Politiker reden genau darüber viel, aber sie tun wenig dafür, dass unsere Muttersprache gepflegt und erhalten wird und einen hohen Status genießt. Stattdessen nehmen sie – ganz unter ihresgleichen gefangen – hin, dass Deutsch an Unis und Gerichten allmählich vom Englischen ersetzt wird. Es fehlt eine konsequente und durchdachte Sprachpolitik, zum Beispiel: Wer deutsche Forschungsgelder will, sollte Anträge in Deutsch einreichen müssen. Oder: EU-Gesetzesvorlagen dürfen erst im deutschen Bundestag behandelt werden, wenn sie in Deutsch vorliegen. Außerdem: Deutsch muss bis zum Abitur verpflichtend sein. Schilder, Werbeaushänge, Werbespots dürfen nicht nur in Türkisch oder Arabisch verfasst werden. Radiosender bekommen eine Deutschquote, Krankenhauspersonal muss Deutsch können – das alles ließe sich leichter und überzeugender vertreten und umsetzen, wenn die Sprache Deutsch in Deutschland Verfassungsrang hätte.

Nehmen wir einen Sachverhalt aus dem täglichen Leben: die Führerscheinprüfung. In der Bundesrepublik kann der theoretische Teil in Englisch, Französisch, Griechisch, Italienisch, Polnisch, Portugiesisch, Rumänisch, Russisch, Kroatisch, Spanisch, Türkisch und seit 1. Oktober 2016 – um es den Flüchtlingen leichter zu machen – auch in Arabisch abgelegt werden. Natürlich kann man sich auch auf Deutsch prüfen lassen.

Die österreichische Regierung – wir erinnern uns: dort steht Deutsch als Sprache in der Verfassung – hat jetzt entschieden, dass es vom nächsten Jahr an nicht mehr möglich sein wird, die Fragebögen auf Türkisch auszufüllen.

In ein und demselben Zeitraum erlaubt Deutschland die arabische Sprache und Österreich schafft Türkisch ab.

Die dahinter stehende Frage lautet: Kann man von einem Einwanderer erwarten, der in Deutschland die Fahrerlaubnis erwerben will, wenigstens so viel Deutsch zu können, um die Prüfung zu bestehen? Nein, man *kann* das nicht erwarten, man *muss* es erwarten. Wie will er oder sie sonst Verkehrsschilder lesen, Hinweise der Polizei verstehen und Knöllchen dechiffrieren? Während Österreich hier ein deutliches Stoppschild errichtet, signalisiert Deutschland freie Fahrt für alle Nicht-Deutschkönner. Die Erfahrungen der vergangenen Jahre zeigen: Hierzulande wird vermutlich eher noch beschlossen, alle Verkehrsschilder auch mit arabischen Schriftzeichen zu versehen, damit kein höheres Unfallrisiko entsteht. Wetten, dass diese Debatte bald kommt?

So kann die einfache Frage der Führerscheinprüfung zum Türöffner für weitere Begehren werden: Große fremdsprachliche Gruppen wie Türken und Araber im Ruhrgebiet oder in Berlin-Neukölln klagen Sonderrechte für Minderheiten ein und treiben damit die Desintegration voran. Sie könnten zweisprachige Ortsschilder fordern oder, noch gravierender, dass für türkische und arabische Parteien bei Wahlen die Fünf-Prozent-Hürde nicht mehr gelten soll. Unmöglich? Nein, in Schleswig-Holstein zum Beispiel muss der dänische SSW (Südschleswigscher Wählerverband) nur drei Prozent schaffen, um ins Parlament zu kommen. Genauso könnte auch eine von Erdogan gesteuerte Deutschtürken-Partei Karriere machen.

So würde erneut die falsche Logik aufgenommen, indem der Staat immer nur den Gegebenheiten hinterherläuft, statt diese Gegebenheiten offensiv zu beeinflussen, zu bestimmen und zu gestalten.

Derzeit kann man in Deutschland ohne Deutsch komplett parallel leben – ohne geistigen, sprachlichen und physischen Kontakt zu Deutschen. Gerade in Zeiten von Satellitenschüsseln und Internet leben viele Zuwanderer und Migranten selbst nach Generationen geistig noch in ihren Heimatländern: Sie lesen türkische Zeitungen, Internetseiten und schauen türkisches Fernsehen. Dort informieren sie sich über die Welt und vermutlich auch über Deutschland. Sie sehen Deutschland, ihre Heimat, nur von außen – von der Türkei aus. Das ist kein *Mit*-, sondern ein *Neben*einander.

So kann ein Wir nicht entstehen. Wir alle sollten deshalb ein Interesse daran haben, dass diese Menschen auch sprachlich ins Team Deutschland kommen.

3 Trennendes abschaffen – oder: Deutscher Staatsbürger ist man ganz oder gar nicht

Es gibt eine Menge Bereiche im Leben, in denen wir uns entscheiden müssen. Bei der Ehe zum Beispiel: Man kann in Deutschland nur mit einem Menschen verheiratet sein, Doppelehen sind verboten. Paragraf 1306 im Bürgerlichen Gesetzbuch regelt: „Eine Ehe darf nicht geschlossen werden, wenn zwischen einer der Personen, die die Ehe miteinander eingehen wollen, und einer dritten Person eine Ehe oder eine Lebenspartnerschaft besteht." Wer also für sich die Entscheidung trifft, die nächste Phase seines Lebens lieber mit einem anderen Partner verheiratet zu sein, der muss sich erst scheiden lassen und dann neu heiraten. Die einer Ehe innewohnende Loyalität ist unteilbar.

Es ist auch nicht möglich, zwei Parteibücher zu haben. Obwohl man bei Angela Merkel gelegentlich den Eindruck hat, sie sei gleichzeitig in der CDU, der SPD und bei den Grünen – auch sie gehört nur einer Partei an. Und weil man immer öfter vergisst, welche es ist, hier noch einmal klar und deutlich: Angela Merkel ist in der CDU. Zwar ist es nicht per Gesetz verboten, zwei Parteibücher zu haben. Aber Parteien würden mit großer Wahrscheinlichkeit ein Ausschlussverfahren einleiten, wenn bekannt würde, dass ein Mitglied auch noch einer anderen Partei angehört. Hier liegt der Gedanke zugrunde, dass die eigene politische Haltung, also die Summe aller persönlichen Einstellungen, die Zugehörigkeit bestimmt. Eine Doppelmitgliedschaft führt unweigerlich zu Interessens-und Loyalitätskonflikten.

Ebenfalls unmöglich ist es, in zwei Kirchen gleichzeitig zu sein, also Moslem und Christ oder Christ und Jude oder innerhalb der christlichen Kirche evangelisch und gleichzeitig katholisch zu sein. Alle Glaubensrichtungen nehmen für sich mehr oder weniger die Alleinvertretung in Anspruch.

Aber es gibt absurderweise einen Bereich, in dem man beides sein kann: Ausgerechnet die Staatsbürgerschaft, die mit so vielen Rechten und Pflichten gekoppelt ist – nicht zuletzt mit dem Wahlrecht –, kann man in mehreren Staaten haben.

Der sogenannte Doppelpass, also die Möglichkeit, dass ein Mensch zwei Staatsangehörigkeiten hat, ist seit vielen Jahren das verbriefte Integrationshindernis. Eine Regelung, die Trennung und nicht Gemeinsamkeit festschreibt, die die Frage der Zugehörigkeit und Verbundenheit ausdrücklich teilbar macht und Zerrissenheit manifestiert. Angela Merkel und ihre Partei waren einmal genau aus diesen Gründen dagegen, später – Sie ahnen es bereits – waren sie dann dafür, auch mit dem Argument, dass in vielen europäischen Ländern die doppelte Staatsbürgerschaft möglich ist. Und kürzlich hat die CDU ihre Chefin damit überrascht, den Doppelpass wieder abschaffen zu wollen. Das wird aber, da kann sich die Kanzlerin entspannen und ihre Parteifreunde können sich auf den Kopf stellen und mit guten Argumenten wackeln, noch lange nicht geschehen, weil die SPD, mit der zusammen sie regiert, strikt dagegen ist.

Besser als es jede SPD-Vorsitzende könnte, verteidigte die CDU-Kanzlerin erst im April 2017 noch einmal den Doppelpass: „Ein Türkischstämmiger mit Doppelpass kann ebenso loyal zu Deutschland stehen wie ein Türkischstämmiger, der nur die deutsche Staatbürgerschaft besitzt", sagte sie dem *Redaktionsnetzwerk Deutschland*. Für die Frage, ob Integration gelingen könne, sei das Thema Staatsbürgerschaft „sicher nicht das entscheidende", wird die Regierungschefin zitiert.

Wie es sein kann, dass eine CDU-Kanzlerin eine glasklare SPD-Position vertritt, beschreiben die Kollegen von *Zeit.de* so: „Bis Dezember 2014 wurden in Deutschland geborene Kinder von Ausländern zu Deutschen und behielten zunächst auch die Staatsangehörigkeit der Eltern. Zwischen ihrem 18. und 23. Lebensjahr mussten sich die meisten von ihnen jedoch entscheiden und einen der beiden Pässe abgeben. Diese Pflicht wurde durch eine Vereinbarung von Union und SPD in der Bundesregierung aber abgeschafft." Ein Fehler, den die CDU nun korrigieren will, ihre Chefin aber nicht.

Vorteile hat der Doppelpass eigentlich nur für die Besitzer – und für diejenigen Staats- und Regierungschefs, die auf diese Weise in andere Länder hineinregieren wollen. Doppelpassbesitzer können sich die Vorteile aus beiden Staaten zunutze machen und den tatsächlichen und von ihnen so empfundenen Nachteilen aus dem Weg gehen. Besonders deutlich wird das bei den Deutschtürken, die Merkel nicht zufällig als Beispiel genannt hat, obwohl sie mit knapp 1,5 Millionen nicht die größte Gruppe der Doppelstaatler ausmachen. Menschen aus Polen und Russland, die auch die deutsche Staatsbürgerschaft haben, gibt es mehr. Allerdings verbinden sie mit Deutschland oft ihre Familiengeschichte, gemeinsame Werte und eine gemeinsame Religion. Sie kehren – gefühlt – in ihre Heimat zurück, wenn sie nach Deutschland kommen.

Deutschtürken sind hingegen zumeist in Deutschland geborene Kinder, Enkelinnen und Enkel der ersten Einwanderer-Generation, die in den 1950er-Jahren unter dem aus heutiger Sicht irreführenden Begriff „Gastarbeiter" eingereist sind. Der Doppelpass macht sie auf immer und ewig zu Halbdeutschen. Er bringt zudem eine Reihe erheblicher juristischer Probleme mit sich: Darf ein Mensch, der auch einen türkischen Pass hat, eigentlich zur Bundeswehr oder für den Geheimdienst arbeiten? Und kann man überhaupt zwei Ländern gegenüber Loyalität zeigen?

Das führt genau da zu Misstrauen, wo Vertrauen wichtig wäre, um überhaupt ein Team Deutschland sein zu können. Schon jetzt werden hier lebende Türken von ganz rechtsaußen als „fünfte Kolonne" betrachtet und beschimpft. Der Begriff ist im spanischen Bürgerkrieg entstanden und bezeichnet die Anhänger Francos, die in Madrid lauerten, um im richtigen Moment losschlagen zu können. Also subversiv tätige Gruppen, die im Interesse einer fremden Macht agieren. Selbstverständlich ist das den allermeisten in Deutschland lebenden Deutschtürken gegenüber unangemessen und unbegründet, aber allein der Anschein, der durch einen Doppelpass entsteht, stört ein erfolgreiches und unbeschwertes Miteinander.

Wer jetzt immer noch behauptet, dass eine doppelte Staatsangehörigkeit die Integrationsbereitschaft fördert – das ist das Hauptargument der Befürworter –, ignoriert den entscheidenden Punkt: Mehrstaatlichkeit ist ein Integrationshindernis, weil sie jederzeit und auf einer rechtlich unanfechtbaren Basis für die Belange des jeweils anderen Landes instrumentalisiert werden kann. Der türkische Präsident Erdogan, ein Mann, der die hier geltenden Grundrechte mit Füßen tritt, hetzt seit Jahr und Tag gegen Deutschland. Er schürt Unfrieden und versucht, über seine hier wahlberechtigten Staatsbürger Einfluss auf die Abstimmungen zu nehmen: 2017 sprach er sogar dreist eine Wahlempfehlung aus: Seine Landsleute in Deutschland sollten keine „Türkeifeinde" wählen. Ausdrücklich nannte er Christdemokraten, Linke und Grüne. Hunderttausende Doppelpassler, also Deutsche, jubeln ihm bei seinen Auftritten vor allem in Nordrhein-Westfalen in ihrer Zweitidentität als Türken zu. Oder macht dieses Verhalten klar: Deutschsein ist gar nicht ihre tatsächliche Identität? Das wirft weitere Fragen auf.

Wer zwei Pässe hat, ist in Deutschland Staatsangehöriger, aber ist er auch Staats*bürger*? Also jemand der sich vorbehaltlos zu Deutschland bekennt? Der Deutschland gegenüber 100 Prozent loyal ist? Der eine Entscheidung für Deutschland getroffen hat und sich darum hier mit voller Kraft einbringt?

Wenn Deutschtürken an den Wahlen in der Türkei teilnehmen, stimmen sie mit großer Mehrheit für Erdogan, der Menschen wegsperren lässt, nur weil sie ihre Meinung sagen, nach herrschender Auffassung völkerrechtswidrige Kriege führt und Deutschland hasst. „Bei den Türken in Deutschland hat der türkische Staatschef Erdogan auch bei diesen Wahlen einen großen Rückhalt", analysiert die *Frankfurter Rundschau* am Tag danach die Präsidentenwahl 2018. „Bei den Deutschtürken, der mit Abstand größten Gruppe der Auslandstürken, fiel der Zwischenstand (…) noch klarer aus: Erdogan lag danach bei 65,5 Prozent (…)" Die *FR* fügt hinzu: „Erdogan hatte (…) auch bei früheren Abstimmungen deutlich mehr Rückhalt bei den Türken in Deutschland als bei denen zu Hause." Bei der Parlamentswahl 2015 kam seine AKP in Deutschland auf 59,7 Prozent. Beim Referendum über Erdogans Verfassungsreform stimmten 63,1 Prozent mit Ja.

Wenn sie dann zur Bundestagswahl gerufen werden, an der Doppelstaatler ebenfalls teilnehmen dürfen – sie sind ja auch Deutsche –, wählen dieselben Menschen hauptsächlich links, also SPD (2017: 35 Prozent), Linke (16 Prozent) und Grüne (13 Prozent). Also diejenigen, die Erdogan politisch am meisten bekämpfen und die er am meisten verachtet.

Das Wahlverhalten zeigt: Mesut Özil hat recht! Deutschtürken sind, so wie er es für sich formuliert hat, mit dem Kopf Deutsche und mit dem Herzen Türken – und so stimmen sie auch ab. Eindeutiger lässt sich – wohlwollend formuliert – ein Loyalitätskonflikt nicht belegen. Härter ausgedrückt: Der Doppelpass führt zu Doppelzüngigkeit und Doppelmoral. Und genau hier versagt das Merkel'sche Argument, dass der Pass nichts mit Loyalität zu tun habe. Doch, hat er! Denn nur er macht möglich, in beiden Ländern zu wählen. Müssten sich die Deutschtürken also entscheiden, ob sie Deutsche oder Türken sein wollen, könnten sie danach auch nur hier oder dort wählen. Das massive Problem wäre sofort gelöst.

Und noch etwas spricht gegen die doppelte Staatsbürgerschaft – auch wenn das gerne tabuisiert wird. Der Doppelpass beschädigt die deutsche Staatsbürgerschaft, weil er sie entwertet. Wer nur die deutsche Staatsbürgerschaft hat, ist de facto und de jure, also im wirklichen Leben und juristisch, schlechtergestellt als ein Doppelstaatler – und damit ein

Deutscher zweiter Klasse. Denn: Wer nur einen Pass hat, genießt nicht in zwei Ländern volle staatsbürgerliche Rechte. Wer nur einen Pass hat, kann auch nicht bei Problemen das Land wechseln oder sich aussuchen, ob er in Deutschland ein Bürgerjahr macht oder in der Türkei zum Militär gehen will. Aus Sicht vieler Deutscher sind Doppelpassler auch deshalb keine „richtigen" Deutschen – ob man das nun gut findet oder nicht.

Aus all diesen Gründen ist eine klare Mehrheit der Deutschen dagegen: „In der Debatte um die doppelte Staatsbürgerschaft sprechen sich 58 Prozent der Deutschen gegen den Doppelpass aus", hat Infratest Dimap im April 2017 für das *ARD-Morgenmagazin* ermittelt. „Nur fast jeder Dritte (35 Prozent) befürwortet die doppelte Staatsbürgerschaft." Daraus ergibt sich ein eindeutiger Auftrag für die Politik: Weg mit dem Doppelpass! Je schneller, desto besser.

Wie dringlich das ist, belegt die Recherche von *WELT*-Redakteur Marcel Leubecher. Er hat im August 2018 beim Statistischen Bundesamt angefragt, wie viele Menschen eigentlich 2017 in Deutschland eingebürgert, also Deutsche wurden – und ob sie dafür im Gegenzug ihren bisherigen Pass abgeben. Das Ergebnis lässt sich so zusammenfassen: Die deutsche Staatsbürgerschaft wird inzwischen verramscht. Man bekommt sie gratis dazu.

Von 112.211 eingebürgerten Menschen haben 68.918, also mehr als die Hälfte, ihre bisherige Staatsbürgerschaft beibehalten. Nach Ländern sortiert, fällt auf: „Kein eingebürgerter Syrer, Afghane, Marokkaner oder Nigerianer hat 2017 den Pass seines Herkunftslandes abgegeben." Leubecher schreibt, in Großstädten komme es inzwischen häufig vor, dass nach Vorlage des Personalausweises in einem Amt gefragt werde, ob man denn tatsächlich „nur eine Staatsangehörigkeit" habe. „Was einmal ein Sonderfall war, vor allem für Kinder gemischtnationaler Ehepaare, wird zunehmend zur Normalität" – und das, obwohl das deutsche Staatsangehörigkeitsrecht das Entstehen von Mehrstaatigkeit ausdrücklich vermeiden und nur in Ausnahmefällen zulassen will.

Wieder geschieht also in der Umsetzung das Gegenteil dessen, was in unserem Land gelten soll. Damit muss endlich Schluss sein!

Im Zeitraum zwischen den Jahren 2000 und 2017 erhielten genau 2.204.011 Ausländer die deutsche Staatsbürgerschaft. Es ist also einmal die Millionenstadt Hamburg dazugekommen. Früher gab mehr als die Hälfte der Eingebürgerten im Gegenzug ihren Pass ab – gab also ein klares „Ja" zu Deutschland. Heute behalten 61,4 Prozent den früheren Pass zusätzlich zum neuen deutschen Ausweis. Warum auch nicht, wenn das möglich ist?

Auch mit dieser massiven Entwertung des deutschen Passes muss möglichst schnell Schluss sein!

Als Leitmotiv lässt sich formulieren: Die deutsche Staatsbürgerschaft sollte am Ende einer gelungenen Integration stehen und nicht am Anfang. Es darf nicht zu einer groß angelegten Wette werden, ob jemand den Wertekanon der Bundesrepublik Deutschland anerkennen wird oder nicht – er oder sie muss das schon erst aus Überzeugung schwören und vor allem bereits bewiesen haben. Die Staatsbürgerschaft ist auch kein Geschenk oder etwas, das jedem Menschen zusteht. Sie ist im Falle Deutschlands mit all seinen Vorteilen und Sicherheiten, die dieses Land seinen Bürgern bietet, die Eintrittskarte in einen sehr, sehr exklusiven, wohlhabenden und privilegierten Club. Und deshalb kann nur Mitglied werden, wer es sich verdient hat und wer in den Club passt.

In anderen Gegenden der Welt investieren und riskieren Menschen sehr viel, um Bürger eines anderen Landes zu werden. In den USA kann man sich die Staatsbürgerschaft sogar erkämpfen – im wahrsten Sinne des Wortes. Tausende blutjunge Lateinamerikaner zogen als sogenannte Greencard-

Soldaten für die Vereinigten Staaten in den Irak-Krieg mit Aussicht, danach den US-Pass zu bekommen. Viele von ihnen sind gefallen.

Einer von ihnen war der Marine José Antonio Gutiérrez, 22 Jahre alt, aus Guatemala. Er starb als einer der ersten US-Soldaten am 21. März 2003 nahe Umm Qasr. Er war 1997 als unbegleiteter, minderjähriger Flüchtling in die USA gekommen. Seine Schwester erinnert sich: „José wanted to give the United States what the United States gave him. He came with nothing. This country gave him everything" – er wollte den Vereinigten Staaten zurückgeben, was die Vereinigten Staaten ihm gaben. Er kam mit nichts. Dieses Land gab ihm alles.

Am Ende gab ihm das Land auch noch das, was er sich am sehnlichsten gewünscht hatte: „In honor of his military service and death in combat he was awarded his US citizenship posthumously" – posthum wurde er mit allen Ehren und mit Würdigung seines Militärdienstes und Todes im Einsatz eingebürgert. Er war dafür gestorben, US-Bürger zu werden.

Das ist sicher kein Vorbild für Deutschland, aber es zeigt, wie ernst es andere Staaten mit ihrer Bürgerschaft meinen.

Kapitel 2
TEAM DEUTSCHLAND
– so geht's, Deutschland!

>> Ein „Wir-Jahr" für alle, das in allen europäischen Ländern geleistet werden kann.

>> Deutschlandfahnen vor alle Schulen und die Sprache Deutsch ins Grundgesetz.

>> Doppelpass abschaffen: Deutscher ist man ganz oder gar nicht.

Geht's noch?

Wir lassen die falschen Einwanderer ins Land

KAPITEL 3

1 Millionen Menschen sind eingereist, aber: Wer gehört zu Deutschland?

Es klingelt. Sie schauen durch den Türspion nach draußen. Vor Ihrer Wohnung steht ein Mann. Er schwitzt. Er blutet. Er schaut sich ängstlich um. Er fleht Sie an zu öffnen. Irgendjemand scheint hinter ihm her zu sein, ihn zu verfolgen. Es nähern sich ein paar unangenehme Gestalten. Es geht um Leben und Tod. Was tun Sie?

Natürlich würde jeder von uns seine Tür öffnen und den Mann hereinlassen. Wir würden ihn beschützen, damit ihm nichts weiter passiert und er in Sicherheit ist. Er könnte so lange bei uns bleiben, bis klar ist, dass ihm keine Gefahr mehr droht. Wir würden ihm das Gästesofa anbieten und unseren Arzt anrufen, damit er sich um den Verfolgten kümmert.

So funktioniert Asyl.

Es klingelt erneut. Sie schauen wieder durch den Türspion. Wieder steht ein Mann vor Ihrer Wohnung. Er bittet um Einlass. Man sieht ihm an, dass er aus ärmlichen Verhältnissen kommt. Sie haben Mitleid. Aber öffnen Sie gleich die Tür?

Natürlich nicht. Sie stellen erst ein paar Fragen. Wer sind Sie? Der Mann sagt, er habe keinen Ausweis. Was wollen Sie hier? Er antwortet: Bei Ihnen leben. Sie fragen: Warum? Weil es bei Ihnen besser ist als bei mir zu Hause. Ist das ein Grund, ihn hereinzulassen, ohne zu wissen, wer er ist und was er vorhat und ob er die Wahrheit sagt?

Sie ahnen aus Erfahrung: Wenn er erst einmal in Ihrem Wohnzimmer sitzt, wird es schwierig, ihn wieder hinauszuwerfen. Deshalb öffnen Sie überhaupt nur, wenn Sie wissen, mit wem Sie es zu tun haben, und einen Grund erkennen, warum es sinnvoll sein könnte, ihn in Ihr Zuhause zu lassen. Zum Beispiel: Der Mann ist Gärtner und Sie brauchen gerade einen, um Ihren Schrebergarten winterfest zu machen. Oder: Er kann drei

Sprachen fließend und Ihre Kinder haben Bedarf an Sprachtraining. Oder auch: Er bietet seine Hilfe an, Ihren kranken Vater zu pflegen, und zeigt Ihnen ein Dokument, das ihn als Krankenpfleger ausweist.

So funktioniert Einwanderung.

Die Formel einer klugen und verantwortungsvollen Einwanderungspolitik basiert auf Nächstenliebe und Nutzen: Wer einen Menschen, der von Krieg und Verfolgung bedroht ist, nicht aufnimmt – der hat kein Herz. Wer einen Fremden, der der deutschen Wirtschaft nutzen kann, fortschickt – der hat keinen Verstand. Herz *und* Verstand sind die Ressourcen für ein Land, das auch in Zukunft erfolgreich sein will.

Aber in Deutschland funktioniert beides nicht mehr, weil in beiden Bereichen staatliches Handeln ein Eigenleben entwickelt hat, das kein Mensch mehr nachvollziehen kann. Es weicht inzwischen vollkommen ab von dem, was ein vernünftiger Bürger richtig findet und in dem Lebensbereich, für den er verantwortlich ist, selbst tun würde. Deshalb haben so viele Bürger das Gefühl, denjenigen, die alle wichtigen Entscheidungen treffen, sind in der Einwanderungspolitik alle Sicherungen durchgebrannt.

Dabei ist es gar nicht so schwer, den richtigen Weg zu finden. Er verläuft entlang der Biografien derer, die Deutschland auch deshalb bereichern, weil ihre Wurzeln in anderen Ländern oder sogar in anderen Kulturkreisen liegen. Politiker wie Cem Özdemir, dessen Nachname auf seine türkische Herkunft hinweist und der einer der besten geworden ist, den die Grünen je hervorgebracht haben, oder Philipp Rösler, der in Vietnam geboren wurde und als Adoptivkind nach Deutschland kam und es hier bis an die Spitze der FDP und zum Vizekanzler geschafft hat, haben bewiesen, dass ein sogenannter Migrationshintergrund in Deutschland kein Nachteil ist, wenn Begabung, Fleiß und das Bekenntnis zu unseren Werten stärker sind als die Vorurteile der anderen.

Fußballnationalspieler wie Bernd Leno – seine Eltern kamen 1989 aus der Sowjetunion –, Emre Can oder Jérôme Boateng sind mit ähnlichen Tugenden zu Vorbildern ganzer Generationen geworden. Die russlanddeutsche Eiskunstläuferin Tanja Szewczenko oder der Boxer Robert Stieglitz haben vorgemacht, wie man sich in diesem Land nach oben kämpfen kann. Auch Musiker wie Peter Maffay, Helene Fischer und Leslie Mandoki, die Comedians Palina Rojinski, Bülent Ceylan, Enissa Amani sowie die Journalisten Aiman Abdallah, Dunja Hayali, Mitri Sirin und Pinar Atalay haben durch ihre jeweiligen Familiengeschichten Erfahrungshorizonte, die vielen Müllers, Meiers und Schmidts nicht zugänglich sind. Und ohne Sandro, den Stamm-Italiener, den Döner-Mann am Eck und den arabischen Gemüsehändler, dessen Tochter jetzt ihr Studium beginnt, wäre das Leben in Deutschland mit Sicherheit weniger lebendig und lebenswert.

Aber auf Osama bin Ladens Leibwächter Sami A., die Mädchen-Mörder Abdul D., Hussein K., Ali Bashar, Anis Amri, den Terroristen vom Breitscheidplatz, und die Grabscher und Vergewaltiger von Köln kann unser Land gut verzichten. Auch arabische Clans, die ihren Lebensunterhalt mit KaDeWe-Überfällen, Goldmünzenraub, Schutzgelderpressung, Zuhälterei und Drogenhandel verdienen, tragen nichts zum Erfolg unseres Landes bei.

Von den einen brauchen wir in den nächsten Jahren noch viel mehr, die anderen sollen draußen bleiben oder so schnell wie möglich wieder weg. Verantwortlich dafür ist der Staat, der mit Gesetzen die Regeln definiert und sie dann auch durchsetzen muss. Also: Welche und wie viele Menschen sollen kommen und bleiben dürfen? Wollen wir wirklich so viele alleinstehende junge Männer, wenn doch jeder Kriminologe bestätigt, dass diese – egal in welcher Kultur und in welchem Land – besonders kriminell und gewalttätig sind? Und wie werden wir diejenigen wieder los, die hier unerwünscht sind, die kein Recht haben, bei uns zu bleiben?

Die bittere Wahrheit ist: Deutschland hat bisher kaum eine überzeugende Antwort. Geschweige denn eine Strategie und damit auch keine Möglichkeit, etwas Sinnvolles umzusetzen. Wenn man sich das vor Augen führt, versteht man, warum so wenig vorangeht, obwohl inzwischen alle Parteien intensiv über ein Einwanderungsgesetz debattieren.

Der Bundesinnenminister, der dafür zusammen mit der Bundeskanzlerin zuständig ist, hat immerhin eines erkannt: „Die Migrationsfrage ist die Mutter aller politischen Probleme in diesem Land", sagte Seehofer Anfang September 2018. Ein echter Seehofer! In seiner dampframmigen und gerne etwas perfiden Art verwendete er tatsächlich das Wort „Mutter". Angela Merkel, die lange Zeit als „Mutti" gefeiert und verhöhnt wurde, hätte allen Grund, das persönlich zu nehmen.

In der Sache hat der nicht immer besonders feinfühlige Bayer recht.

Er hatte seinen vielbeachteten und vielkritisierten Satz mit der von weiten Teilen der Medien – wie so oft – verschwiegenen Formulierung eingeleitet, die Probleme Deutschlands hätten „nicht nur" mit der Migration zu tun. Erst danach formulierte er die „Mutter"-Passage, die er mit zwei Argumenten untermauerte: Er erlebe in seinen Veranstaltungen immer wieder, dass Menschen als Grund für ihre Probleme und Ängste „die Flüchtlinge" benennen. Außerdem würden Umfragen das immer wieder bestätigen.

Mit dem ersten Argument ist Seehofer nicht allein. Mehr noch: Er beschreibt, was jeder Bürger – Sie, ich, unsere Nachbarn, Kolleginnen, Freunde – schon oft miteinander besprochen haben. Was jeder von uns spürt, sieht, manchmal nicht fassen kann. Was sich in vielen Menschen aufstaut, weil man es nirgendwo sagen kann, ohne Gefahr zu laufen, als Rechtsaußen zu gelten. Auf der Facebook-Seite von Boris Palmer, Oberbürgermeister der Stadt Tübingen und Grüner mit viel Realitätssinn und Sachverstand, schreibt die Bürgerin Moni

Schneider: „Ich gebe zu, ich möchte auch einfach, dass ‚die' weg sind." Und weiter, immer persönlicher, immer emotionaler: „Ich kann es einfach nicht akzeptieren, dass meine Heimatstadt nicht mehr die ist, die es war (...). Komme soeben von einem Gang quer durchs Zentrum nach Hause. Und mir begegnen dabei auf einer kurzen Strecke über 30 Kopftuch-Frauen, mit Kinderwagen und vielen Kindern dazu. Dazu viele Männer, jung und alt – allesamt sehr selbstbewusst und fröhlich. Es nervt mich ganz einfach, dass ich nicht verstand, was 2 Männer zu mir sagten, als ich an ihnen vorbeilief. War es ein Kompliment oder eine Beschimpfung? Es nervt mich, dass meine Arztpraxis ständig voll ist mit der ganzen Familie, obwohl nur einer krank ist. Es nervt mich, dass die Arzthelferinnen gereizt reagieren, weil geduldiges Warten die neuen Mitbürger nicht akzeptieren. Es nervt mich, dass ich manchmal das Gefühl habe, ich bin weniger wert als die neuen Mitbürger. Weil überall, auf Ämtern, in Bussen und Bahnen, in Arztpraxen ... in der Öffentlichkeit eine schlechte Stimmung herrscht. Die dann auch gerne an mir (...) ausgelassen wird."

Weil Moni Schneider weiß, dass sie mit so ehrlichen Sätzen schnell in eine politische Ecke geschoben werden kann, in die sie nicht gehören will, fügt sie hinzu: „Ich gehe nicht zu Demonstrationen und zähle mich auf keinen Fall zum rechten Mob. Ich gehöre aber zur schweigenden Mehrheit, die es im Osten UND Westen gibt. Da bin ich mir sicher." Die schweigende Mehrheit – sie brodelt. Nichts anderes hat Seehofer attestiert.

Sein zweites Argument bekommt fast täglich eine neue, immer bedrückendere Fakten-Grundlage. In Umfragen stellen die Bürger der Bundesregierung für ihre Flüchtlingspolitik ein schlechtes Zeugnis aus. Im *ARD*-Deutschlandtrend für den September 2018 bemängelt jeder zweite Bürger, dass Angela Merkel und ihre Minister die Sorgen der Bevölkerung beim Thema Zuwanderung vernachlässigten. Im Osten der Republik fühlen sich sogar zwei Drittel bei dieser Frage nicht ernst genommen, haben die Meinungsforscher herausgefunden. „Deutlichen Handlungsbedarf sehen die Bürger im Hinblick auf die Integration der nach Deutschland gekommenen Flüchtlinge: Jeweils 69 Prozent finden, dass die Integration der Flüchtlinge in die Gesellschaft und in den Arbeitsmarkt bisher nicht gut genug gelungen ist. Ebenso viele sehen Defizite bei der Prävention von Gewalt und Kriminalität." Und dann, glasklar, wird der „Wann sind diese Leute weg?"-Skandal benannt: „Am häufigsten werden Defizite bei der Abschiebung von abgelehnten Asylbewerbern konstatiert: 83 Prozent kritisieren sie als ‚eher schlecht' oder ‚sehr schlecht' gelungen."

Das sind atemberaubend schlechte Werte. Man kann sie als Misstrauensvotum interpretieren oder als Kampfansage der Bürger an die Politik.

Das ist auch kein Wunder. Bundestagspräsident Wolfgang Schäuble warnte Ende September 2018 im Interview mit WELT am SONNTAG davor, „allzu stark die Hoffnung" zu „schüren, dass wir die Großzahl" der Nicht-Bleibeberechtigten zurückführen können. Die Politik solle „klarmachen, wie schwer es ist, im Einzelfall abzuschieben" und „alle Kraft dafür aufbringen, sie in unsere Gesellschaft zu integrieren". Wie so oft soll hier politisches Scheitern umgedeutet werden zu einer neuen, vermeintlich großartigen Strategie! Darauf fallen die Bürger aber nicht mehr rein. Sie wissen: Es war Angela Merkel, Schäubles Parteichefin und laut Verfassung die Bundeskanzlerin aller Deutschen, die auf dem bisherigen Höhepunkt der Migrationskrise 2015/16 „nationale Kraftanstrengungen" zur Abschiebung derjenigen angekündigt hat, die über das Asylsystem zuwanderten, ohne schutzbedürftig zu sein. Die Bürger spüren: Die Kanzlerin hat komplett versagt. Und das wird als eine Art Offenbarungseid der gesamten Politik wahrgenommen.

Behörden funktionieren nicht, Fristen werden gerissen, Altfälle stapeln sich – deshalb werden aus illegalen Einwanderern seit Jahrzehnten legale Einwanderer und genau das frustriert die Menschen. Denn bei Ihnen funktioniert der Staat erbarmungslos: Wer zu schnellt fährt, muss bezahlen. Wer seine Steuererklärung nicht macht, bekommt Ärger. Wer Rundfunkgebühren nicht zahlt, wandert in letzter Konsequenz sogar ins Gefängnis. „Dass ‚die Großzahl' der unerlaubt eingereisten Migranten hierbleibt, hat kein unwandelbares Recht verfügt, sondern vor allem die von Union und SPD gestellte Regierung", stellt die WELT stellvertretend für Millionen Deutsche fest.

Das Erschütterndste daran ist, dass die Politiker der zusammenschrumpfenden Volksparteien sich die miesen Umfragewerte über viele Jahre hinweg redlich verdient haben: Seit Jahrzehnten hat sich in der Einwanderungspolitik nämlich nichts getan, was die Bürger beruhigen würde. Die aufkommenden oder bereits im täglichen Leben erkennbaren Probleme wurden bestritten, verniedlicht oder gleich ganz verschwiegen. Die Tatsache, dass Deutschland seit Langem ein Einwanderungsland ist, das ein Regelwerk braucht, welches von den Bürgern akzeptiert und mitgetragen wird, wurde ignoriert und die Fakten wurden geleugnet. Das rächt sich jetzt.

In fast allen Wahlkämpfen seit den 1980er-Jahren hieß es laut und immer wieder: Die Gastarbeiter sind Gäste und gehen schon bald wieder nach Hause. Asylbewerber sind Verfolgte und gehen, sobald möglich, zurück. Kriegsflüchtlinge bleiben nur, bis der Krieg endet. Doch Millionen dieser Menschen hielten sich nicht an die weltfremden Wunschträume unserer Politiker. Warum sollten sie das auch tun? Ein Leben in Deutschland ist häufig selbst auf der untersten Sprosse der sozialen Leiter angenehmer und besser als eines in ihren Heimatländern. Kein Mensch, der einigermaßen bei Trost ist, der zum Beispiel für eine Familie sorgen muss, würde freiwillig wieder gehen. Genau deshalb sind die meisten geblieben. Selbst die, die eigentlich das Land verlassen müssten, sind einfach nicht ausgereist.

Das alles ist also gar nicht so neu. Die damit verbundenen Probleme spielten aber lange Zeit in Milieus, die weit weg von der bürgerlichen Mitte existieren. Insofern fiel der Sachverhalt über viele Jahre hinweg gar nicht so auf oder gar ins Gewicht. Aber durch die Masse der seit 2015 angekommenen Migranten ist die Problematik für jedermann sichtbar geworden. Mit all ihren hässlichen Seiten. Das Positive, das in einem gelungenen, wohldosierten interkulturellen Miteinander durchaus entstehen kann, verblasst dagegen.

Einen zu dieser Realität passenden Plan hatte die deutsche Politik eigentlich nie. Integration? Unnötig. Die Deutschen zur Migration befragen, also die Bürger ernst nehmen? Unnötig. Eine neue Leitkultur oder wenigstens ein neues Selbstverständnis entwickeln? Bringt nur eine Auseinandersetzung der Parteien um Ideen, die eigentlich keine von ihnen hat. Den Einwanderern etwas abverlangen? Um Gottes willen!

Von links machte die sympathische, aber weltfremde Wunschvorstellung vom „Multikulti" Karriere – ein Triumph im Kampf der Begriffe, weil das modern, jung, weltoffen und lässig klang und jeden Gegner sofort alt, verknöchert und mindestens reaktionär aussehen ließ. Die bürgerliche Mitte verharrte hingegen in einer geistigen Wiederholungsschleife, was einer Beleidigung ihrer eigenen und der Intelligenz der Bürger gleichkam. Dazwischen ging die Wirklichkeit mit ihren tatsächlichen Herausforderungen unter. Es gab weder Richtlinien noch Kompetenz, und vor allem gab es keine Ehrlichkeit. Millionen Wähler wurden jahrelang über die tatsächlichen Zahlen und Fakten getäuscht.

Noch 2006 sagte Wolfgang Schäuble, damals Bundesinnenminister: „Wir waren nie ein Einwanderungsland und wir sind's bis heute nicht." Dabei hatte Deutschland schon Anfang der 1990er-Jahre klassische Einwanderungsländer wie die USA längst überholt, was die Zahl der Migranten angeht. Schäuble griff damit ein Wort Helmut Kohls auf, der 1989 in seiner Regierungserklärung verkündet hatte: „Wir sind kein Einwanderungsland. Und wir können es auch nicht werden."

Im damaligen Koalitionsvertrag liest sich das so: „Die Bundesregierung wird sofort eine Reihe von Maßnahmen beschließen, die Anreize bieten für die Rückkehrbereitschaft von Ausländern". Und: „Die Bundesrepublik Deutschland ist kein Einwanderungsland. Es sind daher alle humanitär vertretbaren Maßnahmen zu ergreifen, um den Zuzug von Ausländern zu unterbinden." Heute würde ein solcher Satz allein schon wegen des Begriffes „Ausländer" massiv als ausgrenzend und unmenschlich den Betroffenen gegenüber und latent fremdenfeindlich gegeißelt werden. Dabei wäre die Umsetzung genau dieses Gedankens heute wichtiger denn je. An diesem Missverhältnis lässt sich einer der wesentlichen Gründe für die passive Haltung der jetzigen Bunderegierung festmachen: Es ist die Sorge, auch nur einem Menschen Unrecht zu tun. Das ist aus humanistischer und rechtsstaatlicher Sicht überaus ehrenwert, sogar Teil des Fundaments, auf dem unsere Gesellschaftsordnung steht. Aber es ermöglicht eben auch Tausenden, denen man mit harter Hand nicht Unrecht täte, unseren Staat erst auszunutzen und sich dann über ihn lustig zu machen.

Ein besonders krasses Beispiel dafür ist der Fall eines Sudanesen, der sich bei verschiedenen Behörden mit sieben verschiedenen Identitäten insgesamt knapp 22.000 Euro erschlichen hat. Er musste dafür nicht einmal ins Gefängnis, bekam vom Amtsgericht Hannover lediglich eine Bewährungsstrafe von einem Jahr und neun Monaten. Der Grund für das milde Urteil: Der Mann sei nicht vorbestraft gewesen und habe seine Tat bereut. Das Geld habe er schon vor Prozessbeginn an seine Familie im Sudan geschickt, die unter den Folgen des Krieges leide. 22.000 Euro sind dort ein Vermögen, das die allermeisten Menschen in ihrem ganzen Leben nicht verdienen. In Deutschland brauchte der 25-Jährige von Juni 2015 bis September 2016, um sich das Geld zu ergaunern. Er blieb auf freiem Fuß.

In vielen deutschen Familien, die mindestens zehn Jahre brauchen, bis sie 22.000 Euro gespart haben, wenn sie es überhaupt jemals schaffen, löste das Unverständnis und Wut aus. Sofern es sich um Einzelfälle handelt, kann man das vielleicht noch als Ausnahme hinnehmen, wenn es sich aber häuft oder gar zur Regel wird, dann ist das Wichtigste in allergrößter Gefahr: das Vertrauen.

Nun kann man den Kritikern der Merkel'schen Flüchtlingspolitik entgegenhalten, dass man eine Jahrhundertaufgabe – und die begonnene Völkerwanderung aus dem Südteil der Welt nach Norden ist ohne jeden Zweifel eine solche – nicht in drei Jahren bewältigen könne. Aber innerhalb von 20 Jahren hätten die Weichen schon entsprechend gestellt werden können. Das ist nicht geschehen. Und damit erfüllt es den Tatbestand von totalem Politikversagen.

Liest man folgenden *SPIEGEL*-Artikel vom 31. August 1998, also von vor genau 20 Jahren, hat man das Gefühl, in einem Zeit-Raum-Kontinuum gefangen zu sein, als wäre der Fluxkompensator von „Doc" Emmett L. Brown aus „Zurück in die Zukunft" defekt. Nur ein paar Zitate reichen, um zu merken, dass wir uns seitdem keinen Millimeter weiterbewegt haben – und deshalb überhaupt nicht auf die gegenwärtige Flüchtlingsbewegung vorbereitet waren und sind. Eine der wichtigsten Aufgaben von Politik ist es aber, ein Land und seine Bürger auf Ereignisse und Entwicklungen der Zukunft vorzubereiten. Der *SPIEGEL* schrieb:

„*Es geht nichts mehr, weder rein noch raus. 40 Jahre nach der Anwerbung der ersten Gastarbeiter aus Italien ist die Ausländerpolitik der Deutschen heillos verfahren.*"

Eine Analyse, die heute noch mehr zutrifft als damals. In dem Moment, in dem ich diese Zeilen schreibe, sind wir immer noch ein Land ohne Einwanderungsgesetz und ohne „Bundesministerium für Migration, Integration und Asyl", in dem alle Zahlen, Fakten und Maßnahmen gebündelt werden könnten. Damit hätte man endlich eine Grundlage für ein effektives Gesamtkonzept für Migration und gegen ihre negativen Folgen.

„Die Deutschen kommen mit den mittlerweile 7,3 Millionen Ausländern und 4 Millionen Aussiedlern im Land nicht klar. Die Stimmung ist auf dem Tiefpunkt. Der Bedarf an menschlichem ‚Nachschub' sei gedeckt, tönt der Chef der CSU-Landesgruppe in Bonn, Michael Glos."

Wie klein und beherrschbar die Zahlen aus heutiger Sicht klingen!

„Wo vor Jahren noch Hoffnungen auf multikulturelles Miteinander grünten, haben sich dumpfe Angst und Gewalt breitgemacht. Russland-Aussiedler liefern sich mörderische Schlachten mit Türken. Türken-Gangs prügeln sich mit deutschen Skins um die Vormacht auf dem Kiez."

Inzwischen toben zusätzlich Kriege arabischer Clans untereinander. Es vergeht kaum eine Woche, in der nicht Migranten in schwere Straftaten verwickelt sind.

„60 Prozent der Organisierten Kriminalität sind nach den Verlautbarungen der Polizei in den Händen von Ausländerbanden. Der Anteil der Ausländer unter den verurteilten Räubern und Erpressern stieg auf fast 40 Prozent. Es braut sich etwas zusammen im Land. Im Vielvölkerstaat Bundesrepublik werden, so warnt der Bielefelder Extremismusforscher Wilhelm Heitmeyer, ‚unterschwellig gefährliche Gewaltpotentiale ausgebrütet'."

Heitmeyer hat Recht behalten. Mehr noch: es ist eine damals noch gar nicht absehbare Form von Gewalt hinzugekommen:

Boris Palmer von den Grünen, der Oberbürgermeister von Tübingen, traut sich bisher als Einziger, den tatsächlichen Zusammenhang von Asylbewerbern und Kapitalverbrechen herzustellen. Während alle anderen brav und blind die von der Politik vorgegebene offizielle Lesart der Kriminalstatistik nachbeten – also „keine Auffälligkeiten bei Asylbewerbern" –, weist Palmer in einem Beitrag für die ZEIT im September 2018 auf die eigentliche „unbequeme Wahrheit" hin: Im Sicherheitsbericht des Innenministeriums von Baden-Württemberg heißt es, dass bei Tötungsdelikten 14 Prozent der Tatverdächtigen Asylbewerber waren. „Da sie nur einen Anteil von 2 Prozent an der Bevölkerung haben, entspricht das einer siebenfach erhöhten Häufigkeit", schreibt Palmer. Jegliches Relativieren oder Verharmlosen, weil ja hauptsächlich junge, schlecht gebildete Männer zu dieser Gruppe gehörten und in diesem Klientel auch die Delikthäufigkeit bei Deutschen höher sei, bringe nichts. Es „verstärkt nur die Wut". Denn jeder fragt sich: Wenn man das weiß, warum lässt man überwiegend ausgerechnet diese Gruppe ins Land statt junger Familien, gut Ausgebildete oder Frauen und Männer, die bei uns in der Pflege arbeiten könnten?

„Die Stimmung ist bereits viel zu explosiv, als dass einzelne Fragen noch vernünftig zu diskutieren wären."

Heute ist das noch schlimmer: Angela Merkel hat mit ihrer Politik der Spaltung Europas und Deutschlands in dieser wichtigen und polarisierenden Frage das Klima derart vergiftet und die Fronten so verhärtet, dass eine sachliche Debatte fast unmöglich geworden ist.

„Welches sind die richtigen Ausländer für Deutschland? Wie viele sollen davon in Deutschland leben? Und was soll mit den anderen geschehen? Darf man so fragen? Wie kommen die

Deutschen dazu, sich Menschen zu wünschen? Haben sie nicht die historische heilige Pflicht, jeden in ihr Land zu lassen, der Schutz und Hilfe braucht?"

Die Fragen von damals haben an Aktualität und Brisanz sogar noch gewonnen. Und die historische Schuld der Nazi-Verbrechen, die Deutschland 1998 noch gelähmt hat, ist auch 20 Jahre später sehr präsent. Dadurch droht ein unangenehmes Szenario: Die Last von gestern verhindert auch heute und morgen noch ein vernünftiges Handeln in der Migrationspolitik.

Der *SPIEGEL* zitierte in seinem richtungsweisenden Beitrag auch Berechnungen von Bevölkerungswissenschaftlern. Sie kamen vor 20 Jahren zu dem Ergebnis: „Wenn sich an der Ausländerpolitik nichts ändert, werden 2015 schon 10,6 Millionen Ausländer in Deutschland leben, 2030 gar 17 Millionen. Das wären 21 Prozent der Bevölkerung, fast dreimal so viel wie heute." Das klang wie eine apokalyptische Vision pessimistischer Professoren. In Wirklichkeit ist genau das eingetreten: Ende 2016 erreichte der Ausländeranteil in Deutschland erstmals die Zehn-Millionen-Marke. Wie stark sich die gesamte Zuwanderung entwickelt hat, zeigt folgende Zahl:

Schon im Jahr 2018 und damit zwölf Jahre früher als die Marke 2030, die die Forscher setzten, sind laut *Zeit Online* 19,3 Millionen Menschen mit Migrationshintergrund in Deutschland. Und die Bundesrepublik ist heute eben nicht mehr das weitgehend abgeschottete Land wie 1998. Vielmehr ist der einstmals linken und linksextremen Träumern vorbehaltene Slogan „No Borders – No Nations", also die Vorstellung einer friedlichen Welt ohne Nationen und Grenzen, so etwas wie das Regierungsprogramm der schwarz-roten Koalition geworden.

Und das kam so.

Bundeskanzlerin Angela Merkel sprach am 1. Juni 2015 erstmals aus, was alle ahnten, was die Zahlen längst belegten, was aber bisher niemand in ihrer Partei zu sagen wagte: „Wir sind im Grunde schon ein Einwanderungsland", sagte Merkel vor 60 ausgewählten Teilnehmern bei der Auftaktveranstaltung einer von ihrer Regierung ins Leben gerufenen Gesprächsreihe mit dem Titel „Gut leben in Deutschland – was uns wichtig ist" in Berlin. Die historischen Worte fielen also wieder im Dialog mit Bürgern. Die Kanzlerin hatte darüber vorher keine Debatte mit ihren Kolleginnen und Kollegen in der Union geführt. Sie legte die Kehrtwende einmal mehr allein und unabgestimmt hin.

„Die Kanzlerin sprach sich für konkrete Stellenangebote etwa an Afrikaner aus. Es gebe eine Liste von jenen Berufen, für die es in Deutschland nicht ausreichend Facharbeiter gebe, beispielsweise Chemielaboranten. Afrikaner sollten darauf hingewiesen werden. Wer die Qualifikation habe, brauche keinen Asylantrag zu stellen", berichtet die *FAZ*. Außerdem fordert Merkel eine entschiedenere, bessere Willkommenskultur ein. „Wir müssen hier noch sehr viel selbstbewusster sagen: Es kann etwas sehr Bereicherndes sein."

Fast genau drei Monate später, am 4. September 2015, brechen alle Dämme. Hunderttausende Menschen reisen unkontrolliert nach Deutschland ein. Seitdem ist kaum noch etwas, wie es früher mal war.

Was jetzt geschah, wirkte wie ein großangelegtes PR-Programm mit dem Ziel, die mit den Migranten einwandernden Probleme zu ignorieren. Bis auf wenige Ausnahmen haben alle Meinungsbildner mitgemacht: Politiker, Künstler, Journalisten – auf allen Kanälen wurde den Bürgerinnen und Bürgern Tag und Nacht in Nachrichtensendungen und Magazinen, auf Internet-Seiten und in Zeitungen die Willkommenskultur eingetrichtert. „Refugees welcome" ist der Slogan dieser Tage. „Willkommen, Flüchtlinge" oder „Flüchtlinge willkommen" – beide Übersetzungen sind möglich. Es ist das laute, freundliche und weltweit zu hörende Gegenmodell zu „Ausländer raus!", dem Ruf rechtsextremer Gruppen früherer Tage.

Uneingeschränkt sympathisch wirkt das nur für die, die nichts mit den immer größer werdenden Problemen im Alltag zu tun haben.

Wie so oft in Deutschland wird extrem betrieben, was maßvoll Sinn und Verstand hätte. Und so treibt auch die Willkommenskultur absurde Blüten. Plötzlich gibt es in der öffentlichen Debatte und in vielen Medien gar keine „Deutschen" mehr, sondern nur noch „Menschen, die schon länger hier leben". Katrin Göring-Eckardt jubelt: „Unser Land wird sich ändern, und zwar drastisch. Und ich freue mich darauf." Die Veränderungen spüren auch die „Menschen, die schon länger hier leben". Sie verbinden damit aber anders als die prominente Grüne nichts Positives.

Wer stets CDU oder CSU gewählt hat, auch weil er deren Aussagen in Sachen Asyl, Zuwanderung, Integration für bare Münze genommen hat, der bekommt jetzt auf einmal Hirnsausen. Erst hat man sich entgegen aller Fakten abgeschottet – zumindest verbal – und jetzt verschwimmt plötzlich die neue Realität in einem im wahrsten Sinne des Wortes nicht mehr zu fassenden Chaos. Alles wird in einen Topf geworfen und einmal kräftig durchgerührt. Es herrscht eine offenkundige – und vermutlich beabsichtigte – Begriffsverwischung. Es ist nur noch von „Flüchtlingen", später von „Geflüchteten" die Rede, obwohl es ja alle möglichen und ganz unterschiedliche Menschen sind: illegale Einwanderer, Wirtschaftsflüchtlinge, Asylbewerber, Kriegsflüchtlinge. Jeder von ihnen hat verdient, dass man sich ausführlich mit seiner Biografie und seiner Fluchtgeschichte befasst, um der jeweiligen Lebensgeschichte gerecht werden zu können – aber auch, um die ausfindig zu machen, die die Einwanderungswelle nutzen, um unerkannt nach Deutschland zu kommen, zum Beispiel Terroristen. Oder die Verfolger derer, die als Verfolgte Schutz suchen. Aber das ist aufgrund der Masse von Menschen und wegen der Sprech- und Denkpolizei gar nicht mehr möglich.

Parallel dazu beginnt eine unsägliche Vergleicheritis. In öffentlichen Debatten werden die Flüchtlinge mit den Ostdeutschen des Jahres 1989 gleichgestellt. „30 Prozent der Kinder und Jugendlichen heute haben bereits einen Migrationshintergrund und dabei habe ich die Ossis jetzt noch nicht mitgerechnet", sagte die Fraktionsvorsitzende der Grünen Katrin Göring-Eckardt in der Generaldebatte im Bundestag. Ostdeutschen, die immer Deutsche waren, einen Migrationshintergrund zuzurechnen, ist entweder eine misslungene Pointe oder hanebüchener Schwachsinn.

In einem regelrechten medialen Trommelfeuer werden 2015/2016 die deutschen Vertriebenen des Zweiten Weltkrieges mit den heutigen Flüchtlingen verglichen. Dabei waren sie – Vertriebene und Geflohene – deutsche Staatsbürger, die sich auf den Weg machten, um gigantischen ethnischen Säuberungen zu entgehen. Menschen, die notgedrungen von Breslau nach Berlin, von Eger nach Coburg oder von Königsberg nach Kiel fliehen mussten. Mit Überschriften wie „Als Millionen Deutsche selber Flüchtlinge waren" in der *WELT* oder „Vertriebene damals, Flüchtlinge heute" auf der Internetseite von *Deutschlandradio Kultur* oder „Vorbild Vertriebene" in der *FAZ* stellten fast alle Medien Parallelen zwischen damals und heute her, die es so nicht gibt. Auch wenn die meisten Beiträge im weiteren Verlauf auch auf die Unterschiede hinwiesen, vermittelte sich doch der Eindruck, man könne aus den Ereignissen der Nachkriegszeit etwas für den Umgang mit den Flüchtlingen von heute lernen. Aber das ist nicht möglich, weil es sich um nicht vergleichbare Sachverhalte handelt. 14 Millionen Deutsche wurden vertrieben, meist deutsche Staatsbürger. Sie hatten einen deutschen Pass, waren auf deutschen Schulen, bei der deutschen Armee, haben Deutsch gesprochen, teilten mit allen anderen Deutschen Religion, Kultur, Umgangsformen und Ausbildung. Nichts davon trifft auf die Migranten von heute zu. Sie kommen, nicht nur geografisch, von viel weiter weg. Die Ostvertriebenen hatten auch kein Land mehr. Was Schlesien war, ist heute Polen, sie wollten zurück, doch sie konnten nicht. Aber Gambia, Senegal, Syrien, Afghanistan, Irak – diese Länder gibt es noch und wird es weiter geben. Dorthin können die Menschen auch wieder zurück. Im Übrigen haben die Heimatvertriebenen im Wesentlichen als gut ausgebildete Fachleute zum Wiederaufbau Deutschlands beigetragen. Einen Sozialstaat gab es nicht – sie haben ihn erst mit aufgebaut.

Die bisherige Einwanderungspolitik ist geprägt von falschen Vergleichen, gebrochenen Versprechungen, fehlenden Strategien, verpassten Chancen, falschen Anreizen und Signalen, einer langsamen, sich in Symbolen erschöpfenden Politik, starken Emotionen und idealistischen Wunschträumen. Kurz: So kann das nichts werden.

Gebraucht wird hingegen eine nüchterne Betrachtung der Flüchtlingswelle und aller hinter uns liegenden und zukünftigen Einwanderungsbewegungen, eine Definition von deutschen Interessen, eine kurz-, mittel- und langfristige Strategie – und vor allem endlich eine Ordnung und Steuerung der Migration, die auch wirklich vollzogen wird. Das alles findet bis heute kaum statt. Es wird stattdessen blockiert, verwischt, verklärt und gewurstelt.

Wer an seiner eigenen Haus- oder Wohnungstür so vorgehen würde, wie es die deutsche Regierung in der Einwanderungspolitik getan hat, der würde das Sicherheitsgefühl seiner Familie und seinen hart erarbeiteten persönlichen Wohlstand in Gefahr bringen. Er würde in kurzer Zeit mehr Menschen bei sich beherbergen müssen, als er versorgen kann. Er würde den Überblick verlieren, wer inzwischen eigentlich alles auf seinem Sofa sitzt und in seinen Betten schläft. Er könnte sich nicht mehr um alle Anliegen aller kümmern, um die er sich eigentlich kümmern müsste. Aufkommende Streitereien könnte er nur noch mit Mühe schlichten. Und bei einzelnen Fragen wäre er schon bald in der Minderheit. Aber niemand würde tatenlos zusehen, wie ihm seine Wohnung oder sein Haus mehr und mehr entgleitet. Erst recht nicht, wenn es heißen würde, die Probleme könnte nur die gesamte Nachbarschaft miteinander lösen, die meisten Nachbarn hätten aber bereits Zäune und Hecken um ihre Häuser gebaut und Videokameras installiert und würden schon lange niemanden mehr bei sich aufnehmen.

Deutschland braucht auf dem Fundament des Grundgesetzes endlich wieder eine Hausordnung, an die sich alle halten müssen. Sie zu entwickeln und durchzusetzen, ist die wichtigste Aufgabe der Politik am Anfang dieses Jahrtausends. Viel Zeit dafür ist nicht mehr, wenn man verhindern will, dass die hässlichen Szenen von Chemnitz nicht erst der Anfang einer noch viel unruhigeren, noch schlimmeren Phase in Deutschland gewesen sind. Denn vieles spricht dafür, dass die Völkerwanderung noch nicht zu Ende ist. Unsichere Machtverhältnisse im Nahen Osten, in Arabien und Afrika, dazu die Auswirkungen des enormen Bevölkerungswachstums und des Klimawandels südlich und nördlich der Sahara – diese zunehmenden Gefahren werden auch in absehbarer Zukunft verzweifelte Menschen dahin treiben, wo sie sich eine bessere Zukunft erhoffen.

Solange es eine solche Hausordnung nicht gibt, für alle verständlich und von einer Mehrheit der Bürger mitgetragen, kann man verstehen, dass das Versagen der Politik immer mehr Menschen große Sorge bereitet – und nicht wenigen Angst macht.

2 Wichtige Schritte zur richtigen Einwanderungspolitik: So wird Deutschland stark und bunt, ohne dass es den Deutschen zu bunt wird

Es ist die perfekte Frage für Günther Jauchs „Wer wird Millionär?" Welches ist derzeit das Land mit der höchsten Zahl an Einwanderern? Vier Optionen: USA, Kanada, Australien oder Deutschland?

Die ersten drei waren immer beliebte Ziele für Auswanderer. Dass Deutschland bereits zu den Top 4 gehört, ist schon überraschend genug. Viel Stoff also für Diskussionen, Jauch wäre in Bestform. Haben Merkels offene Grenzen tatsächlich dazu geführt, dass der Exportweltmeister jetzt auch Einwanderungschampion ist?

Die richtige Antwort lautet: Fast.

2016 haben sich in Deutschland mit seinen rund 82 Millionen Einwohnern 1,05 Millionen Migranten niedergelassen. In den USA mit 328 Millionen Einwohnern waren es mit 1,2 Millionen nur geringfügig mehr. Der Jauch-Kandidat müsste also „USA" einloggen, um richtigzuliegen. Aber: „Es ist überhaupt das erste Mal, dass wir für ein anderes Land als die USA eine Zahl dauerhafter Zuwanderung oberhalb der Millionengrenze beobachten" – so beschreibt der Migrationsforscher Thomas Liebig den historischen Umschwung. Für 2017 rechnet die OECD mit 870.000 zusätzlichen Menschen in Deutschland. Das ist die zweithöchste jemals gemessene permanente Einwanderung.

Auch der Vergleich mit den beiden anderen, Kanada und Australien, ist interessant und bedrückend zugleich: „Im Jahr 2017 öffnete Kanada weniger als 300.000 Menschen die Türen, Australien akzeptierte – mit strengem Einwanderungsrecht – 224.000 Einwanderer, und auch der Zuzug nach Großbritannien lag nur knapp über einer halben Million", berichtet die *WELT* am 20. Juni 2018 unter der Überschrift „Deutschland wird zum Taktgeber für die globale Völkerwanderung". Und weiter: „Lässt man das Vereinigte Königreich außen vor, hatte Deutschland vergangenes Jahr eine fast fünfmal so große Zuwanderung wie Frankreich, das zweitwichtigste Ziel in der Europäischen Union."

Die zentrale, vollkommen unideologische Frage heißt: Ist es gut oder schlecht, dass so viele Menschen nach Deutschland wollen? Die Antwort ist banal – und birgt doch enormen Sprengstoff. Es ist gut, wenn die Richtigen kommen, und schlecht, wenn es die Falschen sind. Die Richtigen werden mithelfen, Deutschland nach vorne zu bringen. Die Falschen werden unseren Sozial- und Rechtsstaat weiter in Bedrängnis bringen. Mit dieser Erkenntnis nähern wir uns der eigentlichen Herausforderung: Wer „richtig" oder „falsch" ist, das muss nämlich klar entschieden werden. Deshalb muss dieses Land, so schwer dies auch angesichts unserer Geschichte ist, schnell und eindeutig dazu kommen, eine Auswahl zu treffen, wer einreisen und hier leben darf und soll – und wer nicht.

Erfolgreiche Einwanderungspolitik steht weltweit auf zwei starken Säulen: Es gibt ein verständliches Auswahlverfahren mit transparenten Kriterien, und die Staaten sichern ihre Grenzen, um illegale Einwanderung zu verhindern. Beide Voraussetzungen sind für Deutschland angesichts unserer Geschichte schwerer zu erfüllen als für alle anderen Staaten der Erde. „Auswahl" klingt nach „Selektion" und damit nach Holocaust. Und „Grenzen sichern" erinnert an Zäune, Selbstschussanlagen und die Mauer, also an die deutsche Teilung. Tatsächlich kann Deutschland daher nicht so handeln, wie andere Staaten es tun. Hinzu kommt bei der Grenzsicherung: Die meisten erfolgreichen Einwanderungsländer – Kanada, Australien, Neuseeland – sind von Ozeanen umgeben. Deutschland hat mit Dänemark, Polen, Tschechien, Österreich, Schweiz, Frankreich, Luxemburg, Belgien und den Niederlanden hingegen neun Nachbarländer, mit denen die Bundesrepublik gute nachbarschaftliche Beziehungen pflegt. Da ist es realistisch betrachtet nicht möglich, Zäune oder gar Mauern zu bauen und sie von bewaffneten Einheiten samt Schießbefehl bewachen zu lassen.

Besteht die bittere Ironie der Geschichte also darin, dass Deutschland aufgrund der doppelten Hypothek der eigenen Vergangenheit die größte Herausforderung der Zukunft nicht meistern kann? Das längst überfällige Einwanderungsgesetz, das nach vielen Jahren des Debattierens und Nichtstuns jetzt so schnell wie möglich beschlossen werden muss, sollte darauf mutige und kluge Antworten geben – andernfalls taugt es nichts. Mut und Klugheit sind der Schlüssel zur Lösung des Dilemmas, dass einerseits die Verantwortung der eigenen Geschichte gegenüber wichtig ist und andererseits aber daraus keine gravierenden Nachteile in der Gegenwart und Zukunft entstehen dürfen. Mut zur Auswahl und Klugheit in der Grenzpolitik markieren die duale Strategie zu einem modernen, zukunftsfähigen und menschlichen Einwanderungsrecht.

Ein Blick auf das Asylrecht kann allen helfen, die bei der Einwanderung emotional Schwierigkeiten mit der Anforderung einer harten Auswahl haben. Denn nirgendwo wird – jedenfalls in der Theorie – härter ausgewählt als beim Asyl. Es steht laut Grundgesetz ausschließlich Menschen zu, die politisch verfolgt sind. Als politisch verfolgt gilt nur derjenige, der „gezielten und intensiven ausgrenzenden Rechtsverletzungen ausgesetzt war und aus diesem Grund gezwungen war, sein Heimatland zu verlassen und im Ausland Schutz zu suchen" – so beschreibt die Caritas Deutschland auf ihrer Internetseite die Rechtslage. Und weiter: „Die Verfolgung muss im direkten Zusammenhang mit der eigenen Rasse, Religion, Nationalität, Zugehörigkeit zu einer bestimmten sozialen Gruppe oder politischen Überzeugung stehen." Das sind eindeutige Auswahlkriterien, die auf viele Menschen, die auch in Not sind, nicht zutreffen. Sie haben kein Recht auf Asyl. Denn „allgemeine Notsituationen wie eine Hungersnot oder Umweltkatastrophen werden nicht als Asyl- oder Fluchtgrund anerkannt". Wenn also sogar in dem von Herzenswärme und Mitmenschlichkeit bestimmten Bereich der Asylpolitik von allen akzeptiert so eindeutig und rational ausgewählt wird, wieso sollte es dann im von Vernunft und Nützlichkeit dominierten Bereich der Einwanderung nicht möglich sein?

Machen wir es also einmal ganz konkret: Ein Mensch verlässt seine Heimat, um künftig in Deutschland zu leben. Er kann dafür Asyl beantragen oder um die Möglichkeit nachsuchen, hier einzuwandern. Das müssen in Zukunft streng getrennte Verfahren sein.

Beantragt er Asyl und wird – weil die oben genannten Kriterien nicht erfüllt sind – abgelehnt, kann er nicht nach Deutschland kommen. Und wenn er schon hier ist, muss er das Land wieder verlassen.

Aber welche Regeln sollen gelten, wenn ein Mensch einwandern möchte? Diese festzulegen, ist Aufgabe der Politik. Und das ist – wenn man einmal nicht in Parteiengerangel denkt, sondern einfach an die beste Lösung – gar nicht so schwierig. Denn es gibt bereits sehr gut funktionierende Systeme auf der Welt, von denen Deutschland lernen kann. Kern jedes erfolgreichen Einwanderungsgesetzes ist es, sicherzustellen, dass in erster Linie Menschen ins Land kommen, die auf dem Arbeitsmarkt bestehen können. Menschen also, deren Fähigkeiten von den Unternehmen im Land benötigt und nachgefragt werden. Das hilft den Unternehmen und integriert die neuen Mitarbeiter vom ersten Tag an. Wer Arbeit hat, kann für sich selbst und seine Familie sorgen und ist allein schon durch den Kontakt zu Kollegen und Kunden in wichtige Netzwerke des Zusammenlebens eingebunden.

Am besten ist dieses Ziel mit einem Punktesystem nach kanadischem Vorbild zu erreichen. Für Kanada ist Einwanderung nicht nur ein wichtiger Bestandteil seiner Geschichte.

Kanadier sehen in ihr auch einen der wesentlichen Treiber für den wirtschaftlichen Erfolg in der Zukunft. Das Punktesystem, das sich für Deutschland genauso eignen würde, basiert auf der einfachen Idee, dass ein Einwanderer bestimmte Kriterien erfüllen muss, um ins Land kommen zu dürfen. Die Steuerung fängt bereits beim Alter an: Interessierte, die zwischen 20 und 29 Jahre alt sind, bekommen 100 Punkte, ein 39-Jähriger dagegen nur noch 50 Punkte. Nach dem gleichen Prinzip werden Schulbildung, Sprachkenntnisse und andere Qualifikationen bewertet. Alle Angaben der Bewerber werden auf Internetfragebögen gespeichert. So entsteht eine ständig anwachsende Gruppe von Bewerbern, die gerne in Kanada leben und arbeiten würden. Sie kommen auch nicht einfach nach Toronto oder Melbourne und warten dann dort auf die Entscheidung des Ministeriums. Es läuft andersherum: Die Interessierten mit den besten Qualifikationen, also den meisten Punkten, werden in regelmäßigen Abständen aufgefordert, sich für eines der Einwanderungsprogramme formal zu bewerben.

Besonders interessant sei aus europäischer und deutscher Perspektive das Programm für Fachkräfte, analysiert Gerd Braune im *TAGESSPIEGEL*. „In dieser zweiten Stufe wird je nach Programm wieder ein Punktesystem angelegt. Diesmal können maximal 100 Punkte erreicht werden, es müssen aber mindestens 67 Punkte sein. So gibt es für die Sprachkenntnisse maximal 28 Punkte, für die Ausbildung bis zu 25 Punkte. Weitere Kriterien sind Anpassungsfähigkeit, Berufserfahrung, Alter und in Aussicht gestellte Arbeitsplätze. Das Verfahren soll weniger als sechs Monate dauern."

Dank der gesteuerten Zuwanderung hat in Kanada fast die Hälfte der Einwanderer einen Universitätsabschluss. Kinder von Migranten machen in Kanada überwiegend einen akademischen Abschluss und sind damit viel besser als der Nachwuchs der Einheimischen. In Deutschland sind Migranten dagegen öfter arbeitslos und öfter in Hartz IV und sie haben schlechtere Bildungsabschlüsse als die Deutschen ohne Migrationshintergrund. „Jeder vierte Arbeitslose ist ein Zuwanderer", titelte die WELT Anfang des Jahres 2018. Und weiter: „In der Arbeitslosen- und Sozialhilfestatistik beanspruchen Ausländer einen immer bedeutenderen Platz. So stellen Menschen ohne deutsche Staatsangehörigkeit inzwischen 26 Prozent aller Personen, die bei den Jobcentern als arbeitslos gemeldet sind. Bei den Hartz-IV-Empfängern beträgt der Anteil der ausländischen Staatsbürger ein Drittel."

Polemisch zugespitzt heißt das: Bei Geburten, Sozialleistungen und Arbeitslosigkeit liegen Migranten in Deutschland weit vorn, bei Bildung, Jobs und Verdienst sind sie weit abgeschlagen. Türken, Araber und Afrikaner hinken besonders hinterher. Man muss kein Prophet sein, wenn man daraus schließt: Das kann sich Deutschland auf Dauer schlichtweg nicht leisten. Dieses Missverhältnis gefährdet die Entwicklung unseres Landes – von der Stimmung ganz zu schweigen.

Wer angesichts dieser Fakten jetzt denkt: „Her mit dem Punktesystem – und das möglichst schnell", muss wissen, dass Bundeskanzlerin Angela Merkel sich bei diesem Thema bisher immer wieder „zurückhaltend" gezeigt hat, was im Klartext bedeutet: Sie will eigentlich kein Punktesystem! An dieser Stelle wäre es ausnahmsweise mal hilfreich und wünschenswert, wenn sie sich – wie so oft – nicht mehr dafür interessieren würde, was sie früher einmal gesagt und gewollt hat. Erst gegen und dann für etwas zu sein, kennzeichnet ja Merkels Amtszeit. Hinzu kommt: SPD und Grüne favorisieren ein Punktesystem. Das waren bisher stets klare Zeichen dafür, dass sich die CDU-Kanzlerin bald wendet. Die Chancen auf ein Punktesystem stehen also gar nicht so schlecht.

Auswahl bedeutet herauszufinden, wen man im Land haben will, aber natürlich auch, wer hier nicht erwünscht ist. Daraus ergibt sich, dass sie am besten stattfindet, bevor jemand eingereist ist, also entweder noch in seiner bisherigen Heimat oder an der Grenze. Spätestens jetzt wird deutlich, dass Einwanderungspolitik und eine kontrollierte Einreise eng miteinander verbunden sind. Nur Staaten, die wissen, wer da kommt, können aktiv entscheiden, wer rein darf und wer nicht.

Das vorbildhafte Punktesystem der Kanadier basiert auch auf einem geografischen Vorteil. Kanada ist bis auf die Grenze zu den Vereinigten Staaten von Ozeanen und weitgehend unwirtlicher Witterung umgeben – für Einwanderer keine geeignete Route: zu anstrengend und zu gefährlich. An der Grenze zu den USA gelten klare Regeln: Asylbewerber werden abgewiesen, da Trumps Amerika als sicherer Drittstaat gilt. Wer über die grüne Grenze illegal versucht, nach Kanada einzureisen, wird aufgespürt, registriert und in Notunterkünften untergebracht. Das Ziel ist eindeutig: Niemand kommt ins Land, von dem die Behörden nicht wissen, wer er ist und was er will. Die für ihre Toleranz weltberühmten Kanadier sind gleichzeitig entschlossene Grenzschützer. Möglicherweise hat das eine – Toleranz für die, die im Land sind – ja mit dem anderen – nicht jeder darf rein – etwas zu tun. Wäre das so, würde die Formel lauten: Je besser man seine Grenzen gegen illegale Einwanderer schützt, desto größer ist die Wahrscheinlichkeit, dass diejenigen, die legal neu ins Land kommen, auf eine wirklich gelebte (und nicht wie zuletzt in Deutschland verordnete) Willkommenskultur treffen.

Was passiert, wenn das aus dem Gleichgewicht gerät, kann man ebenfalls in Kanada beobachten. Nachdem US-Präsident Donald Trump seine Grenzpolitik und die Abschiebegesetzgebung verschärft hat, haben es einige Tausend illegale Einwanderer geschafft, nach Kanada zu kommen – und schon tobt auch unter den Toleranten ein erbitterter Streit. Von „Krise" ist die Rede: Es macht sich Angst breit, man würde die Kontrolle über die so erfolgreiche regulierte Einwanderung verlieren. Mit andern Worten: Man fürchtet sich vor deutschen Verhältnissen.

Denn Deutschland ist zum Magneten geworden – auch für all diejenigen, die keiner will, die nirgendwo eine Chance haben, die eigentlich nirgends einwandern können. Die Kommunikation der Bundesregierung hat über Monate, fast Jahre hinweg seit 2015 die falschen Signale in die Welt gesendet: „Kommt alle nach Deutschland, wir freuen uns auf euch!" Nicht anders konnten die Menschen überall auf der Welt die Selfies der Kanzlerin mit glücklichen Flüchtlingen interpretieren. In den USA müssen illegale Einwanderer für Hungerlöhne schuften, als Gärtner, Autowäscher, in der Landwirtschaft. Einen Sozialstaat gibt es dort nur in Ansätzen. Die billigen und rechtlosen Illegalen kurbeln mehr oder weniger freiwillig die Wirtschaft an. In Deutschland hingegen gibt es kostenloses Essen für alle, kostenlose Wohnungen und der Staat bezahlt jedem auch noch ein Gehalt – wer würde da nicht aufbrechen ins gelobte Land!

Das Wort „Gehalt" ist übrigens keine polemische Zuspitzung, sondern bittere Realität. Die Afghanin Zohre Esmaeli, Gründerin der Organisation „Cultural Coaches", hat im *SPIEGEL* Folgendes berichtet: „Die Missverständnisse beginnen bei den Begrifflichkeiten". Die Wörter „Hartz IV" oder „Sozialhilfe" würden im Persischen und auch auf arabischen Schildern in deutschen Behörden mit dem Wort „Gehalt" übersetzt. Dadurch entstehe auch in den Herkunftsländern der Flüchtlinge die falsche Vorstellung, Deutschland biete allen Neuankömmlingen ein Gehalt. Die 33-jährige Esmaeli, die mit 13 Jahren aus Afghanistan nach Deutschland geflohen ist, fragt zu Recht: „Wie sollen deutsche Beamte den Empfängern erklären, dass diese Hilfe vorübergehend sein soll, bis sie eine Arbeit finden", wenn es doch ein „Gehalt" sei?

Viele Menschen, die sich in der Flüchtlingshilfe engagieren, erzählen solche und ähnliche Geschichten. Was für ein Fiasko!

Deutschland braucht jetzt eine klare, konsequente und schnelle Lösung der Probleme, die durch die Masseneinwanderung entstanden sind. Kluge Menschen lernen aus Fehlern, die oft aus Nächstenliebe und Herzenswärme gemacht worden sind – also aus den besten Gründen mit den besten Absichten. Dem Denker Konfuzius wird das Zitat zugeordnet: „Wer einen Fehler gemacht hat und ihn nicht korrigiert, begeht einen zweiten." Das gilt auch für Menschen, die viele Fehler gemacht haben. Sie nicht zu korrigieren, macht alles nur noch schlimmer. Angela Merkel eignet sich deshalb nicht für einen Konfuzius-Preis. Ihr Satz vom Wahlabend 2017 bringt eher mangelnde Lernfähigkeit zum Ausdruck: „Ich sehe nicht, was wir anders machen sollten", sagte die Kanzlerin allen Ernstes nach der größten Schlappe, die ein CDU-Chef jemals erlitten hatte.

Nun, Deutschland wird eine Menge anders machen müssen! Das von der Bundesregierung Anfang Oktober 2018 vorgelegte Eckpunktepapier für ein neues Einwanderungsgesetz ist ein Schritt in die richtige Richtung. Aber es hält am größten Fehler der bestehenden Regelungen fest: Asyl und Einwanderung, zwei Bereiche, die dringend getrennt werden müssen, werden weiterhin vermischt. Schon wenig später regte sich Widerstand. „Illegale Einwanderung darf nicht aufgrund eines Arbeitsplatzes plötzlich legalisiert werden, weil sonst ein noch viel stärkerer Anreiz hierfür geschaffen wird", teilte die „WerteUnion" mit, ein bundesweiter Zusammenschluss der konservativen Initiativen innerhalb der Union. Und mit unmissverständlicher Kritik an Angela Merkel fügen die Konservativen hinzu: „Es darf nicht wieder an der Volksvertretung vorbeiregiert werden. Genau dieses Verhalten schafft nämlich Politikverdrossenheit und sorgt für eine weitere Stärkung der politischen Ränder." Das ist wichtig, weil es um sehr viel geht – und nicht mehr allzu viel Zeit bleibt.

Millionen Menschen in den Krisengebieten des Nahen Ostens und Afrikas sind bereit, nach Europa aufzubrechen. Ihr Ziel ist häufig Deutschland. Der Leiter des Berlin-Instituts für Bevölkerung und Entwicklung, Reiner Klingholz, ist überzeugt: „Die großen Migrationswellen kommen erst noch. Maßnahmen wie das Türkei-Abkommen und die Schließung der Balkan-Route sorgen dafür, dass derzeit weniger Menschen kommen. An den Ursachen der Flüchtlingskrise habe sich jedoch nichts geändert", sagte Klingholz der Münchner *Abendzeitung*.

Südlich der Sahara leben insgesamt etwa 1,1 Milliarden Menschen, die meisten von ihnen in Verhältnissen weit unter den Standards, die in Europa als Armut gelten. Wie viele von ihnen sich zur Migration nach Europa entschließen, kann nur schwer prognostiziert werden. Aber wenn es nur zehn Prozent sein sollten, machen sich 110 Millionen Menschen auf den Weg. Dabei ist noch nicht berücksichtigt, dass sich bei Geburtenraten von bis zu sieben Kindern die Bevölkerung rasant vergrößert, was die Probleme verschärft.

In den islamischen Ländern Asiens, von Afghanistan über Pakistan und Bangladesch bis Indonesien, möchte laut Gallup-Umfrage mindestens ein Zehntel der Menschen gerne emigrieren. Der Sozialwissenschaftler Gunnar Heinsohn rechnet mit insgesamt bis zu 600 Millionen Wanderungswilligen auf der ganzen Welt. Überproportional viele junge Leute würden gerne gehen. In Algerien etwa denkt die Hälfte der jungen Erwachsenen ans Auswandern. Wer könnte es ihnen verdenken: Europa ist nah! Und anders als Kanada, Australien oder die USA verhältnismäßig leicht zu erreichen. Ohne einen wirkungsvollen Grenzschutz werden diese Menschen nicht aufzuhalten sein. Aber unsere Grenzen sind de facto noch immer offen. Das kann nicht so bleiben. Es ist auch so gut wie nirgendwo sonst auf der Welt so.

Die Vereinigten Staaten von Amerika – bis auf die Indianer, die Ureinwohner, haben so gut wie alle Amerikaner ihre familiären Wurzeln in einem anderen Land, jeder sechste in Deutschland – erteilen sogenannte „Greencards" an Menschen, die sie brauchen und wollen. Kein Fremder kann sich dort niederlassen und Sozialleistungen in Anspruch nehmen. Wer eine Greencard besitzt, kann sich – anders als bei einem herkömmlichen Visum – unbefristet in den USA aufhalten. Dabei handelt es sich um Menschen, die noch keine Staatsbürger der USA sind, sich jedoch mit der Absicht, einzuwandern, in den USA niedergelassen haben. Die Greencard ist also so etwas wie die Vorstufe zur Staatsbürgerschaft. Nach drei bis fünf Jahren kann ein entsprechender Antrag gestellt werden. Die Greencard ist auch eine Art Staatsbürgerschaft auf Probe, also eine Bewährungszeit. Nur wer die Regeln der amerikanischen Gesellschaft einhält und richtig findet, wird schließlich aufgenommen. Kriminelle Handlungen führen beispielsweise zum Verlust der Greencard. Darüber informieren alle Broschüren und Websites intensiv. Jeder Einwanderer weiß deshalb: Wird jemand wegen eines Straftatbestandes verurteilt, der als Verbrechen, Gewalttat oder Betrug eingestuft wird oder im Zusammenhang mit Drogen steht, muss damit rechnen, dass ihm seine Greencard entzogen und er des Landes verwiesen wird. Ähnliches droht auch im Zusammenhang mit Verkehrsdelikten und hier vor allem bei Fahrten im be- und angetrunkenen Zustand.

Auch das Modell der „Greencard" würde sich für Deutschland anbieten – mit allen Rechten, aber eben auch den Pflichten. Die ersten Versuche zwischen den Jahren 2000 und 2004 wurden von dem damaligen Ministerpräsidenten von Nordrhein-Westfalen, Jürgen Rüttgers, diskreditiert. Es ging um ein „Sofortprogramm zur Deckung des IT-Fachkräftebedarfs", das der CDU-Politiker mit dem Slogan „Kinder statt Inder" unmöglich machte. Das hat dem Projekt „Greencard für Deutschland" nicht geholfen.

Die illegale Einwanderung aus Mittel- und Südamerika versuchen die USA mittels massiver Grenzschutzanlagen in den Griff zu bekommen – übrigens nicht erst seit Trump. Schon in den frühen 1990er-Jahren gab es Versuche, die Grenze aktiv zu sichern. Der Demokrat Bill Clinton startete 1994 die „Operation Gatekeeper": Mehr Grenzpolizei und – spannend für alle

Trump-Hasser: Erste Mauern wurden in Kalifornien bei San Diego, in Arizona und in Texas errichtet. Die Landstriche entlang der 3.144 Kilometer langen Grenze, die wir nur aus Western mit John Wayne und schnulzigen Countrysongs von Dean Martin kennen – Rio Grande, El Paso, Colorado River, Arizona, New Mexico –, wurden mehr und mehr zur Festung, bewacht von bewaffneten Border-Patrol-Soldaten. Nach den Terroranschlägen vom 11. September 2001 wurden die Mittel für die Grenzsicherung weiter aufgestockt, jetzt mit dem Argument der Terrorabwehr. Im September 2006 schuf der Kongress die rechtliche Grundlage dafür, die Grenzbarrieren auf insgesamt 1.400 Kilometer auszubauen. Präsident George W. Bush unterzeichnete das Papier, den sogenannten Secure Fence Act. Sein Nachfolger Barack Obama, der Friedensnobelpreisträger von 2009 und selbsternannte „Brückenbauer" zwischen den Völkern, befürwortete das Gesetz. Obama ließ also nicht nur 2,6 Millionen Migranten, die keine Papiere hatten, aus den USA ausweisen – die größte Zahl in der amerikanischen Geschichte, wie die *Huffington Post* feststellte. Der so smart wirkende Präsident wusste auch, dass zwischen 1998 und 2016, also dem Ende seiner Amtszeit, 7.000 Menschen beim Versuch, in die USA einzuwandern, gestorben sind. „In der Wüste, im Meer, auf der Straße. Erschöpft, ertrunken, erschossen, überfahren", wie es der Reporter für *merkur.de* beschreibt. Obama zog die Grenzsicherung seines Landes dem Leben Tausender Menschen vor.

Das zum Maßstab für eine Strategie zur Sicherung der deutschen oder europäischen Grenzen zu nehmen, wäre zynisch. Es zeigt aber auch, was andere Staaten und sogar Friedensnobelpreisträger alles tun und in Kauf nehmen, um den Kampf gegen die illegale Einwanderung zu gewinnen.

„Australien lässt ‚unerwünschte Personen' nicht mehr ins Land", titelte *zeit.de* am 3. September 2017. Anders als die deutsche Regierung zog die australische klare Konsequenzen aus der einsetzenden Migrationsbewegung und verschärfte den Schutz seiner Grenzen deutlich. Sogenannte „Verbindungsoffiziere" suchen an Transitflughäfen überall in der Welt nach Passagieren, die nicht nach Australien einreisen sollen, weil sie Terroristen sein könnten oder mit organisierter Kriminalität, Drogenschmuggel oder Pädophilie zu tun haben. Außerdem hat die australische Regierung auch die Einreise-, Einwanderungs- und Asylgesetzgebung präzisiert und strikter gemacht. Wer beispielsweise seinen Asylantrag nicht zu einem bestimmten Zeitpunkt gestellt hat, muss sofort das Land verlassen. „Bootsflüchtlinge werden nicht ins Land gelassen und stattdessen in Lagern in Papua-Neuguinea und in Nauru interniert", heißt es in dem zeit.de-Beitrag weiter. „Für die Einbürgerung in Australien müssen Migranten künftig nachweisen, dass sie mindestens vier Jahre legal im Land gelebt haben – statt wie bisher ein Jahr. Zudem sollen sie einen strengen Englischtest bestehen und ein Bekenntnis zu ‚australischen Werten' ablegen." Auch die Bestimmungen für Arbeitsvisa wurden verschärft.

Aber man muss gar nicht so sehr in die Ferne schweifen, um Einwanderungsmodelle zu finden, an denen sich die deutschen Politiker durchaus orientieren könnten. Besonders naheliegend im doppelten Sinne ist Dänemark. „73 Gesetzesverschärfungen in weniger als vier Jahren", berichtet der *Deutschlandfunk* auf seiner Internetseite, haben die Dänen beschlossen und umgesetzt. Mit dieser Strategie der Abschreckung solle das Land für Flüchtlinge so unattraktiv wie möglich werden. Ein bisschen weiter nördlich lässt sich also studieren, wie man aus tatsächlicher Politik und der entsprechenden Kommunikation darüber Grenzzäune errichten kann, ohne tatsächlich welche bauen zu müssen.

Der integrationspolitische Sprecher der Dänischen Volkspartei, Martin Henriksen, hat einen Satz gesagt, mit dem er ein klares Stoppschild aufstellt, ja, geradezu eine Mauer aus Worten um Dänemark herum gebaut hat. „Dänemark ist ein einzigartiges Land mit einem universellen Wohlfahrtssystem, das Generationen von Dänen aufgebaut haben", sagt er. „Dieses Wohlfahrtssystem zu erhalten, ist im Interesse der Sicherheit unserer Bevölkerung. Wir sind nicht das Sozialamt für die Bürger anderer Länder. Unser Wohlfahrtssystem ist in erster Linie für die Dänen da." Deshalb hat seine Partei vorgeschlagen, Flüchtlingen, die drei Jahre lang Sozialleistungen vom Staat bezogen haben, die Aufenthaltsgenehmigung zu entziehen. Die Integrationsministerin lehnt diesen konkreten Vorschlag zwar ab, hält aber fest: „Die Regierung teilt den Gedanken (...), Ausländer, die in unser Land kommen, müssen sich und ihre Familien natürlich selbst versorgen." Und sie sagt, in Deutschland würde es als Drohung den Migranten gegenüber verstanden: „Mein Ziel ist ganz klar: Ich will Dänemark weniger attraktiv für Asylsuchende machen. Und deshalb finde ich auch, dass diese 73 Verschärfungen noch nicht genug sind, und es werden noch weitere kommen." Natürlich wäre es sachdienlicher, wenn die Ministerin Asyl und Einwanderung voneinander trennen oder die Gruppe der Flüchtlinge als Ganzes ansprechen würde, anstatt den Begriff „Asylsuchende" zu verwenden. Aber mit diesem Satz hat sie das Stoppschild in jedem Fall noch ein bisschen größer gemacht.

Wann haben die Deutschen eigentlich von Angela Merkel einen solch eindeutigen Stoppschild-Satz gehört? Nicht einmal Horst Seehofer, der ja eigentlich nie um einen markigen Spruch verlegen ist, hat solche Formulierungen in den Mund genommen. Dabei wären sie für Deutschland der erste wichtige Schritt zu einem wirkungsvollen Grenzschutz – Kommunikation statt Stacheldrahtzäune, Klartext anstelle von Mauern! Das wäre klug und wirkungsvoll zugleich.

Mein Vorschlag: Bauen wir endlich eine „clevere" Grenze für Deutschland in Europa. Und so könnte sie funktionieren:

> Ein neues Ministerium für Migration wird gegründet. Ziel ist die zentrale Steuerung der Flüchtlingspolitik nach klaren Regeln. Asyl und Einwanderung werden klar getrennt. In beiden Bereichen gelten eindeutige Bedingungen (siehe weiter vorne in diesem Kapitel). Menschen, die weder ein Recht auf Asyl haben noch die Kriterien für eine Einwanderung erfüllen, können nicht nach Deutschland einreisen. Sind sie bereits im Land, müssen sie unverzüglich in ihr Herkunftsland ausreisen. Diese Politik wird klar und deutlich im In- und Ausland kommuniziert.

> Die Botschaften und Konsulate der Bundesrepublik Deutschland in den Staaten, aus denen viele Menschen auswandern wollen, werden um „Deutschland-Check-Ins" des neuen Migrationsministeriums erweitert. Dabei handelt es sich um digitale Informationszentren, in denen sich Auswanderer für Deutschland bewerben können. In einem dem Wahl-O-Mat ähnlichen Online-Fragebogen in ihrer Landessprache können die potenziellen Einwanderer herausfinden, ob sie überhaupt Chancen haben, nach Deutschland einreisen und dann im Land bleiben zu können. Erfüllen Sie die Kriterien für einen Asylantrag? Oder: Haben Sie ausreichend Schulbildung oder andere in Deutschland gerade benötigte Qualifikationen? Selbstverständlich gibt es den Fragebogen auch als App, sodass jeder, der irgendwo Zugang zum Internet hat, seine persönlichen Chancen ausrechnen kann. Besser gesagt: Das übernimmt die Software. Am Ende eines jeden Fragebogens kommt das Ergebnis. Es lautet beispielsweise: „Die Wahrscheinlichkeit, dass Sie in Deutschland aufgenommen werden, liegt bei unter zehn Prozent." Jeder Einzelne kann sich dann fragen, ob er die gefährliche, lange Reise auf sich nimmt.

> Die Bundesregierung beauftragt eine Agentur mit der Kommunikation für die Länder mit besonders vielen Menschen, die nach Europa wollen. Sie entwickelt ein multimediales Konzept mit den sozialen Medien, also Facebook, Twitter, Instagram und Snapchat, als Basis. Ziel ist eine groß angelegte Informationsoffensive. Sie wirkt den Tweets und Posts konsequent entgegen, die zum Teil bewusst von Schleusern verbreitet werden, um verzweifelten Menschen die Reise nach Deutschland schmackhaft zu machen. Es werden täglich mehrere Botschaften zielgenau in allen Landessprachen veröffentlicht. Darunter täglich die festgelegten Kriterien, die eine Einwanderung erlauben. Und auch diejenigen, die sicher zu einer Abschiebung führen werden. Die erste Nachricht ist ein Selfie von Angela Merkel mit deutschen Bundespolizisten und der Überschrift „Wieder illegale Einwanderer aufgegriffen und festgesetzt. Kanzlerin dankt den Grenzschützern." Regierungssprecher Steffen Seibert teilt als Erster den Tweet.

> Die Bundespolizei berichtet täglich in einem Livestream, untertitelt in allen Sprachen der Heimatländer der Auswanderer, von ihrer Arbeit an den Grenzen, nennt Zahlen, zeigt Fälle von Menschen, die nicht einreisen dürfen. Die Notunterkünfte der Abgewiesenen werden gezeigt: Viele Menschen in kleinen Räumen, kein Luxus. Täglich wird die Zahl der Menschen genannt, die auf ihrem Weg in die vermeintlich bessere Zukunft im Mittelmeer ertrunken sind.

Die Liste lässt sich verlängern, aber das Prinzip ist jetzt schon klar: Stoppschilder und Warnungen statt Einladungen an die ganze Welt!

Auf diese Weise ergibt sich für viele Millionen Menschen ein ganz neues Bild: An die Stelle des Landes, in dem jeder eine Wohnung, ein Auto und ein Gehalt vom Staat bekommt – diese Botschaft hat sich durch die bisherige, vollkommen misslungene Kommunikation von Kanzlerin und Regierung unter Flüchtlingen verbreitet –, tritt die Erkenntnis: Die Gefahren sind groß und die Chancen gering. Das ist denen gegenüber, die sich auf den Weg machen wollen, nicht nur fair, sondern auch die Wahrheit – und damit wirkungsvoller Grenzschutz. Eine solche Grenze ist vor allem deshalb „clever", weil sie außerhalb Deutschlands anfängt.

Australien hat dieses Prinzip bereits mit Erfolg angewendet. In einer ebenso berühmten wie berüchtigten Kampagne – je nach eigenem politischen und moralischen Standpunkt – sieht man unter dem Titel „You will never make Australia home" (Du wirst Australien niemals zu deinem Zuhause machen), wie illegale Einwanderer abgewiesen und abgeschoben werden. Jedem, der die Videos sieht, wird sofort klar: Das viele Geld für den Schlepper kann ich mir sparen. Zudem werden schonungslos die Risiken gezeigt: Ertrunkene Kinder am Strand, junge Frauen, die auf der Flucht vergewaltigt wurden. Nichts davon ist erfunden oder aufgebauscht, alles hat ja leider tatsächlich stattgefunden. Aber es werden eben nicht die Segnungen des Sozialstaates am Zielort thematisiert, sondern die Gefahren auf dem Weg dahin im Verhältnis zu den Chancen, auch wirklich bleiben zu dürfen.

„Clevere Grenze" – das heißt auch diejenigen unterstützen, die dazu beitragen können, dass nicht mehr so viele Menschen auf einer sinnlosen Flucht sterben müssen. Lokale Polizeikräfte könnten von deutschen Experten ausgebildet werden und zusätzlich Prämien bekommen, wenn in ihren jeweiligen Gegenden die Zahl der illegalen Ausreisen sinkt. Zusammen könnten Schlepper endlich wirkungsvoll bekämpft werden: Besser, wir bezahlen die Polizei für humanes Handeln, als dass Schlepper den Beamten Geld zustecken, damit sie weiter beide Augen zudrücken, wenn das menschenverachtende Geschäft über die Bühne geht. Das wäre gut angelegtes Steuergeld!

Schleppen ist ein Milliardengeschäft: Hintermänner, Reisebüros, Passfälscher, Geldwäscher, Routen und Transporteure müssen bekämpft werden mit Interpol, Wirtschaftsfachleuten, V-Männern, Korruptionsfachleuten und Geldwäschespezialisten – und das alles auch öffentlichkeitswirksam. Nirgendwo ist es so sinnvoll, Gutes zu tun und laut darüber zu reden. Die Bundeskanzlerin könnte bei Auslandsreisen dann auch solche Polizeieinheiten einmal besuchen – anstatt immer nur süße Kinder in Schulen zu knuddeln.

An der „cleveren" Grenze wird jeder erfasst. Sie ist sozusagen nachtragend und vergisst nichts – mit Passfoto und Fingerabdruck. Es gilt: Sicherheit vor Datenschutz! Da jeder, der Deutschland erreicht, zuvor in einem sicheren Drittstaat war (es sei denn, er ist mit dem Fallschirm abgesprungen!), wird am Ende des Jahres mit den entsprechenden Ländern abgerechnet: Eigentlich wart ihr zuständig, wir haben übernommen – und bezahlt. Jetzt nehmt ihr bitte den Mann oder die Frau zurück oder ihr erstattet uns die Kosten. Das Geld, das auf diese Weise eingenommen wird, kann sofort wieder in den smarten Grenzschutz fließen. Zum Beispiel in grenznahe Ankunftszentren.

Die „clevere" Grenze lässt nämlich nur den passieren, der rein darf oder soll. Alle anderen bleiben in solchen Zentren, bis geklärt ist, ob sie hineindürfen oder nicht. Dort arbeiten BAMF-Mitarbeiter, Richter, Psychologen. Auch das wird klar und deutlich in die Herkunftsländer kommuniziert. Die „clevere" Grenze beginnt vor der eigentlichen Grenze.

Sie fängt in Nordafrika an. Die Sahara ist eine natürliche Grenze. Deutschland muss künftig die Entwicklungshilfe an effektiven Grenzschutz in Marokko, Libyen, Algerien, Tunesien koppeln. Diese Route muss genauso geschlossen werden wie

2016 die Balkanroute. Damit die Maghreb-Staaten das schnell verstehen und mitmachen, richtet sich die Höhe der immer noch erheblichen Entwicklungshilfe künftig nach der Kooperationsbereitschaft der einzelnen Länder. Außerdem werden die Boote an die nordafrikanische Küste zurückgeschleppt statt hundert Kilometer weiter nach Italien. Das entspricht sogar internationalem Seerecht, nach dem der nächstgelegene Hafen angesteuert werden muss. Das zerstört das Geschäftsmodell der Schlepper. Sehr wahrscheinlich hört – wenn man das via Social Media verbreitet – nach einem halben Jahr der lebensgefährliche Schlauchboot-Irrsinn auf.

Zu einem so neuen, gesamtheitlichen Grenzkonzept gehören auch klare Ansagen an die Menschen, die hier leben wollen. Eine wichtige lautet: Selbst wenn Sie bleiben können, dann heißt das noch lange nicht, dass zeitnah Ihre gesamte Familie samt Zweitfrau, wie zuletzt im Fall eines Syrers geschehen, und allen Kindern nachkommen kann. Der Familiennachzug muss erschwert werden: Wer seine Angehörigen nachholen will, muss finanziell unabhängig sein und für die Nachzügler bürgen. Diese wiederum müssen Deutsch können und weitere Punkte erfüllen, bis sie nachkommen dürfen. In Schweden haben Flüchtlinge, die nach dem 24. November 2015 ins Land gekommen sind und einen vorläufigen Schutzstatus genießen, wenig Chancen auf Familiennachzug. „Dieses Recht bekommen sie erst dann", berichtet tagesschau.de, „wenn sie eine befristete Aufenthaltsgenehmigung in Schweden haben und nachweisen können, dass sie für ihre Ehepartner und minderjährigen Kinder finanziell aufkommen können. Ältere Kinder und andere Verwandte dürfen grundsätzlich nicht nach Schweden nachziehen."

In Österreich und Dänemark darf der Antrag auf Familiennachzug erst nach drei Jahren gestellt werden. Vernünftige Regelungen also, die für Deutschland als Vorbild dienen können. In Deutschland sind die Kriterien viel weicher formuliert.

Ein Beispiel: Ein Kriterium ist die „soziale und die wirtschaftliche Integration" des bereits in Deutschland lebenden Angehörigen. Gute Sprachkenntnisse, eine feste Wohnung und die Frage, ob er selbst für seinen Lebensunterhalt sorgen kann, bringen Pluspunkte, heißt es in einer gängigen Gesetzesinterpretation. Ob und wie viele Pluspunkte vorliegen, entscheidet der zuständige Beamte. Auch hier wieder: viel Ermessensspielraum statt klarer Regeln. Vermutlich werden angesichts dieser Voraussetzungen viele Familien in unser Sozialsystem einwandern.

Eine „clevere" Grenze macht jedenfalls klar: Wer nicht über die – noch einzurichtenden – Auslandsbüros des neuen Migrationsministeriums kommt, gilt automatisch als illegaler und damit abzuschiebender Einwanderer. Es gilt: Nach unseren Regeln – oder gar nicht. Nur wer dort ein Visum erhält, dort Asyl beantragt oder dort am Punktesystem teilnimmt, hat eine Chance. Niemand weist sich mehr selbst zu. Schleppen lassen, Pass wegwerfen, erst einmal reinmogeln und dann festkrallen oder smart die Spur wechseln darf künftig nicht mehr möglich sein. Unter „Spurwechsel" versteht man die Möglichkeit für abgelehnte Asylbewerber, doch noch einen Weg in den Arbeitsmarkt zu finden. Das hat nicht etwa ein Linken- oder Grünen-Politiker vorgeschlagen, sondern der schleswig-holsteinische CDU-Ministerpräsident Daniel Günther, ein treuer Gefolgsmann der Kanzlerin.

Eine „clevere" Grenze macht schließlich auch den meisten Kriegsflüchtlingen in den heimatnahen Lagern – da sind die Menschen ja in der Regel, bevor die Schlepper kommen – klar, dass sie sich erst gar nicht auf den Weg zu machen brauchen. Auch dort werden Auslandsbüros des Migrationsministeriums eingerichtet. Sie stellen sicher, dass sich niemand falsche Hoffnungen macht und sich aufgrund dessen in Lebensgefahr bringt. Es gilt: Wer dort politische Verfolgung nachweisen kann, kommt als anerkannter Asylbewerber nach Deutschland. Wer sich dort als Einwanderer herausstellt, der gebraucht wird, kommt nach Deutschland. Wer sich dort als Härtefall erweist (zum Beispiel Kinder oder auch Christen, die in der Hackordnung oft ganz unten stehen, oder alleinstehende Frauen), kommt nach Deutschland. Aber allen anderen wird genauso klar und deutlich gesagt: „You will never make Germany home".

Im Mittelpunkt aller Maßnahmen zum Schutz der Grenzen steht deren Kontrolle. Nur wer kontrolliert, kann Einwanderung steuern. Am besten wäre es, wenn die Einlasskontrolle bereits an den europäischen Außengrenzen stattfinden würde. Die Formel lautet: Je mehr Menschen hier bereits abgewiesen werden, weil sie weder einen Asylgrund haben noch die qualitativen Bedingungen für eine Einwanderung nach Europa erfüllen, desto weniger wichtig ist der Grenzschutz der einzelnen Landesgrenzen innerhalb der Union. Selbstverständlich gilt auch das Umgekehrte: Je offener die europäische Grenze ist, desto dichter müssen die Landesgrenzen sein.

Bis zum EU-Gipfel im September 2018 in Salzburg konnte man noch auf eine gemeinsame europäische Lösung der Vernunft setzen, die der österreichische Bundeskanzler Sebastian Kurz favorisiert: Er möchte, dass an die Stelle der aus seiner Sicht gescheiterten Verteilungspolitik – also die Frage, welches EU-Land wie viele Flüchtlinge aufnehmen muss – nach drei Jahren der vergeblichen Versuche ein „Systemwechsel" trete. Dieser stehe auf zwei Säulen. Erstens: Der Schutz der Außengrenzen müsse in den Mittelpunkt rücken. Deshalb soll die Grenzschutzagentur Frontex bis zum Jahr 2020 auf 10.000 Mann ausgebaut werden. Und zweitens: Die Menschen müssten schon in den afrikanischen Küstengewässern gerettet und dann nach Afrika zurückgebracht werden. *FOCUS Online* zitiert Kurz: „Das ist das Ziel, das wir verfolgen. Wir sind diesem Ziel wesentlich näher als noch vor einem Jahr. Vor drei Jahren wurde das noch als rechtsradikal bezeichnet." Beschlossen wurde allerdings wieder nichts – so als ob Europa dafür noch ewig Zeit hätte.

Parallel zum Aufbau einer „cleveren" Grenze und den sperrigen Bemühungen um einen besseren Schutz der EU-Außengrenzen muss also schleunigst ein Konzept für die deutschen Landesgrenzen her. Eindeutiges Ziel muss es sein, dass niemand mehr einreist, der nicht einreisen darf. Das ist für Deutschland noch wichtiger als für alle anderen EU-Staaten zusammen, weil Deutschland aufgrund unseres gut ausgestatteten Sozialstaates noch immer das Zielland Nummer eins ist. Der Anreiz lautet unverändert: Wer erst einmal da ist, der wird versorgt und hat ein besseres Leben als zu Hause – egal, ob er legal oder illegal hier ist. Das wird auf Dauer eine untragbare Belastung des Systems.

Damit bestätigt sich einmal mehr, was der Wirtschaftsnobelpreisträger Milton Friedman schon vor fast einem halben Jahrhundert festgestellt hat: „Man kann einen Sozialstaat haben – und man kann offene Grenzen haben. Aber man kann nicht beides gleichzeitig haben." Deshalb sind gerade Staaten mit ausgeprägtem Sozialstaat – Arbeitslosen-, Kranken- und Rentenversicherungen – gut beraten, wenn sie ihre Grenzen in Zeiten einer neuen Völkerwanderung besonders schützen.

Dänemark kontrolliert seine Grenze seit 2016 als Antwort auf die Migrationsbewegungen in den reichen Norden und als Konsequenz des aufkommenden Chaos in Deutschland wieder permanent. Der Zustrom von illegalen Einwanderern, der 2015 begonnen hat, konnte dadurch gestoppt werden. Der Handel ist nicht zusammengebrochen, wie Kritiker das fälschlicherweise vorausgesagt hatten. Stattdessen konnten schon im Jahr 2016 etwa 3.000 Personen an der deutsch-dänischen Grenze ohne gültige Personaldokumente an der Einreise gehindert werden, darunter mindestens 228, die des Menschenschmuggels verdächtigt wurden, wie *shz.de* berichtet hat. Bis heute wurden mehr als 5.500 Ausländer abgewiesen. „Die meisten kamen aus

Syrien, Afghanistan und dem Irak und hatten kein Visum oder gefälschte Papiere", hat *MOZ.de* recherchiert.

Auch Ceuta/Melilla in Marokko, die EU-Außengrenze zwischen Polen und der Ukraine, die Mauer zwischen den USA und Mexiko, die Schließung der Balkan-Route und zuvor der Route über die Kanarischen Inseln zeigen: Bewachte und kontrollierte Grenzen bewirken etwas. Gegen den ausdrücklichen Willen von Bundeskanzlerin Angela Merkel wurde im März 2016 die sogenannte Balkanroute dichtgemacht. Danach ging die Zahl der Flüchtlinge, die nach Deutschland kamen, deutlich zurück. Der entschlossenen Handlung folgte ein eindeutiges und positives Ergebnis. Hätte Merkel bereits im September 2015 zugestimmt, als Ungarn seine Grenze geschlossen hat, hätten Hunderttausende Menschen gar nicht einreisen können. Am Ende ihrer Kanzlerschaft wird ihr zu langes Beharren auf offenen Grenzen als größte Fehlleistung der Amtszeit Merkels im Gedächtnis bleiben.

Im *SPIEGEL* beschreibt der frühere Außenminister und Vizekanzler Sigmar Gabriel eine Szene mit Merkel, die sich 2015 im Kanzleramt abgespielt haben soll: „Wörtlich sagte sie zu mir: ‚Aber eines versprechen Sie mir, Herr Gabriel, wir beide bauen keine Zäune.' Davor hatten wir gerade die Vorträge von Innenminister de Maizière und Bundespolizeichef Romann gehört, wie schnell man alles abriegeln könnte. Ich sehe sie noch mit Kopfschütteln diesen Vorträgen zuhören. Da habe ich gedacht, das ist keine oberflächliche Haltung, das war tief drin bei ihr."

Positive Erfahrungen mit einer konsequenten Grenzpolitik hatte Spanien bereits Jahre zuvor gemacht. Durch eine durchdachte Strategie aus der Blockade der Fluchtrouten, schneller Abschiebung und effektiver Entwicklungshilfe in den Herkunftsländern gelang es, den Migrantenstrom zu stoppen. „Im Jahr 2006 kamen nahezu 32.000 afrikanische Flüchtlinge mit Booten auf den Inseln an, 2015 nur noch knapp 900", berichtet der *TAGESSPIEGEL*. Damit sei Spanien im Kampf gegen die illegale Einwanderung ein „Beispiel, dem man folgen sollte", glaubte der damalige spanische Regierungschef Mariano Rajoy. Und es ist schon fast schmerzhaft mitanzusehen, wie wenig davon bisher in die EU-Politik aufgenommen wurde. Während alle sich auf Podien und in öffentlichen Erklärungen immer wieder gegenseitig versichern, dass man von den guten Erfahrungen der Spanier lernen müsse, geschieht danach entweder nichts oder genau das Gegenteil. Jede andere Organisation, die so wenig lernfähig wäre, würde innerhalb kürzester Zeit abgeschafft und durch ein effizienteres System ersetzt werden.

Was soll man als Mitbewohner in einem großen Mehrfamilienhaus also tun, wenn man bemerkt, dass die Türen nach außen – die Haustür, die Kellertür, der Eingang über die Dachluke – nicht sicher verschlossen sind? Wie würden Sie sich verhalten, wenn Sie das immer wieder bei der Hausverwaltung und der Eigentümerversammlung monieren und Ihnen gesagt wird, dass sich in zwei bis vier Jahren vielleicht etwas an der unsicheren Situation ändert? Sie werden sich bessere Schlösser für Ihre Wohnungstür besorgen, vielleicht auf eigene Kosten eine Videokamera oder andere technische Lösungen installieren und – falls Sie im Erdgeschoss wohnen – auch Ihre Fenster sichern. Jeder würde das tun, und zwar so schnell wie möglich.

Deutschland als Ganzes handelt aber nicht so und tut sich mit der Grenzsicherung bis zum heutigen Tag sehr schwer. Noch nicht einmal die Erfahrungen rund um den G20-Gipfel 2017 in Hamburg haben daran sehr viel geändert. Damals waren punktuell strenge Grenzkontrollen wiedereingeführt worden, vor allem, um den Behörden bekannte gewaltbereite Autonome und andere Kriminelle aus anderen Ländern von der Anreise nach Hamburg abzuhalten. „Nach *SPIEGEL*-Informationen kontrollierte die Bundespolizei (...) die Identität von etwa 600.000 Reisenden. Dabei registrierten die Beamten mehr als 4.000 unerlaubte Einreisen und ungefähr 1.500 illegale Aufenthalte in der Bundesrepublik", berichtet das Nachrichtenmagazin auf seiner Internetseite im Juli 2017. Insgesamt wurden etwa 1.000 Menschen festgenommen, darunter 750 mit Haftbefehl gesuchte Straftäter. Genauso war es schon 2007 beim G7-Gipfel in Elmau. Die *Süddeutsche Zeitung* schrieb damals: „Laut Bundespolizei wurden etwa 6.600 Verstöße gegen das Aufenthaltsgesetz festgestellt. Allein an den Grenzen wurden 350 Personen zurückgewiesen und 62 in Gewahrsam genommen. Insgesamt gingen der Polizei 679 Menschen ins Netz, die von ihr gesucht wurden." Wer nach solch eindeutigen Erfahrungen und Erkenntnissen die Grenzkontrollen wieder zurückfährt, weil es wegen des Schengener Abkommens an den deutschen Außengrenzen keine Kontrollen geben soll, der muss sich nicht wundern, wenn die Bürger danach überzeugt sind: Grenzen können offenbar nur kontrolliert werden, wenn es um die Sicherheit von Politikern geht. Auch deshalb können sich so viele Menschen nicht mehr mit der Politik identifizieren.

Tatsächlich kehrten die Sicherheitsbehörden nach dem G20-Skandalgipfel in Hamburg schnell wieder zurück zur europäischen Theorie, anstatt die erfolgreiche Kontrollpraxis beizubehalten. Das gleicht einem Laden, der seine Antidiebstahl-Alarmsysteme am Ausgang abschaltet und sich dann wundert, dass viel mehr geklaut wird. Ein solcher Laden wäre sehr schnell pleite, die Chefs würden gefeuert. In der Politik löst man das anders: Dort wird einfach behauptet, wer sich darüber Sorgen macht und dafür plädiert, den Alarm wieder anzuschalten, sei rechtsradikal oder zumindest rechtspopulistisch, auf jeden Fall verantwortungslos.

Dabei wäre es gar nicht so schwer, den Alarm wieder anzuschalten, ohne neue Mauern zu bauen – was in Deutschland aufgrund der überwundenen deutschen Teilung schwierig ist – und ohne Tote im Stacheldraht zu riskieren. Das Zauberwort heißt Hightech, also smarte Lösungen bestehend aus einem

Verbund von Drohnen, Wärmebildkameras, Helikoptern und, ja: mehr Personal an den Grenzen.

Den vielleicht wichtigsten Gedanken hierzu äußert Martin Wagener in seinem Buch „Deutschlands unsichere Grenze": „Staatliche Grenzen sind nicht nur *gegen* etwas gerichtet, sondern auch *für* etwas geschaffen worden." Das bedeutet: Grenzen helfen, dass unser Sozialstaat weiter bestehen kann. Dass die Rente (einigermaßen) sicher ist. Grenzen schaffen die Voraussetzung, dass diejenigen, die im Land leben, (einigermaßen) gleiche Chancen haben, egal woher sie kommen. Grenzen verhindern die Einreise von Straftätern und Terroristen und sind damit Grundlage der inneren Sicherheit. Sozialstaat, Chancengleichheit und innere Sicherheit sind der Kern unseres Zusammenlebens. Eine funktionierende Grenze beschützt diesen Kern und ist daher tatsächlich „alternativlos" – jedenfalls dann, wenn man erhalten will, was man geschaffen hat. Es ist fast schon tragisch, dass ausgerechnet die „Alternativlos"-Kanzlerin diesen Gedanken bisher so vehement ablehnt. Möglichweise hindert sie ihre eigene Biografie in der DDR, also hinter Mauern und Stacheldraht, daran.

Wagener hat das Konzept einer „postmodernen Grenzanlage" entworfen, die nicht mehr darauf basiert, Invasionen fremder Armeen abzuhalten, und deshalb ohne Panzersperren und ähnliches Gerät auskommt. Er hält aber weiterhin an der Idee von Zäunen und anderen Befestigungsanlagen fest, weil nur so tatsächlich illegale Einwanderung unterbunden werden könne. Das wirkt im digitalen Zeitalter ein wenig anachronistisch. Wenn es Privatpersonen möglich ist, untreue Ehepartner per Handy-Ortung in flagranti zu ertappen, wenn Kühlschränke selbstständig im Supermarkt Lebensmittel nachbestellen und künstliche Intelligenz bald viele Arbeitsplätze ersetzen wird, dann muss eine Grenze auch ohne Mauern und Zäune wirkungsvoll kontrolliert und überwacht werden können.

3.714 Kilometer an Land und 2.389 Kilometer an der Küste – so lang ist die deutsche Außengrenze. An den Hauptverkehrswegen, an Häfen und Flughäfen sind Kontrollen jetzt bereits möglich. Sie müssten – siehe oben – einfach nur scharf gestellt werden. Wer an Nord- und Ostsee mit einem Boot irgendwo anlegen will, fällt auf dem Radar der Küstenwache schon viele Kilometer vorher auf, ganz ohne Mauer oder Zaun. Bleiben also die rund 3.500 Kilometer „grüne" Grenze. 70 Hightech-Stützpunkte, jeder verantwortlich für einen Abschnitt von 50 Kilometern, ausgerüstet mit Radar, Drohnen und Wärmebildkameras und mobil durch mehrere Fahrzeuge, wären in der Lage, jeden zu identifizieren, der sich der deutschen Grenze nähert. Die Bundespolizei darf schon jetzt 30 Kilometer im Hinterland aktiv sein. Jedes Handy, das sich der Grenze nähert, wird gecheckt. Bedingung: Grenzschutz muss hier höher bewertet werden als Datenschutz. Und Menschen ohne Handy kommen an den Wärmebildkameras der Drohnen nicht unbemerkt vorbei.

Mit einem solchen System – und der damit verbundenen klaren Ansage, dass jeder Mensch, der sich der deutschen Grenze nähert, erkannt und, falls ein begründeter Verdacht besteht, gefunden und aufgegriffen wird – ließe sich ein fast lückenloses System etablieren, ganz ohne Stacheldraht. Es ist ein digitales Räuber-und-Gendarm-Spiel, das in diesem Fall die Gendarmen gewinnen. Wer jetzt mit zu hohen Kosten argumentiert, sollte sich noch einmal vor Augen führen, dass der deutsche Staat aus dem Stand in nur zwei Jahren zur Bewältigung der Folgen der einsetzenden Völkerwanderung viele Milliarden Euro mobilisieren konnte. „Die asylbedingten Leistungen des Bundes lagen 2016/2017 vermutlich bei etwa 28 Milliarden Euro (ohne Ausgaben zur Fluchtursachenbekämpfung)", schätzt Wagener. Im Monatsbericht des Bundesfinanzministeriums heißt es: „Die Bundesregierung hat im vergangenen Jahr (gemeint ist 2016, Anm. d. Verf.) nach eigenen Angaben zur Bewältigung der Flüchtlingskrise rund 21,7 Milliarden Euro ausgegeben. (...) Für dieses Jahr (sind) weitere 21,3 Milliarden Euro dafür im Bundeshaushalt eingeplant." Die oben skizzierte smarte Grenze kriegt man für einen Bruchteil dieser Summe hin – und schafft noch Umsatz, Rendite und Arbeitsplätze für deutsche Großkonzerne, die das Material dafür herstellen und es dann dauerhaft warten.

Eine „clevere" Grenze um Europa herum und ein „smartes" Grenzsystem an den deutschen Außengrenzen – diese duale Strategie wäre das richtige Fundament einer klaren, vernünftigen und menschenfreundlichen Einwanderungspolitik.

Menschen, die es über diese beiden Grenzen schaffen und auf diesem Weg nach Deutschland kommen, sind hier herzlich willkommen. Wer Asyl beantragt – also auf Zeit hierbleiben will, so lange, bis es in seiner Heimat wieder gefahrlos ist zu leben –, wird erst einmal versorgt. Alle anderen Einwanderer müssen grundsätzlich in der Lage sein, für sich selber zu sorgen. Das muss allen klar sein, die einreisen.

Die entscheidende Frage lautet: Was verlangen wir von den Einwanderern? Die Einwanderer erwarten Respekt, bekommen Integrationsbeauftragte und – analog zur Frauenquote – vielleicht bald sogar Quoten. Sie wollen Moscheen mit Minaretten und vielleicht irgendwann zweisprachige Straßenschilder. Wir tendieren dazu, das alles zu erfüllen, um schon den Anschein zu vermeiden, irgendjemanden zu diskriminieren. Deutscher zu werden, wird ersessen, erlogen, erzwungen. Aber was verlangen wir eigentlich von den Neuen?

Um hier Missverständnisse auszuschließen und Verstöße ahnden zu können, sollten „Deutschlandverträge" mit Migranten abgeschlossen werden – mit einer Probe- und einer festgesetzten Vertragslaufzeit. Werden Punkte dieses Vertrages nicht erfüllt, muss ein Einwanderer unverzüglich wieder auswandern. Ein solcher Vertrag könnte beispielsweise schon im ersten Paragrafen festschreiben, dass eine Einwanderung in die Sozialsysteme nicht möglich ist. Dass also nur bleiben kann, wer in der Lage ist, Arbeit nachzuweisen und für sich zu sorgen. Gelingt dies nicht, springt Hartz IV zwar im Sinne einer Notfallhilfe ein, aber nur drei Monate lang. Danach muss die Person Deutschland wieder verlassen. Damit wäre auch die Frage des Familiennachzugs schon beantwortet: Er wird nur gestattet, wenn jemand allein – ohne Hilfe des Staates – für seine Familie sorgen kann.

Der zweite Paragraf könnte Deutschkenntnisse zur Pflicht machen. Nach dem gleichen Prinzip: Wer nach zwölf Monaten nicht Deutsch kann, muss das Land verlassen. Dabei könnte die durchschnittliche Deutschkompetenz aller Einheimischen als Maßstab angesetzt werden.

Jeder Einwanderer muss sich natürlich zu den Werten bekennen, die in Deutschland gelten. Dazu gibt es verpflichtende Informationsveranstaltungen. Gleichberechtigung von Frauen, Gleichstellung von homosexuellen Paaren, die wichtigsten Prinzipien von Demokratie und Rechtsstaat. Nach zwölf Monaten findet ein Grundgesetztest statt. Nur wer besteht, kann bleiben. Wer in der Probe- beziehungsweise Vertraglaufzeit auffällig wird, weil er Homosexuelle beschimpft, sich als Antisemit zu erkennen gibt oder Frauen belästigt, muss gehen.

Es wird erwartet, dass sich die Neuen im Land am Gemeinleben beteiligen, Ehrenämter übernehmen, sich bei der freiwilligen Feuerwehr engagieren, in Sport- und Kulturvereinen aktiv sind. Wer das nicht tut, bekommt konkrete Angebote.

Und natürlich: Wer Straftaten begeht, sich islamistischen Gruppierungen anschließt oder diese unterstützt oder mit ihnen sympathisiert, verliert sofort jegliches Recht, in Deutschland zu sein, wird ausgewiesen und muss das Land innerhalb eines Monats verlassen. Gleiches gilt auch für jeden, der sich anderen extremen Gruppierungen zugehörig fühlt, deren Symbole zeigt oder Ideen teilt.

Nach fünf Jahren in Deutschland kann jeder die deutsche Staatsbürgerschaft zusätzlich zu seiner bisherigen beantragen. Nach zehn Jahren muss er oder sie sich entscheiden, ob er den deutschen Pass behalten will. Das geht dann nur, wenn man seine andere Staatsbürgerschaft aufgibt.

So könnte Integration funktionieren. Sie wäre nicht mehr nur dem Zufall überlassen, sondern klar erkennbares Staatsziel.

Ein Schwarzafrikaner, der in Garmisch-Partenkirchen in Lederhosen mit seinen Freunden aus dem Trachtenverein einen Schuhplattler tanzt, wird als gut integriert gelten, selbst wenn er nicht jodeln kann und mittags zu Hause mit seiner Familie am liebsten Hirsebrei isst und nicht Schweinebraten. Niemand wird annehmen, dass der Mann Schwierigkeiten hat, die Werte unseres Landes zu akzeptieren und zu leben – auch wenn er kein Christ ist, sondern die Riten einer aus unserer Sicht fremden Naturreligion pflegt, der schon seine Urururgroßeltern in Nigeria anhingen. Er spricht zwar kein Bayerisch, aber gut Deutsch. Wenn er nach fünf Jahren bei einer kleinen Zeremonie im Rathaus seinen deutschen Pass bekommt, werden die Mitglieder des Trachtenvereins dort musizieren und applaudieren und die Kindertanzgruppe in Dirndl und Festtagsjanker Spalier stehen. Es ist ein perfekter Tag in einem neuen Deutschland, in dem die allermeisten gut und gerne leben.

Das ist fast ein bisschen zu kitschig und das Beispiel ist natürlich frei erfunden, obwohl es irgendwo zwischen Freyung und Murnau sicher einen solchen Mann gibt oder geben wird. Das Beispiel weist aber den Weg hin zu einem freundlichen, um nicht zu sagen: glücklichen Miteinander. Denn der Weg zu einer gelungenen Integration führt immer über den klar zum Ausdruck gebrachten Wunsch der Mehrheitsgesellschaft, dass sich die anderen möglichst umfassend anpassen und bestimmte Lebensgewohnheiten übernehmen. Anders gesagt: Wer wirkliche Integration erreichen will, muss Assimilierung einfordern. Und genau das tut Deutschland nicht.

Auf der Internetseite der Bundesausländerbeauftragten findet sich dazu ein bemerkenswerter Satz, der ausdrücklich das Gegenteil für richtig erklärt: „Dabei bedeutet Integration nicht, dass sich eine Person oder Gruppe assimilieren muss und ihre kulturelle Herkunft und Identität, die sich zum Beispiel durch Sprache, Religion oder Traditionen ausdrückt, aufgibt." Demzufolge müsste man also verstehen und tolerieren, wenn Frauen sich in der Öffentlichkeit verschleiern müssen, weil die Männer in ihrer Familie das so wollen. Es entspricht Traditionen und – jedenfalls in mancher Auslegung – auch der Religion. Aber genau andersherum wird eine konstruktive und zukunftsweisende Idee daraus: Wer seiner Familie, seinen Töchtern oder seiner Ehefrau ein solches Frauenbild aufzwingt, gehört nicht zu Deutschland. Entweder er passt sich an und verzichtet auf seine Tradition, oder er ist in diesem Land bestenfalls Gast, wenn auch kein gern gesehener, aber auf keinen Fall integrierter Bürger. Und deutscher Staatsbürger mit allen Rechten und Segnungen des Sozialstaates schon gar nicht. Das muss Deutschland klar machen. Dann ist schon viel gewonnen.

Die offiziellen Integrationsbeauftragten verschieben die Verantwortung für das Gelingen von Integration hingegen zu weit in den Bereich der Mehrheitsgesellschaft. „Der Prozess der Integration besteht aus Annäherung, gegenseitiger Auseinandersetzung und Kommunikation, dem Finden von Gemeinsamkeiten und Unterschieden und der Übernahme gemeinschaftlicher Verantwortung auf beiden Seiten." Das mag bei einigen Themen die richtige Herangehensweise sein, aber bei zentralen Fragen eben nicht. Niemand muss sich Roma-Familien verständnisvoll annähern, die ihren Müll aus dem Hochhausfenster werfen, statt ihn in den Müllcontainer zu bringen, weil sie das seit Generationen so gewöhnt sind. Das würde auch bei Familie Schulze oder Meier niemand akzeptieren. Wenn minderjährige Mädchen mit viel älteren Verwandten verheiratet werden, bedarf es keiner gegenseitigen

Auseinandersetzung und der Suche nach Übereinstimmungen. Und wenn Väter muslimischer Jungen deren Lehrerin nicht die Hand geben wollen, dann wird man auch mit dem Finden von Gemeinsamkeiten nicht viel weiterkommen. In allen Fällen muss von den Menschen ohne Wenn und Aber verlangt werden, dass sie sich anpassen und ihre Gewohnheiten ablegen. Andernfalls droht das, was Michel Houellebecq treffend beschrieben hat: die Unterwerfung der Mehrheitsgesellschaft unter die Minderheit. Mit Minderheitenschutz hat das nichts mehr zu tun. Das Gegenteil ist dann der Fall: Wenn sich derart dominante Minderheiten durchsetzen, wird es für alle anderen Minderheiten und die einstige Mehrheitsgesellschaft in aller Regel immer schlimmer.

Multikulti im Sinne eines Nebeneinander-Herlebens verschiedener Kulturen, ist gescheitert. Integration, also die Eingliederung anderer Lebensstile und Traditionen, vor allem auch anderer Religionen, ist nach vielen Jahrzehnten der Suche nach der richtigen Dosis keine Erfolgsgeschichte. Sie kann aber zu einer werden, wenn wir uns mehr vornehmen, als wir eigentlich wollen: nämlich Assimilation.

In fast allen Bereichen des Lebens ist es so, dass man Ziele besser erreichen kann, wenn man sich noch höhere setzt. Wer 100 Euro Gehaltserhöhung möchte, sollte 200 fordern. Wer seine persönliche Bestleistung beim Joggen um zehn Sekunden verbessern will, tut gut daran, sein Training auf eine 20-Sekunden-Steigerung anzulegen. Und wer sich vornimmt, im nächsten Frühjahr fünf Kilo abzunehmen, sollte sein Sport- und Ernährungsprogramm idealerweise auf einen angestrebten Gewichtsverlust von sechs Kilo anlegen, um am Ende fünf zu schaffen.

Staaten, die sich wie die Bundesrepublik Deutschland vornehmen, Integration zu erreichen, und ihre gesamte Kommunikation nur darauf konzentrieren, werden nach dieser auf viel Lebenserfahrung beruhenden Logik nicht wirkliche Integration bekommen. Sie werden Millionen Halb- und Viertelintegrierte produzieren, die sich dann stets eher ihrer ursprünglichen Kultur und Tradition zugehörig fühlen. Das steht einem gedeihlichen Zusammenleben über Generationen hinweg eher im Wege, wie man in Berlin-Neukölln, Duisburg-Marxloh, Essen-Altenessen und viel zu vielen anderen Orten in Deutschland besichtigen kann.

Das kontinuierliche Setzen auf zumeist eher freiwillige Integration, das die deutsche Zuwanderungspolitik bestimmt, lockt nach wie vor viel zu oft die Falschen an: Piraten suchen und finden Asyl, aber Programmierer wandern eher nicht ein. Es kommen Muezzine statt Molekularbiologen, Koran-Extremisten statt Krankenschwestern, Analphabeten statt Blockchainprogrammierer und wir haben eine dauernde Kopftuchdebatte statt Köpfchen und Mathe. Es lassen sich noch immer viel zu viele Menschen hier nieder, bei denen es erst einmal darum geht, sie mit viel Geld und Personal auf ein gewisses Level zu hieven. Das kostet eine Menge und bringt wenig. Humanitär ist das sehr ehrenwert, ökonomisch gleicht es einem Desaster: Die enormen Investitionen können über Generationen per saldo gesellschaftlich nicht zurückgezahlt werden.

Die Frage einer regulierten Einwanderung samt Integration oder gar Assimilation wird die politische Debatte noch länger bestimmen. Ideologien, Welt- und Menschenbilder, Emotionen, Überzeugungen und Fakten treffen hier so hart aufeinander wie in kaum einem anderen Bereich. Vielleicht hat Paul Collier einen geeigneten Kompass vorgegeben, um erfolgreich durch den Dschungel der Argumente navigieren zu können.

„Wenn ein Kind in einen See fällt und nicht schwimmen kann, hat man selbstverständlich die Pflicht, dieses Kind zu retten und dafür zu sorgen, dass es in eine sichere Obhut kommt", hat der Wirtschaftswissenschaftler geschrieben. „Man muss das Kind aber nicht adoptieren."

Will heißen: Flüchtlingen helfen – ja, aber ein automatisches Recht auf Aufenthalt oder Einwanderung ergibt sich daraus nicht!

Kapitel 3
EINWANDERUNG
– so geht's, Deutschland!

>> Klarheit statt Wischiwaschi: Deutschland braucht endlich ein Einwanderungsgesetz – am besten nach dem Vorbild des kanadischen Punktesystems.

>> „Clever" und „smart" – Deutschland muss ein völlig neues System von Grenzen entwickeln: Hightech und Klartext-Kommunikation statt Zäune und Mauern.

>> Gründung eines Ministeriums für Migration, Asyl und Einwanderung für Transparenz der Kosten und zentrale Steuerung.

>> Nur wer Assimilation fordert, wird Integration schaffen.

Geht's noch?
Wir sind nicht mehr das Land der Dichter und Denker

KAPITEL 4

1 LOVL-Republik Deutschland: „Ich unterrichte Englisch, obwohl ich gar kein Englisch kann"

Es gibt nicht viele Szenen im Fernsehen, die mir so im Gedächtnis geblieben sind wie diese aus dem SAT.1-Frühstücksfernsehen: Eine Frau Anfang 60, kurze, graue Haare, apricotfarbene Bluse, läuft den Korridor eines Schulgebäudes entlang und bleibt vor einem Klassenzimmer stehen. Sie zeigt auf das Schild „Raum 13, Klasse 6a". Dann sagt sie: „Hier habe ich ein halbes Jahr lang Englisch unterrichtet, obwohl ich gar kein Englisch kann."
What?
Ist die Frau verrückt? Eine Hochstaplerin? Handelt es sich um eine Episode aus „Versteckte Kamera"? Nein, für Marion Kunz ist dies seit langer Zeit Alltag. Die gelernte Erzieherin ohne Pädagogikstudium und Englischkenntnisse hilft in der Sonnen-Grundschule in Berlin aus, damit überhaupt Unterricht stattfinden kann. Das tut sie mit großem persönlichem Engagement und einer gehörigen Portion schlechtem Gewissen. Denn sie weiß: Mit Schule hat das nur noch wenig zu tun. „Mir tut unsere Zukunft leid", sagt sie. „Weil diese Kinder, die hier sind, sind auch unsere Zukunft." Marion Kunz ist Teil einer unfassbaren Mangelverwaltung, ihr Einsatz ein verzweifelter Versuch, aus Mist noch irgendwie Bronze zu machen. Aber Deutschland braucht Gold, um zukunftsfähig zu sein.

Was zunächst wie ein Scherz klingt – Englisch ohne Englischkenntnisse –, ist bittere Realität an den Schulen zwischen Kiel und Rosenheim. Ein Riesenskandal, von dessen Folgen jeden Tag Millionen Schülerinnen und Schüler, ihre Eltern, Tausende Lehrer und verzweifelte Schulleiter betroffen sind. Genau genommen ist es der Offenbarungseid einer ehemaligen Wissensgesellschaft. Das Land der Dichter und Denker verkommt vor unser aller Augen zur Bildungswüste. Man könnte auch sagen: Deutschland ver-LovL-t! „LovL" sind „Lehrer ohne volle Lehrbefähigung", also Marion Kunz und ihre viele Tausend Kolleginnen und Kollegen, die jetzt retten sollen, was über Jahrzehnte heruntergewirtschaftet wurde.

Wo bleibt der Aufschrei, wo das radikale Umdenken und Anstrengen? Und wo die Milliarden, die hier besser eingesetzt wären als in vielen anderen Bereichen?

Stellen Sie sich vor: Sie steigen in einen Reisebus und hören, dass der Fahrer gar keinen Busführerschein hat. Er sagt, er könne das schon. Würden Sie mit ihm mitfahren? Oder bedenken Sie die Folgen eines Unfalls und warten lieber auf den nächsten Bus oder steigen in den Zug? Vermutlich verhalten Sie sich in diesem Fall vernünftig. Hier haben Sie anders als bei der Schule Ihrer Kinder aber auch die Wahl, denn es gibt in Deutschland keine Buspflicht, wohl aber eine Schulpflicht.

Oder Ihr Sohn hat sich gerade beim Fußballspielen verletzt. Der Trainer hat Sie angerufen, Sie sind sofort zum Sportplatz gefahren und Ihr Zwölfjähriger humpelt Ihnen tapfer entgegen. Nachdem Sie einen Blick auf seinen Knöchel geworfen haben, wissen Sie: Die Fahrt geht nicht nach Hause, sondern in die Notaufnahme. Nach der Untersuchung und dem Röntgen stellt der junge Mediziner fest: „Das muss operiert werden. So wie es aussieht, werde ich den Eingriff gleich morgen durchführen." Sein Alter bedenkend fragen Sie den freundlichen jungen Mann in Weiß, wie lange er denn schon Arzt sei und operiere. Die Antwort kommt etwas zögerlich: „Ich bin gar kein Arzt", sagt er. „Aber ich kann das schon, ich habe Biologie studiert. Da macht man auch viel Anatomie, machen Sie sich da mal keine Sorgen." Würden Sie Ihren Sohn von diesem Mann behandeln lassen? Ich nicht.

Unmöglich, denken Sie jetzt? Ja, vielleicht im Krankenhaus – noch. In der Schule ist das aber mittlerweile ganz normal. Philosophen geben Deutschunterricht, Ingenieure zeigen den Kindern, wie Mathe geht, und Sportwissenschaftler hüpfen eifrig durch die Schulturnhallen. Die Anwerbemaschinerie läuft auf

Hochtouren und macht auch vor Studenten nicht halt: „Unterrichten statt kellnern" – mit diesem Slogan wirbt die Berliner Bildungssenatorin im Sommer 2018 auf einem Flyer um neue Lehrer. Studenten sollen stundenweise unterrichten, „in der Regel" in Fächern, die sie auch studieren. Na, immerhin, möchte man da angesichts des offenbar flächendeckend um sich greifenden Irrsinns sagen. Hat die ironische Zuspitzung, die den Kinofilm „Fack ju Göhte" zum Riesenerfolg hat werden lassen, also die Wirklichkeit erreicht? Schicken wir ausgerechnet zu unseren Kindern, von denen alle immer behaupten, sie seien unsere Zukunft, nicht die besten Trainer, sondern willige Anfänger und die, die gerade noch zu kriegen sind?

Die traurige Antwort lautet: Ja, auf die Zeki Müllers alias Elyas M'Barek bauen wir derzeit tatsächlich einen Teil unserer Zukunft. Zeki Müller ist die Hauptfigur in „Fack ju Göhte" – ein Bankräuber, der nach einem Überfall 13 Monate in Haft sitzt. Um an seine Beute zu kommen, die dort vergraben ist, wo jetzt eine Schulturnhalle steht, bewirbt er sich als Hausmeister. Schließlich wird er als Aushilfslehrer eingestellt. Weil er bauernschlau ist und sehr gut aussieht, gelingt es ihm, sich hochzu*LovLn*. Er unterrichtet fortan eine Chaotenklasse und man weiß nie so recht, wer eigentlich chaotischer ist: der Lehrer oder seine Schüler. Ganz Deutschland hat über diesen Film Tränen gelacht. Dabei ist das eigentlich zum Heulen.

Das Panik-Konzept, auf Tausende von Aushilfslehrern zu setzen, ist eines der fragwürdigen Mittel der Politik gegen die Fehler – der Politik. 40.000 Pädagogen fehlten nach Angaben des Deutschen Lehrerverbandes zum Schulstart im Herbst dieses Jahres. „Derzeit sind 10.000 Lehrerstellen nicht besetzt. Dazu kommen etwa 30.000 Stellen, die notdürftig mit Nicht-Lehrern, Seiteneinsteigern, Pensionären und Studenten besetzt sind", rechnet Heinz-Peter Meidinger, Präsident des Verbandes und selbst Direktor eines Gymnasiums im bayerischen Deggendorf in der *Passauer Neuen Presse* vor. „Einen derart dramatischen Lehrermangel hatten wir in Deutschland seit drei Jahrzehnten nicht mehr", sagt er und beschreibt damit die Vorstufe zum totalen Schul-Kollaps.

Ausgerechnet wir Deutschen, die wir zu Recht immer stolz darauf waren, das Land der Dichter und Denker zu sein, lassen also unsere Geistesschmieden verLovLn, was – Sprache ist so vielsagend – so klingt wie verlottern. Es gibt kein Wort, das stark und wuchtig genug wäre, um die Größe dieses Skandals zutreffend zu beschreiben.

Es war der Mainzer Johannes Gensfleisch, genannt Gutenberg, der im Jahr 1450 den Buchdruck und die Druckerpresse erfunden hat. Aber Facebook hat sich ein Amerikaner ausgedacht. Mark Zuckerberg startete 2004 die Plattform, die Milliarden Menschen miteinander verbindet.

Der Physiker Moritz Hermann von Jacobi erfand in Königsberg 1834 den ersten einsatzfähigen Elektromotor. Von elektrischen Zahnbürsten bis zum Eisenbahnantrieb hat der E-Motor Karriere gemacht. Die Zukunft der E-Mobilität aber treiben Amerikaner, Japaner und Chinesen voran.

1994 revolutionierten Hans-Georg Musmann und Karlheinz Brandenburg die Art, wie Musik gehört wird. Sie schufen das MP3-Format, mit dem Musikdateien digital komprimiert werden können. Das amerikanische Unternehmen Apple jedoch nutzte das Format konsequent, um die Musikindustrie mit iTunes auf den Kopf zu stellen.

Der deutsche Mathematiklehrer Philipp Reis sprach am 26. Oktober 1861 den Satz „Das Pferd frisst keinen Gurkensalat" in das erste Telefon. Die moderne Kommunikation völlig verändert hat aber wiederum Apple mit dem iPhone.

Und so weiter. Und so weiter. Die Liste ist lang und beeindruckend. Aber sie darf sich nicht verlängern! Sonst verspielt Deutschland seine Zukunft.

Der Wohlstand, den wir hierzulande schon als selbstverständlich erachten, benötigt ein Fundament, auf dem er gedeihen kann. Erst das ermöglicht Wachstum, das wiederum den Wohlstand in künftigen Zeiten sichert, den Zeiten unserer Kinder und Enkel. Und weil Deutschland nie nennenswerte Bodenschätze hatte, die den Wohlstand wachsen lassen wie das Öl Norwegens oder das Gas in Russland, waren Deutsche schon immer gezwungen, auf etwas anderes zu setzen: auf Bildung, auf Wissen, auf Kreativität. Die Menschen und ihr Wissen sind die wichtigsten Ressourcen unseres Landes. Und das wird immer wichtiger.

Denn in der modernen globalisierten Welt ist der berühmte deutsche Fleiß allein als Motor des Erfolgs längst nicht mehr ausreichend. Auch in der anderen typisch deutschen Tugend, der Disziplin, haben uns andere Nationen schon lange überholt. In den Ballungsräumen Asiens schrauben Millionen Menschen Hightechgeräte zusammen, präzise, effizient und sehr, sehr schnell. Nie wurde ein iPhone in Europa produziert, verschwindend wenige TV-Geräte laufen noch von einem Band in Deutschland. Der Wohlstand eines Landes aber hängt von seiner Produktivität ab, von der Anzahl der Menschen, die dort arbeiten, und dem Wert der Produkte, die sie herstellen. Und wenn die einfacheren Arbeiten woanders erledigt werden, müssen die Menschen in einem führenden Industrieland über Fertigkeiten verfügen, die eine höhere Wertschöpfung erlauben.

Dafür müssen drei Voraussetzungen erfüllt sein – und in allen drei Disziplinen fährt Deutschland inzwischen so schlechte Noten ein, dass das Weiterkommen extrem gefährdet scheint:

> Die beste Bildung
> Die beste Infrastruktur
> Die besten gesetzlichen Grundlagen

Wenn man genau hinschaut, wird schnell klar, dass es bei den ersten beiden Punkten seit Jahren konstant bergab geht. Und der dritte daran schuld ist.

2 Alle reden über bessere Bildung, aber wir lassen unsere Schulen verfallen und die Lehrer im Stich

Im Jahr 2008, also genau vor zehn Jahren, stellte Angela Merkel fest: „Wir müssen die *Bildungs*republik Deutschland werden" und meinte: „Wohlstand für alle heißt heute und morgen: Bildung für alle." Den Zusammenhang hätte man auch andersherum formulieren können, sogar müssen: „Bildung für alle heißt Wohlstand für alle heute und morgen". Das Morgen von 2008 ist das Heute von 2018 und da sieht es düster aus. Das Scheitern in der Bildungspolitik ist Merkels weithin unbemerkter GAU. Damit haben sie und ihre Politikerkolleginnen und -kollegen den Stamm morsch werden lassen, an dem alles hängt, was Deutschland groß und wichtig macht.

Anlass für Merkels so weise Feststellung war damals die Vorlage des zweiten nationalen Bildungsberichts. Der war alles andere als schmeichelhaft für die deutsche Bildungspolitik. Die Ausgaben für die Bildung waren zurückgefahren worden, das traf vor allem die allgemeinbildenden Schulen. Die Ergebnisse von damals sind interessant, weil sie einem heute so bekannt vorkommen:

- Erstens: Jeder vierte Schulabgänger war nicht ausbildungsfähig, acht bis neun Prozent verließen die Schule ohne Abschluss.

- Zweitens: Kinder mit Migrationshintergrund wurden zu wenig gefördert, obwohl dies schon jahrelang bekannt war. Dies sei besonders bedenklich, da der Anteil dieser Kinder jährlich zunehme, hieß es. In manchen Regionen, hat das *HANDELSBLATT* damals festgestellt, saßen schon über 50 Prozent Migrantenkinder in den Schulklassen.

> Drittens: Ein „ernsthaftes Problem" sah der Bildungsbericht im ungedeckten Bedarf an qualifizierten Lehrern und Erziehern.

Heute, zehn Jahre später, hat sich an keinem der Kritikpunkte etwas verbessert. Viele Eltern machen zum Beispiel eher die Erfahrung, dass heute in vielen Klassen nur noch zwei Kinder ohne Migrationshintergrund zwischen 25 Migranten sitzen.

Derzeit verlassen pro Jahr etwa 7.000 junge Grundschullehrer die Universitäten – gebraucht werden jedoch mindestens 9.700 bis zum Jahr 2021, danach sogar mehr als 11.000 pro Jahr. Das geht aus einer Bertelsmann-Studie vom 31. Januar 2018 hervor. Diese Rechnung ist recht einfach, sozusagen das kleine Einmaleins der Bildungspolitik, weil man eigentlich nur auf der einen Seite die Geburtenstatistik ansehen muss und auf der anderen die Ruhestandszahlen der Lehrer. Denn die geburtenstarken Jahrgänge steuern geradewegs aufs Pensionsalter zu. Dadurch geht die Schere in der Lehrerplanung immer weiter auf.

Man muss also nicht Mathematik studiert haben, um hochzurechnen, in welches Desaster Deutschland steuert, wenn nicht schleunigst etwas passiert. Wenn sich unsere Politiker nur annähernd so intensiv um diese Zahlen gekümmert hätten, wie sie es regelmäßig bei ihren eigenen Beliebtheitswerten tun, dann würden sie selbst heute besser dastehen – und das ganze Land auch. Aber sie haben es nicht getan. Stattdessen haben sie geredet, gefordert, andere beschimpft. Was für eine Schande! Im einstigen Land der Dichter und Denker, in dem alle Bundes-, Landes- und Kommunalpolitiker aller Parteien immer wieder betonen, dass Bildung das Wichtigste sei – in genau diesem Land lassen genau diese Bundes-, Landes- und Kommunalpolitiker aller Parteien die Schüler im Stich und die Lehrer im Regen stehen. In keinem anderen Bereich zeigt sich so deutlich, wie weit Politikerreden und Politikertaten auseinanderliegen. Das ist Verrat an der Zukunft.

Bildungsexperten fordern seit Langem ein Umsteuern. Geschehen ist so gut wie nichts. Denn viele junge Menschen entscheiden sich nach wie vor lieber für einen Job in der Wirtschaft. Die Besten, ja noch nicht einmal die Guten, studieren nicht Lehramt, sie werden lieber Ärzte, Juristen oder Ökonomen. An der Frankfurter Universität werden nur 50 Prozent der Lehramtsstudenten auch Lehrer. Fast scheint es so, als reihe sich der einstmals ehrenwerte Beruf des Lehrers in der Beliebtheitsskala von Studenten irgendwo ganz unten ein, noch hinter Pianospielern in der Haifischbar und Bordell-Betreibern. Und in der Tat weist eine aktuelle Tabelle „Grundschullehrer" auf Platz sechs der unbeliebtesten Jobs aus. Noch unbeliebter sind nur die Berufe Versicherungsvertreter, Politiker, Fernfahrer, Straßenkehrer und Landwirt. Knapp hinter den Lehrern folgen Reinigungskraft, Bankkaufmann, Arzt und Journalist. Das ergab eine Umfrage des Marktforschungs- und Umfrage-Panels *Toluna*.

„Lehrer sind faule Säcke", hat Bundeskanzler Gerhard Schröder einmal in der ihm eigenen direkten Art gesagt, heute sind sie eher arme Schweine. In ihrer täglichen Arbeit mit Kindern und Jugendlichen, also denen, die später unser Land tragen und gestalten sollen, treffen sie auf zwei unberechenbare, sehr unterschiedliche Angstgegner, die immer größer und mächtiger werden: überbesorgte, streitlustige Eltern und eine monströse Bürokratie. Man kann also mit Fug und Recht behaupten: Erst wenn sie aus der Flut von Papierkram auftauchen und mit den Helikoptereltern fertiggeworden sind, haben sie noch ein bisschen Zeit, um sich mit den Schülerinnen und Schülern zu befassen. Das ist so, als ob man einen Fußballprofi so lange Trikots waschen und mit wütenden Fans streiten lässt, bis er ausgelaugt auf das Spielfeld wankt. Oder vergleichbar mit einem Chirurgen, der stundenlang OP-Besteck sortieren muss, bevor er sich dann auf die drei Prozesse vorbereitet, in denen Patienten gegen ihn wegen vermeintlicher Behandlungsfehler klagen. Mitten in der Lektüre des zweiten Schriftsatzes piepst dann sein Alarm und er muss nach einem 16-Stunden-Tag in den Operationssaal eilen, um ein Leben zu retten.

Bei Lehrern sieht das so aus: Eltern stürmen ihre Sprechstunde, weil sie die Note 4, die ihr Kind bekommen hat, für ungerecht halten. Bei einer 5 schicken sie oftmals ihren Rechtsanwalt vor, während der Sprössling zu Hause im Kinderzimmer mit der Spielkonsole und dem neuesten Smartphone gepampert wird. Im Kampf gegen Lehrerinnen und Lehrer gehen Eltern offenbar immer unverschämter vor. „Es ist (...) erstaunlich, was sich einige Eltern herausnehmen. Es kommt zum Teil zu unglaublichen Exzessen", sagte Hans-Peter Etter, der Leiter der Rechtsabteilung des Bayerischen Lehrerinnen- und Lehrerverbands im Mai 2016 in der Online-Ausgabe des *SPIEGEL*. Er beschrieb damit eine Tendenz, die es immer unattraktiver macht, als Lehrer zu arbeiten. Hinzu kommt ein offenbar um sich greifender Loyalitätsverlust. „Lehrkräfte berichten uns immer wieder, dass Schulleiter und Behörden den Ärger gerne unter den Teppich kehren, damit die Schule nicht schlecht dasteht. Für Lehrer ist das alles extrem belastend", erklärt Etter. Von Eltern verklagt, von Vorgesetzten im Stich gelassen – die einstige Instanz „Lehrer" wird von allen Seiten geschreddert. Da kann es dann schon mal vorkommen, dass ein genervter Pädagoge – wenn er denn überhaupt einer ist (siehe oben) – den Eltern den Tipp gibt, sie sollten sich doch vielleicht gleich ein Zimmer in der Schule nehmen, damit sie sich schneller und noch viel häufiger beschweren können. Das wiederum verschärft dann den Ton zwischen allen Beteiligten, was zusätzlich Kraft kostet. Kraft, die im Unterricht besser eingesetzt wäre.

Das Verhältnis zwischen Lehrern und Eltern wird aber auch noch durch etwas ganz anderes belastet. Denn die einen müssen immer mehr Aufgaben der anderen mit übernehmen – eine Mammutaufgabe, die selbst erfahrene Lehrer an ihre Grenzen und darüber hinaus bringt. Zu den rein pädagogischen Aufgaben kommen in vermehrtem Maße erzieherische dazu, die eigentlich im Elternhaus erfolgen sollten. Lehrer und Erzieher von Kindergarten bis Gymnasium berichten unisono von einem zunehmend aggressiven Umgangston in Klassenzimmern und auf Pausenhöfen, weil viele Kinder Anstand, Respekt und Rücksichtnahme nicht mehr von Hause aus mitbringen. Eltern versagen hier immer häufiger, egal ob der Vater Zahnarzt ist oder Bauarbeiter und die Mutter Rechtsanwältin oder Putzfrau. Üble Beleidigungen, Beschimpfungen und Anfeindungen, Mobbing und körperliche Gewalt gehören deshalb heute zum Schulalltag. Vor allem die Grundschullehrer sind es, die vielen Kindern erst einmal die grundlegenden Fähigkeiten für ein friedvolles, fröhliches und aufrechtes Miteinander beibringen müssen. Das steht in keinem Lehrplan, in keinem Stundenplan ist dafür extra Zeit vorgesehen, kein Pädagoge ist für dieses Fach speziell ausgebildet. Das belastet die Psyche und Physis gleichermaßen.

Die verbleibende Energie müssen viel zu viele Lehrerinnen und Lehrer dann auch noch viel zu oft einsetzen, um das gigantische Bürokratiemonster zu bändigen, das in fast jeder deutschen Schule eingezogen ist. 28 Stunden Unterricht müssen Grundschullehrer geben, etwa 25,5 Stunden die Pädagogen in Realschulen und Gymnasien. Dazu kommen Unterrichtsvorbereitung, Korrektur von Klassenarbeiten, Gutachten schreiben, Sprechstunden, Aushilfen, Vertretungen, Organisation von Klassenfahrten und Schüleraustausch sowie ganz viel sonstiger Papierkram. „Von 53 Wochenstunden bleiben nur 15 für Unterricht, den Rest frisst die Bürokratie", so hat der Leiter einer Grundschule, Frank Post, seine Situation 2017 in *BILD* beschrieben. In den vergangenen Jahren seien erhebliche Belastungen dazugekommen: „Sprachkurse in den Kitas, verlässliche Grundschule, Inklusion von Kindern mit Förderbedarf, Hausaufgabenbetreuung und Integration von Flüchtlingskindern." Der erfahrene Schulleiter hat ausgesprochen, was viele tabuisieren:

die großen Herausforderungen und ungelösten Probleme, die mit der Menge an Flüchtlingskindern auf die Schulen zugekommen sind – und diese gänzlich unvorbereitet getroffen haben.
Durch die Entscheidungen der Politik – von denen da oben – sind Lehrerinnen und Lehrer – also die da unten – zunehmend überlastet und genervt. Gefordert ist nun eine überzeugende Zukunftsstrategie. Um sie entwickeln zu können, muss man erst einmal die richtigen Fragen stellen.
Die erste lautet: Ist es sinnvoll, zur Unterstützung von überforderten Lehrerinnen und Lehrern dann mit allergrößter Wahrscheinlichkeit ebenfalls überforderte Aushilfslehrerinnen und Lehrer zu engagieren?
Die Antwort: Bestenfalls zur Überbrückung!
Viel besser und sachgerechter wäre es, jetzt grundlegend neu zu denken. Zwar ist es richtig, Lehrer und Rektoren besser zu bezahlen und in die Gegenden zu schicken, in denen sie besonders gebraucht werden. Aber es ist auch wieder der klägliche Versuch, mit Mitteln von gestern die Probleme von heute und morgen zu lösen.
Lehrer müssen endlich konsequent von allen Aufgaben entlastet werden, die nicht direkt etwas mit der Wissensvermittlung zu tun haben. Sie sind nicht der Fußabtreter für überbesorgte Eltern und lernfaule Kinder. Und auch nicht Verwalter von Papierkram. Sie sind die Bildungsmanager unserer Zukunft. Dann müssen sie aber auch so ausgestattet werden: jeder mit einem eigenen Büro statt muffiger Lehrerzimmer. Zusätzliche Sachbearbeiter könnten sich um Stundenpläne, Krankschreibungen, Elternabende und die Korrespondenz kümmern und vielleicht sogar die Erstgespräche mit aufgebrachten Eltern führen, damit sich die Lehrer ganz auf den Unterricht konzentrieren können. Ein sogenanntes Backoffice, wie es in großen Unternehmen üblich ist. Warum gibt es neben dem Lehrerzimmer nicht ein modernes Büro, in dem Sekretäre und Assistentinnen all das übernehmen? Wie wäre es mit Schul-

assistenten, die den Versuch im Chemieunterricht für den Lehrer aufbauen und vorbereiten? Könnten nicht die Chemieassistenten einen Teil der Korrekturarbeiten übernehmen, Prüfungen vorbereiten, die Folien und Handouts nach einem Briefing durch den Lehrer erstellen? Sachbearbeiterinnen und Sachbearbeiter, Assistentinnen und Assistenten, Sekretärinnen und Sekretäre – sie alle sind auch kurzfristiger und ohne zusätzliche Ausbildungen verfügbar.

Die zweite Frage, die klar und deutlich gestellt werden muss, lautet: Ist das, was wir da in unseren Klassenzimmern treiben, wirklich noch zeitgemäß? Die Antwort: nein – denn dazu müssten Deutschlands Schulen endlich digital werden. Und zwar: radikal digital.

Stattdessen sind Rektoren, Lehrer und Schüler gezwungen, in der digitalen Steinzeit zu verharren. Draußen findet das Leben sozusagen in Farbe und mit hohem Tempo statt, drinnen regieren Schwarzweiß und die Entdeckung der Langsamkeit. Dabei sollen die drinnen doch auf das Draußen vorbereitet werden. Eine groteske Fehlstellung.

An den meisten Schulen funktioniert auch im Jahr 2018 noch nicht einmal WLAN – unfassbar! Und gestritten wird darüber, ob der Gebrauch von Handys im Unterricht und auf den Pausenhöfen verboten werden soll oder nicht – eine Debatte von gestern. Die Schüler nutzen es sowieso, ob es erlaubt ist oder nicht. Drumherum tobt ein Kulturkampf zwischen Digitalisierungsfanatikern und Traditionalisten, die vehement gegen jede Form von Computern im Unterricht argumentieren. Und wie so oft haben die Altdenker erst einmal und für viel zu lange Zeit die größere Lobby. Das erinnert fatal an Kutschenbetreiber vor 130 Jahren, die sich eingeredet haben, das Automobil werde nur eine vorübergehende Erscheinung sein. Wenig später waren sie weg vom Fenster und das Auto eroberte die Welt.

Warum fällt, wenn ein Lehrer krank ist, eigentlich der Unterricht aus? Warum wird er nicht aus der Parallelklasse per Live-

Video übertragen? Und: Kann man zum Beispiel Erdkunde nicht vielleicht komplett und viel besser per Internet unterrichten – mit tollen Grafiken und interaktiven Übungen direkt auf dem Handy der Schülerinnen und Schüler? Das alles ist natürlich möglich, aber nur wenige Schulen trauen sich, hier voranzugehen. Und die Politik muss sich erst noch ein paar Folien auf dem klapprigen Tageslichtprojektor ansehen und dann ein Fax von Amtsstube zu Amtsstube schicken.

In einem Land, in dem die Regierung in Koalitionsverträgen viel Digitalisierung verspricht, dann aber in den Schulen nichts davon ankommt, ist verloren, wer sich darauf verlässt, dass alles gut wird. Deshalb kommt es auf Pioniere an, die mutig neue Wege beschreiten. Und ja: „The pioneers get the arrows, the settlers get the gold", heißt es in Anspielung auf die Planwagenkolonnen, die sich ihren Weg zu den Goldadern des Wilden Westens bahnten, in einem Manager-Sinnspruch. „Die Pioniere kriegen die Pfeile ab und die Siedler, die erst später kommen, finden dann das Gold." Sehr wahrscheinlich gilt das auch auf dem Weg in die Digitalisierung der Schulen: Wer anfängt, hat am meisten Ärger. Dabei kommt es genau darauf an: Nicht warten, bis die Politik die Rahmen setzt, sondern loslegen mit der Kraft der Kreativität – und der enormen Ressource, die die Schüler allein deshalb darstellen, weil sie jung und neugierig sind.

Im Friedrich-Gymnasium in Freiburg ist das gelungen, was die altehrwürdige Lehranstalt zu einem Leuchtturm der Innovation macht. „Wie emsige Geschäftsleute rennen die Schüler der 7a hoch konzentriert mit ihren Tablets durch die Klasse", beschreibt Jeannette Otto bei *ZEIT Online* eine ganz normale Stunde in der vielleicht modernsten Schule Deutschlands. „Auf den Bildschirmen: ein Bewertungsraster, mit dem sich die Kinder gegenseitig Rückmeldung geben: Wie gut sind die Poster zur Berechnung des Erdumfangs gelungen? Wer hat richtig gerechnet, wer falsch? Um den Umfang der Erde zu ermitteln,

musste in der 7a niemand mehr Stift und Lineal aus dem Rucksack holen. Patrick Bronner, Mathe- und Physiklehrer, wollte, dass seine Schüler auf drei Wegen zum Ergebnis kommen, alle digital: mit Handy und GPS auf dem Schulhof, mit Google Maps und über eine Internetrecherche. Auf YouTube hat Bronner ein zehnminütiges Video gestellt, in dem er erklärt, was zu tun ist."
So geht Schule 2018!
Der Pionier Patrick Bronner hat sich schon jetzt einen Eintrag ins Goldene Buch des Bildungsministeriums verdient. Sollte er Pfeile abbekommen haben, dann war sein Einsatz jeden Schmerz wert. Denn er hat das Gold gefunden, von dem alle anderen immer nur bräsig reden.

Als er feststellte, dass das Medienkonzept seines Gymnasiums total veraltet war, jammerte er nicht länger über die sechs sogenannten „Medientische" und den einen PC-Raum mit 15 Computern, sondern er dachte groß: Alle 30 Klassenräume müssten mit Smartboards, Computern und Beamern ausgestattet werden. Schon die ersten groben Berechnungen kamen auf 200.000 Euro Kosten – Geld, das nicht vorgesehen war. Hier endet die Innovationsstory an neun von zehn Schulen in Deutschland. Aber nicht die des Patrick Bronner!

Er suchte weiter nach einer Lösung. Und er fand sie „in den Taschen seiner Schüler", heißt es in dem ZEIT-Porträt. „Dort schlummerten den ganzen Schultag lang die teuersten Smartphones. Stummgeschaltet, weggepackt, auch am Friedrich-Gymnasium galt wie in den meisten deutschen Schulen allerstrengstes Handyverbot." Und jetzt tat der Physiklehrer etwas, was gar nicht laut genug weitererzählt werden kann: Er vertraute den jungen Fachleuten, die vor ihm saßen!

Bronner beauftragte eine Gruppe von Schülern, herauszufinden, was sich mit den Handys im Unterricht anstellen ließ. Schnell stellten sie sich als absolute „High-End-Allround-Messinstrumente" heraus. „Mit wenig Aufwand und kostenlosen Apps ließen sich damit Beschleunigung und Magnetfelder messen, Töne und Schall analysieren." Die Schüler organisierten eine Ausstellung, in der sie ihre Arbeit mit den Smartphones vorstellten. Als finaler Triumph darf gewertet werden, dass danach selbst der Lateinlehrer fragte, wie er Handys in seinen Unterricht einbauen könnte. Eine Initialzündung!

Smartphones sind jetzt teilweise zugelassen in der Schule der Zukunft. Klassenzimmer bekamen WLAN, Beamer und Apple-TV und Patrick Bronner sagt: „Mein Unterricht hat enorm profitiert." Bildungspolitiker sollten diese Erfolgsgeschichte zum Maßstab ihrer Zukunftsentscheidungen machen. Ziel: Ende 2019 gibt es in jedem Bundesland 50 Schulen wie das Friedrich-Gymnasium in Freiburg. Ende 2020 sind dann alle Klassenzimmer digitalisiert – und der Unterricht ist es ebenso. Dann hätte Deutschland doch noch den Anschluss geschafft, von dem es heute eher so aussieht, als hätten wir ihn für immer verpasst. Die Dichter und Denker wären wieder auf der Höhe der Zeit.

So könnten dann auch die gewaltigen Aufgaben mit Aussicht auf Erfolg angepackt werden, die sich aus der Flüchtlingskrise für die Schulen ergeben haben und jeden Tag neu ergeben. Im Schuljahr 2014/2015 sind laut Kultusministerkonferenz fast 300.000 neu zugewanderte Kinder und Jugendliche ins deutsche Schulsystem integriert worden. 2016 ist noch einmal eine „erhebliche Anzahl" an Migranten hinzugekommen. Genaue Zahlen „liegen dazu noch nicht vor", heißt es in einer Information zur vierten JAKO-O-Bildungsstudie im November 2017. Es ist also sicher nicht falsch, davon auszugehen, dass innerhalb von drei Jahren mehr als eine halbe Million neue Schülerinnen und Schüler in deutschen Schulen unterrichtet werden.

Die Bedeutung der richtigen Förderung von Kindern mit Migrationshintergrund war schon 2008 und vorher bekannt. Getan hat sich wenig – wohlwollend formuliert. Vor allem ist keine Strategie zu erkennen. Dabei liegt die Formel für eine gelungene Integration in das deutsche Schulsystem auf der Hand:

Sprache (aber anders!) + Schulpflicht (wirklich für jeden!) + gleiche Chancen (nicht nur auf dem Papier!) = Erfolg!

Deutsch lernen – aber anders! Gerade Kinder mit Migrationshintergrund aus arabischen Ländern, der Türkei und Afrika schneiden nach einer Studie des Instituts zur Qualitätsentwicklung im Bildungswesen (IQB) an deutschen Schulen mit Abstand am schlechtesten ab. Als Grund wird vermutet, dass in vielen Familien wenig bis gar kein Deutsch gesprochen wird. Anders als in Familien, die aus Polen oder Russland stammen. Da die schulische Ausbildung von Kindern mit Migrationshintergrund eine der größten Herausforderungen für unsere Bildungspolitik und Gesellschaft ist und ganz sicher kein rein deutsches Phänomen, lohnt auch hier ein Blick darauf, wie andere Nationen das Thema angehen.

In Finnland, jahrelang das große Vorbild in der Bildungspolitik, hat man festgestellt, dass Kinder mit Migrationshintergrund die Zielsprache – dort also Finnisch – leichter lernen, wenn sie ihre Muttersprache gut beherrschen. Deshalb gibt es in finnischen Schulen für die Kinder regelmäßigen Sprachunterricht in der jeweiligen Muttersprache und zusätzlich intensiveren Finnischunterricht, als ihn ihre finnischen Klassenkameraden erhalten. Damit versuchen die Finnen zu vermeiden, dass Kinder mit Migrationshintergrund am Ende keine der beiden Sprachen richtig können.

Schulpflicht wirklich für alle! Ob Kinder von Migranten der Schulpflicht unterliegen, ist in Deutschland sehr unterschiedlich geregelt. Es ist Aufgabe der Bundesländer. In Berlin etwa sind nur Kinder mit Aufenthaltsberechtigung schulpflichtig, diejenigen ohne haben zwar ein Recht auf Schulbesuch, aber sind nicht schulpflichtig. Andere Bundesländer haben andere Regeln. Schätzungen von 2008 gingen davon aus, dass damals mit hoher Wahrscheinlichkeit einige Zehntausend Kinder und Jugendliche ohne Aufenthaltsbewilligung in Deutschland lebten und die meisten davon keine Schule besuchten. Das war noch vor den Flüchtlingswellen ab 2015. Man kann annehmen, dass es zumindest nicht weniger geworden sind.

Diese Kinder bilden das Fundament einer Parallelgesellschaft, deren Umfang und Bedeutung für unser Land in der Zukunft eine große Rolle spielen kann. All diese Kinder werden erwachsen, ohne in unserer Gesellschaft einen Platz gefunden zu haben. Ohne Schule, ohne Bildung bleiben sie immer irgendwie Fremde in diesem Land, prädestiniert für kriminelle Karrieren in Clan-Strukturen abseits geregelter Arbeit, zu der sie in der Mehrzahl keinen Zugang haben. Das ist für niemanden gut – und für eine sogenannte Wissensgesellschaft ein Armutszeugnis.

Gleiche Chancen! Der kleine Muhammad, der am ersten Schultag keine Schultüte dabeihat, auch keinen Schulranzen, dessen Mutter ihm nie bei den Hausaufgaben wird helfen können, weil sie kein Deutsch spricht, hat genauso viel Potenzial wie die süße Mandy, die oft zu spät kommt, manchmal im Schlafanzug, immer ohne Frühstück, oder der lustige Louis, den seine Mama im SUV vorfährt, der schon lesen kann und sein iPhone nicht ausschaltet. All diese Kinder sitzen in einer Klasse, jedes für sich ist ein Teil der Zukunft unseres Landes. Alle drei Kinder haben das gleiche Potenzial am Anfang ihrer Schulkarriere, aber beileibe nicht die gleichen Chancen. An der Stelle, an der die Entwicklungsmöglichkeiten eines Kindes ihre Grenzen an der Herkunft finden, muss der Staat, muss die Gesellschaft einspringen. Ziel jeglicher Förderung muss es sein, dass jedes Kind seine speziellen Stärken entwickeln kann, zu lernen lernt und Spaß an der Schule bekommt. Dazu muss es aber erst einmal in der Schule ankommen.

„Was Hänschen nicht lernt, lernt Hans nimmermehr", heißt es in einem alten deutschen Sprichwort, das nichts von seiner Bedeutung verloren hat, weil auch heute noch gilt, dass man in der Jugend besser lernt als im Alter. Das Gleiche gilt auch für das Schulsystem: Was am Anfang vergeigt wird, lässt sich nur noch schwer korrigieren.

Der erste Fehler liegt in Deutschland bereits vor der Schule: Denn was ein Kind können muss, um schultauglich zu sein, ist in keinem Bundesland verbindlich geregelt. Sprach man früher von „Schulreife", ist heute von „Schulbefähigung" die Rede. Was aber ein Kind wirklich dazu befähigt, dazu gibt es nicht überall klare Normen. Es unterliegt in hohem Maße der Einschätzung der Erzieher im Kindergarten oder der Eltern, ob ein Kind gute Chancen hat, in der Schule einen Erfolg versprechenden Start hinzulegen. Subjektive Beurteilungen mit all ihren Schwankungsanfälligkeiten und Gerechtigkeitsdefiziten – zum Beispiel durch Sympathie oder Mitleid – gelten also mehr als objektive Kriterien. Einen verbindlichen Test, der eine verlässliche, neutrale Einschätzung der Fähigkeiten der unterschiedlichen Kinder erlaubt, gibt es nicht.

Dabei könnte das Ergebnis eines solchen Tests dazu dienen, zuerst einmal festzustellen, ob das jeweilige Kind überhaupt eine Schulbefähigung hat. Wenn nicht, weiß man dann schon sehr früh, also zum genau richtigen Zeitpunkt, welche Fähigkeiten gefördert werden müssen. Ob man diese Förderung dann ab dem ersten Schultag gezielt zusätzlich zum Regelunterricht anbietet oder in einem weiteren Kindergartenjahr, damit es im nächsten Jahr einen erfolgreichen Start ins Schulleben hat, darüber kann man diskutieren. Aber nichts ist doch schlimmer für die Motivation und die Lust am Lernen, als vom ersten Tag an hinterherzuhinken. Wir verurteilen mit dem bestehenden System aber Jahr für Jahr Tausende Kinder genau dazu: Wir produzieren frustrierte Verlierer statt motivierte Gewinner. Und mehr noch: Weil dann die besseren Kinder dauernd auf die schwächeren warten müssen, holen auch sie nicht alles aus sich raus. Das zieht sich dann, wenn es schlecht läuft, durch die gesamte Schulzeit.

Grundschullehrer betrachten es mit als ihre schwerste Aufgabe, Tag für Tag die Balance zu halten zwischen den Schülern mit Migrationshintergrund und schlechten Sprachkenntnissen, den Kindern aus prekären Verhältnissen und ihren Klassenkameraden, die dem Unterricht problemlos folgen können. „Ich überlege mir jeden Tag, wie ich meine drei Besten in der Klasse beschäftige, damit ich sie nicht verliere", berichtet eine Grundschullehrerin. Nicht nur besonders begabte Schüler verlieren sehr schnell die Motivation an Schule und Lernen, wenn sie ständig unterfordert sind. Auch normal Begabte beginnen sich zu langweilen, wenn sie in der zweiten Woche immer noch die gleichen Matheaufgaben üben sollen, die sie schon lange verstanden haben. Die Folge ist fatal: Die eigentlichen Leistungsträger verlieren das Interesse, fallen zurück, ihr Potenzial verkümmert. Dabei, und darüber sind sich Ökonomen und Soziologen einig, brauchen wir in Deutschland in der Zukunft immer mehr Leistungsträger, wenn unser Land auch nur Schritt halten will mit den aufstrebenden Nationen aus Asien und Europa, etwa den skandinavischen Ländern. In Finnland besuchen etwa 98 Prozent der Kinder eine Vorschule, 50 Prozent lernen dort Lesen, bevor sie eingeschult werden. Meist ist die Vorschule in der Kita integriert, ab dem sechsten Lebensjahr kann ein Kind ein Jahr lang halbtags die Vorschule besuchen. Die Eltern können sich aber auch gegen die Vorschule entscheiden. Dann verbringt das Kind den ganzen Tag in der Kita. Die müssen die Eltern aber extra bezahlen, während die Vorschule kostenlos bleibt.

So steuert ein Staat seine Bürger in die Richtung, die er für richtig hält. Wir aber lassen geschehen, was gerade eben geschieht.

Warum gibt es in Deutschland also kein verpflichtendes Vorschuljahr? Hier bekäme man einen guten Überblick über die Stärken des nächsten Jahrgangs. Man könnte schon vor der Schule fördern, wo es nötig ist, und exakt nach Bedarf. Und dies nicht den Lehrern überlassen, deren Aufgabe ja ist, die Zukunft vorzubereiten und nicht die Vergangenheit zu reparieren. Zwar ist die Zahl der Kinder, die in Deutschland einen Kindergarten besuchen, im letzten Jahrzehnt stark gestiegen.

Aber es gibt eben keine Verpflichtung. Und der Kindergarten, eine deutsche Erfindung – sogar in Japan heißt der Kindergarten „Kindergarten" –, wird in Deutschland vielerorts immer noch nur als bessere Spielstätte verstanden und auch so gelebt. Eine Vorbereitung auf die Schule ist er oft bewusst nicht, den Kleinen soll ihre Kindheit ja nicht genommen werden. Der „Ernst des Lebens" beginnt ja früh genug, meinen viele Eltern. Dabei gibt es kein neugierigeres und lernwilligeres Wesen auf der Erde als ein kleines Kind. Das haben viele Länder längst verstanden, nur in Deutschland, könnte man meinen, stehen sich Spielen und Lernen immer noch als Rivalen um die Zeit der Kinder gegenüber. Eine Vorschule, wenn auch nur ein Jahr verpflichtend, wäre schon ein großer Schritt hin zu mehr Bildungsgerechtigkeit. Denn gerade am Anfang der Schullaufbahn werden viele Weichen gestellt, wenn es um Motivation, Freude und Lust am Lernen geht.

Dazu gehört dann selbstverständlich auch, den Erzieherinnen und Erziehern in den Kitas mehr Geld für ihre Arbeit zu bezahlen. Die Bundesfamilienministerin schreitet hier vorbildlich voran: „Kitas sind Bildungseinrichtungen. Und aus meiner Sicht verdienen Erzieherinnen und Erzieher (...) eine Bezahlung ähnlich wie Pädagogen, die etwa in der Grundschule arbeiten", sagte Franziska Giffey der *BILD am SONNTAG*. Im dritten Praxisjahr verdienen Erzieher etwa 1.500 Euro im Monat. Das Einstiegsgehalt bei Grundschullehrern liegt je nach Bundesland zwischen 3.100 und 3.500 Euro.

Durch die gesamte Schullaufbahn geistert dann, fast wie die Maulende Myrte in den Toiletten von Hogwarts, ein Gespenst, das manchem Schüler regelmäßig begegnet, manche sehen es nie, aber viele werden von ihm gepackt und zurückgerissen: das Sitzenbleiben. Das muss abgeschafft werden – und zwar so schnell wie möglich.

Die Note Sechs in einem Hauptfach bedeutet für einen Schüler fast ausnahmslos, dass er sitzenbleibt. Wer in zwei Fächern eine Fünf hat, dem droht das gleiche Schicksal, es sei denn, er kann mit guten Noten in gleichwertigen Fächern ausgleichen. Dann entscheidet die Zeugniskonferenz über die Versetzung im Einzelfall. Für jeden Schüler ist Sitzenbleiben die absolute Höchststrafe. Es stempelt ihn zum Verlierer, zum Loser. Er wird von seinen Klassenkameraden, damit auch oft seinen Freunden getrennt und in der neuen Klasse ist er erst einmal der „Sitzenbleiber". Bis dahin könnte man noch sagen: Selbst schuld – dann hättest du dich halt mehr anstrengen müssen. Der gesamtgesellschaftliche Unsinn liegt aber woanders. Denn im nächsten Schuljahr muss der „Sitzenbleiber" den gesamten Unterrichtsstoff in allen anderen Fächern ebenfalls wiederholen. Was soll das? Welcher Vorteil soll daraus entstehen? Warum muss die Demütigung, die verschwendete Lebenszeit in einer tieferen Klasse eigentlich sein?

Mehrere Studien weisen nach, dass das Sitzenbleiben keine signifikante Verbesserung der schulischen Leistungen bewirkt. Die meisten Sitzenbleiber, darunter welche, die es später durchaus zu etwas gebracht haben wie Albert Einstein, Thomas Mann, Peer Steinbrück und Edmund Stoiber, kennen das aus eigener Erfahrung: Man passt in praktisch allen Fächern nicht wirklich auf, man kennt ja alles schon und auch die Fächer, in denen man so schlecht war, werden nicht spannender, nur weil man alles zum zweiten Mal hört. Aber weil man es eben schon mal gehört hat, wird aus der Fünf dann eine Vier oder Drei, man wird versetzt und fängt dann praktisch wieder da an, wo man ein Jahr zuvor aufgehört hat. Wirklich besser wird kaum einer, aber ein Jahr älter. Ein verlorenes Jahr, von den Kosten ganz zu schweigen. 34.000 Euro kostet das Sitzenbleiben laut OECD pro Schüler – der Wert ergibt sich aus den künftigen Steuereinbußen, weil die Person ein Jahr später in den Arbeitsmarkt eintritt. Im Schuljahr 2014/15 blieben etwa 20 von 1.000 Schülern sitzen. Zusammen mit einigen anderen Kosten ergibt sich daraus die gigantische Gesamtsumme von knapp 1,8 Milliarden Euro.

Sitzenbleiben ist also eine zeitverzögerte Förderung mit hohem Zeit- und Kosteneinsatz. Ein Alternativmodell wird schon lange von Bildungswissenschaftlern und Lehrerverbänden gefordert: individuelle Förderung. Schüler mit erkennbaren Schwächen werden idealerweise schon früh gefördert. Sobald der Lehrer im laufenden Schuljahr erkennt, dass etwas im Argen liegt, „verschreibt" er Zusatzförderung. Das ist dann kein „Nachsitzen", es ist schulische Nachhilfe. In teuren Internaten ist dies gang und gäbe.

Möglich wäre auch, gefährdete Schüler im nächsten Schuljahr zu einem Förderunterricht zu verpflichten. Also eine Art „Versetzung auf Bewährung". Das bedeutet natürlich, dass Lehrer dafür mehr Zeit haben müssen oder es Lehrkräfte gibt, die sich ganz speziell um die schwächeren Schüler und Schülerinnen kümmern. Das darf natürlich nicht dazu führen, dass die Faulen ewig mit durchgezogen werden. Wenn ein Schüler trotz der Sonderförderung nicht zu angemessenen Leistungen kommt, dann muss er nicht sitzenbleiben, sondern seine Laufbahn vielleicht an einer anderen Schulform fortsetzen. Das ist alles besser als Durchschleppen, Hinterherhinken, zum Loser werden. „Das muss sich ändern, denn wir gehen weder mit der Lebenszeit und dem Entwicklungspotenzial der Kinder noch mit den öffentlichen Mitteln verantwortungsvoll um", forderte Jörg Dräger, Vorstand der Bertelsmann-Stiftung, im Zusammenhang mit einer entsprechenden Studie schon vor zehn Jahren.

Und in der Tat: Das Umdenken hat hier schon begonnen. In einigen Bundesländern gibt es kein Durchfallen mehr an Grundschulen. Nur haben es die Reformer bislang relativ schwer: Derzeit halten die meisten Eltern, nämlich mehr als 80 Prozent, das Sitzenbleiben für sinnvoll. Ihr egozentrisches, rückwärtsgewandtes Motto ist ganz offenbar: Was wir damals in unserer Schulzeit geschafft haben, kann so falsch ja nicht sein. Nach dem gleichen Denkmuster würden Operationen auch heute noch ohne Anästhesie durchgeführt.

Anreize schaffen statt Verlierer produzieren, Stärken stärken statt Schwächen zu Demütigungen werden zu lassen, und die Besten noch besser machen – das wäre ein geeignetes Zukunftskonzept für Deutschlands Schulen. Jeder Profisportverein funktioniert nach diesen Prinzipien. Apropos: Dort definiert auch nicht das Alter die Liga. Will heißen: Wer mit 18 bundesligatauglich ist, der kann aufgestellt werden. Warum funktionieren Schulen nicht genauso?

Warum muss das Abitur immer am Ende von acht oder künftig wieder neun Jahren abgelegt werden? Warum können nicht ein besonders talentiertes Mädchen oder ein besonders fleißiger junger Mann sich ein Jahr früher zur Prüfung anmelden? Als „Freischuss", wie es auch bei Jurastudenten möglich ist. Warum zählt nicht, was einer kann, sondern wie viele Jahre er schon abgesessen hat? Die Schulen könnten Förderkurse für Jugendliche anbieten, die mehr wollen, vielleicht mehr können. Finnland kann auch hier als Beispiel dienen. Dort können Abiturprüfungen nach zwei, drei oder auch vier Jahren abgelegt werden. Das hängt nur von der Motivation und dem Können des einzelnen Schülers ab, nicht von seinem Alter oder der Zahl der absolvierten Klassen. Und es nimmt schlichtweg auf, dass jeder Mensch anders ist, andere Fähigkeiten hat und auch ein anderes Tempo für sein Leben gut ist. Es erweitert den Elitebegriff auf alle: Jeder kann dazu gehören – in seinem Bereich. Ein ambitioniertes, aber gleichermaßen sinnvolles Ziel wäre also: das „Freischuss-Abi" ab 2020! Ein ähnliches Prinzip würde übrigens auch bei anderen Schulabschlüssen – in Haupt-, Real- oder Berufsschule – positive Effekte haben.

Jetzt sind wir bei der eigentlichen Herausforderung des Dichter-und-Denker-Staates angekommen: Wie sollen Ideen, Konzepte und Strategien umgesetzt werden, wenn es de facto 16 verschiedene Schulsysteme und 30 unterschiedliche Schularten in Deutschland gibt? Richtig gehört: Deutschland ist bildungspolitisch eine Mega-Patchworkfamilie. Wenn die sich zum Familientreffen zusammenfindet, sitzen alt-denkende Omas und freakige Tanten mit nerdigen Neffen, linken Klassenkämpfern und unverbesserlichen Traditionalisten zusammen an einem Tisch. In der Sprache der Politik ist das die Kultusministerkonferenz. Das ist irgendwie niedlich, aber eine zielgerichtete, gemeinsame Bildungspolitik kann so nicht entstehen. 16 Bundesländer, 16 zuständige Minister, 16 Behördenapparate. Es gibt Hunderte unterschiedliche Lehrpläne, Verlage konzipieren für fast jedes Bundesland andere Schulbücher, Bildungspolitiker versuchen sich in ihren jeweiligen Bundesländern durch unterschiedliche Reformen ganz im Sinne ihres Parteibuches zu profilieren.

Für Familien, die mit Kindern von einem Bundesland ins nächste umziehen, ist das manchmal mit existenziellen Folgen verbunden. War der Sohn in der alten Schule locker in der vorderen Hälfte seiner Klasse unterwegs, findet er sich an der neuen Schule im neuen Bundesland in kürzester Zeit weit abgeschlagen am Ende der Skala. Er ist zwar in der gleichen Jahrgangsstufe, aber er hat vom Stoff noch nie etwas gehört. Das wirkt sich bei Kindern nicht nur auf die Motivation, sondern auch ganz erheblich auf das Selbstbild aus. Das kann ganze Familien sprengen. Und auch der Aufwand, den Eltern treiben müssen, um in der neuen Heimat eine Schule zu finden, die ähnliche Schwerpunkte hat wie die frühere im anderen Bundesland, ist weder effizient noch zeitgemäß. Denn auf der anderen Seite predigen Politiker ja ständig – übrigens zu Recht –, dass heute niemand mehr davon ausgehen könne, seine berufliche Laufbahn auch dort zu beenden, wo er sie begonnen hat. Flexibilität sei gefordert, geradezu das Gebot der Stunde. Dann, bitte, liebe Politiker: Unterstützt die Flexiblen, die von einem Bundesland in ein anderes ziehen – und blockiert sie nicht durch den 16-fachen, föderalen Schulirrsinn.

Wenn man dann das Abitur endlich geschafft hat, geht es weiter mit den Tücken des Föderalismus im Hinblick auf

Studienplätze, um die nun Abiturienten aus ganz Deutschland wetteifern, welche ganz unterschiedliche Abiturprüfungen hinter sich haben – 16 verschiedene eben. In Thüringen haben doppelt so viele Abiturienten eine Eins vor dem Komma wie die im benachbarten Niedersachsen. Sie sind aber nicht doppelt so klug, doppelt so intelligent oder doppelt so fleißig. Sie haben nur in einem viel leichteren Schulsystem ihren Abschluss gemacht und deshalb bessere Chancen auf einen Studienplatz.

Für eine Nation, deren einziger und damit auch wichtigster Rohstoff die Bildung seiner Einwohner ist, ist es geradezu aberwitzig und auf Dauer selbstmörderisch, sich ein solches Bildungssystem zu leisten. Es ist überhaupt nicht einzusehen, warum ein Abitur in Flensburg leichter oder schwerer ist als in Dinslaken oder Ruhpolding, warum ein Abiturient aus dem Emsland andere Dinge weiß, wenn er die Hochschulreife erlangt hat, als sein Kommilitone aus Schwaben, der neben ihm in der ersten Vorlesung in Berlin sitzt.

Deshalb muss die Hoheit über die Bildung, ihre Inhalte, ihren Sinn und ihre Ausrichtung den Ländern entrissen werden. Sie darf nicht länger Spielball der Landespolitiker sein, die sie im Zweifelsfall im Bundesrat als Faustpfand gegen die Bundesregierung verwenden. Wir brauchen endlich ein deutschlandweit geltendes Bildungssystem mit überall gültigen Kernthemen und Lehrplänen, die in jeder Schule in den wichtigen Wissensgebieten einen einheitlichen Stand sichern. Dabei sollen durchaus regionale, länderspezifische Inhalte einfließen können. Aber jeder Abiturient in Deutschland muss das Gleiche in Mathematik gelernt haben, die identische Deutschprüfung absolviert und im gleichen Englisch-Schulbuch gelesen haben. Einheitliche Übertrittsregeln von einer Schulform zur anderen sind notwendig, damit ein Umzug der Eltern nicht zum Schulkarrierekiller für den Nachwuchs wird. Daher ist es sinnvoll, dass alle Lehrer in Deutschland eine gemeinsame Ausbildung erhalten – auch dies macht Wechsel, Umzüge oder auch Hilfestellungen einfacher.

Der deutsche Bildungsföderalismus ist kein Naturgesetz, aber er wirkt momentan dem entgegen, was wir wirklich brauchen: das beste Bildungssystem der Welt! Damit wir wieder Dichter und Denker hervorbringen und die erfolgreichsten Gründer und ehrgeizigsten Lehrer. „Wir sind ein kleines Volk und in der immer komplexer werdenden Informations- und Wissensgesellschaft können wir es uns nicht leisten, auch nur einen Einzigen in der Bildung durchs Netz fallen zu lassen. Wir müssen jeden so weit mitnehmen, wie es nur irgend geht, und ihm dazu die Hilfen geben, die er braucht." Dieser Satz aus der finnischen Schulbehörde gibt die Richtung vor.

Ein erster Schritt soll jetzt nach ewigen Debatten und lang anhaltenden Blockaden der CDU tatsächlich gemacht werden. Das sogenannte Kooperationsverbot, das es dem Bund untersagt, sich finanziell an der Bildungspolitik der Länder zu beteiligen, soll gelockert werden. Künftig werden dann immerhin keine komplizierten Umgehungstatbestände mehr benötigt, um den Schulen mit Bundesmitteln zu helfen. Die ersten 3,5 Milliarden Euro stehen jetzt zweckgebunden für die Sanierung, den Umbau oder die Erweiterung von Schulgebäuden bereit, hauptsächlich gedacht für Anschaffungen, die mit der Digitalisierung zu tun haben. Das sind 3.500 Millionen Euro, in Ziffern: 3.500.000.000.

Endlich, möchte man da jubeln, davon lassen sich Tablets, Beamer und smarte Fernseher anschaffen, aber auch manch altersschwache Aula retten, Toiletten reparieren, undichte Turnhallendächer instand setzen. 3,5 Milliarden Euro sind aber nicht einmal ein Zehntel dessen, was die Kommunen nach eigener Aussage bräuchten. Der „Investitionsrückstand", also das Geld, das man in der Vergangenheit hätte ausgeben müssen, um den Normalzustand zu erhalten, ist bei den Schulen auf fast 48 Milliarden Euro angewachsen. An solchen Zahlen kann man ablesen, wie gigantisch das Problem tatsächlich ist.

Hier kommt nun ein weiteres Problem zum Vorschein, das Deutschland in beinahe allen Bereichen lähmt: Selbst wenn die Entscheidungen gefallen und die Gelder bewilligt sind und auch der gute Willen bewiesen wurde, hapert es bei der Umsetzung.

Erst 1,1 Milliarden Euro wurden bisher aus dem 3,5-Milliarden-Topf abgerufen, sieben Bundesländer haben noch gar keine Projekte geplant und kein Geld beantragt. Nur drei Bundesländer haben ihre Fördermittel auch schon komplett auf Projekte verteilt. Bayern saniert mit den zugeteilten 293 Millionen Euro insgesamt 620 Bauprojekte.

Ein – typisch deutscher – Grund, warum der warme Regen aus Berlin nur so zurückhaltend genutzt wird: Es gibt keine oder zu wenig Kapazitäten für die komplizierte Antragsbürokratie. Jede Schule, die aus dem Sonderetat eine Baumaßnahme finanzieren möchte, muss diese beantragen. Wer einmal einen solchen Antrag gesehen hat, weiß, dass das eine langwierige, langweilige und frustrierende Angelegenheit ist. An vielen Stellen braucht man so etwas wie Bürokratie-Spezialwissen, um überhaupt zu verstehen, was man wo eintragen soll und wo man die Zahlen oder Daten herbekommt, die da abgefragt werden. In der Regel macht das in einer Schule der Direktor, der Schulleiter, mit Unterstützung seiner Sekretärin. Irgendwie nebenbei, zwischen eigenem Unterricht halten, Stundenplan-Diskussionen, Elternabenden und all dem täglichen Kleinklein einer Schule. Hier wäre – so ähnlich wie im Fall der Sachbearbeiter und Assistenten für Lehrer – eine neue Planstelle sinnvoll: Fundraiser sagt man in den USA dazu. Ein Schulangestellter, der kein Lehrer ist, sondern ein Verwaltungsprofi. Einer, der jeden Paragrafen im Förderdschungel kennt, der weiß, wo gerade welche Fördertöpfe im Land, beim Bund, bei der EU aufgemacht werden und wie man an die jeweiligen Mittel kommt. Der Kontakte zur Wirtschaft pflegt, Gastdozenten und -lehrer an die Schule holt, Bildungsmessen besucht.

Man könnte Schulen mit, sagen wir mal, 1.500 Schülern als Unternehmen betrachten. Warum gibt es dafür keine professionellen Geschäftsführer? Größere Krankenhäuser haben in der Regel stets einen ärztlichen und einen kaufmännischen Direktor. Und wem die Vergleiche mit Kliniken als Vergleich zu wenig intellektuell sind oder als Metapher nicht taugen: Große Orchester machen es auch so – ein musikalischer Leiter, also der Chefdirigent, ist der Mann (oder die Frau) für die Kunst. Und ein Intendant (oder eine Intendantin) kümmert sich um die Kohle.

Natürlich kostet das alles viel Geld. Aber ein Staat, der in der Lage ist, aus dem Stand Milliarden Euro zur Bewältigung der Flüchtlingskrise bereitzustellen, der kann auch von heute auf morgen vergleichsweise geringe Personalbudgets für Schulen aufbringen. Wie überall gilt nämlich auch hier: Wo ein Wille ist, ist auch ein Budget.

Hinzu kommt: Es ist bestens angelegtes Geld mit hohen Renditen. Denn Bildung ist das Fundament für die Zukunft unseres Landes. Sie ist der einzige Weg, wie man die Migrationswellen auf positive Weise lenken und beeinflussen kann. Und das Wissen in den Köpfen der Menschen in diesem Land ist der einzige Rohstoff, mit dem wir unseren Wohlstand sichern können. Denn der demografische Wandel bedeutet, dass in den nächsten Jahrzehnten immer weniger Menschen in der Lage sein müssen, immer mehr zu schaffen. Ein hoher Bildungsstandard ist zusammen mit einer modernen Infrastruktur die wichtigste Voraussetzung dafür.

3 Brücken, Straßen, digitale Autobahnen: Deutschland holpert von Baustelle zu Baustelle

In den Jahren, in denen Angela Merkel die *Bildungs*republik Deutschland schaffen wollte, ist also genau das Gegenteil passiert: Anstatt die Schulen moderner zu machen, technologisch aufzurüsten, mehr Lehrer auszubilden und einzustellen, ist die Substanz total verfallen. Das Schlimmste daran ist, dass den Schulen damit eine Vorreiterrolle zukommt – auf dem Weg zum totalen Verschleiß unserer Ressourcen. Wir lassen nämlich nicht nur unsere Infrastruktur, die einmal Weltklasse war, vergammeln und verfallen, wir bauen die Infrastruktur, die man in Zukunft braucht, um wieder Weltklasse zu werden, auch nur sehr zögerlich auf.

Als im Sommer 2018 in Genua eine Autobahnbrücke mitten im Urlaubsverkehr einstürzt und mehr als 40 Menschen sterben, mischen sich in den Schock und die Trauer zwei Gedanken, ein beklemmender und ein typisch deutscher: „Kann das etwa auch bei uns passieren?" und „Na ja, die Italiener halt ..."

Kein Gespräch unter Freunden, kein Termin im Büro, bei dem nicht über das Unglück gesprochen wurde. Viele sind selbst schon einmal über die Brücke gefahren. Auf dem Weg in den Urlaub, nach Rom oder an die toskanische Mittelmeerküste. Bei aller Bestürzung, allem Mitleid und aller Betroffenheit, in vielen dieser Unterhaltungen fielen immer wieder Sätze wie „Als ich das letzte Mal nach Florenz gefahren bin – also, wenn man dort aus dem Fenster sieht, wundert einen das nicht ...". Da geht der Stolz auf deutsche Gründlichkeit eine gefährliche Verbindung mit der deutschen Neigung zur Überheblichkeit gegenüber der Lässigkeit der südlichen Nachbarn ein, um deren Dolce Vita man sie im Urlaub ja immer so beneidet. Zu Hause, diesseits der Alpen – so viel steht fest – sind die Zustände beileibe nicht so, wie man glaubt.

Die Rheinbrücke bei Leverkusen, wie die Morandi-Brücke in Genua Mitte der 1960er-Jahre gebaut, ist Teil des wichtigen Kölner Rings und wegen ihres schlechten Zustandes für Lkw gesperrt. Ein Neubau soll 2020 die mehr als 100.000 Autos täglich übernehmen. Dann können auch Lastwagen wieder den Rhein auf der Autobahn überqueren. Ein Einzelfall? Schön wär's! Zwölf Prozent aller deutschen Brücken bekommen für ihren Zustand die Note „sehr gut" oder „gut", 75 Prozent „befriedigend", elf Prozent „ausreichend" und zwei Prozent „ungenügend". Die meisten sind einfach in die Jahre gekommen und bröckeln so vor sich hin. Viele sind nach 40 Jahren kaputt, obwohl sie 100 Jahre halten sollten.

Die Hälfte aller deutschen Autobahnbrücken wurde zwischen 1965 und 1975 gebaut, ausgerichtet natürlich auf die damaligen Verkehrsverhältnisse. Aber in den vergangenen 50 Jahren hat sich der Verkehr auf den Autobahnen verfünffacht, der Gütertransport verdreifacht. Die Zunahme des Verkehrs und auch des Gewichtes der einzelnen Autos wurde nicht vorhergesehen und es wurde nicht in entsprechendem Maße nachgerüstet. Das Gewicht des Opel Manta – ja, der von 1970 – betrug maximal 970 Kilogramm. Ein VW Golf von heute kommt voll ausgestattet auf 1.600 Kilo. Von den geplanten Giga-Linern, den bald kommenden Riesenlastern mit bis zu 60 Tonnen, gar nicht erst zu reden.

Investiert wurde in diese Infrastruktur aber erst einmal nicht. Motto: Ist deutsche Wertarbeit – hält ewig. Ein Denkfehler im Land der Denker.

Die wirkliche Rechnung sieht so aus: Zwischen 2014 und 2016 verbesserte sich zwar der Zustand von 6.000 Brücken durch Sanierungen und Neubauten. Im selben Zeitraum verschlechterte sich jedoch laut *WELT* vom Juli 2016 der Zustand von 8.700 anderen Brückenbauwerken durch Verschleiß und Verkehr. Eine tückische Abwärtsspirale, die eines deutlich macht: Unser Staat lebt seit Jahrzehnten von der Substanz. Die öffentliche Infrastruktur „wird auf Verschleiß betrieben", analysiert der Hauptverband der Deutschen Bauindustrie den stetigen Rückgang der staatlichen Investitionstätigkeit. Ein Blick auf die sogenannten „Nettoanlageinvestitionen" beweist das. Sie beschreiben, was übrig bleibt, wenn man von dem Geld, das man investiert, den Wertverlust durch Alterung und Verschleiß abzieht. Heraus kommt – Sie ahnen es – ein dickes Minus. 120 Milliarden Euro, rechnet der Ökonom Daniel Stelter vor, seien allein für „die Herstellung des normalen Standards der Infrastruktur" notwendig – nur beim Bund. Die Kommunen, die ja für Gebäude wie Schulen, Verwaltungen, Kläranlagen, U-Bahnen, Schwimmbäder und Rathäuser zuständig sind, für die Straßen in Städten und Gemeinden und auch Tausende von Brücken, sie reduzierten seit 2003 ihr Anlagevermögen in Bauten um 83 Milliarden Euro. Einfach gesagt, die deutschen Kommunen lassen ihr Vermögen verrotten. Ausgerechnet das, was für Menschen, die dort wohnen, „Heimat" ausmacht, ihr direktes Lebensumfeld. Die Bürger spüren es zuerst an den Schlaglöchern und dann im eigenen Geldbeutel, wenn das Auto schneller kaputt geht. Sie spüren es, wenn ihre Kinder die gesamte Grundschulzeit in Containern verbringen, weil die Schule so marode ist. Wenn die Kinder nicht schwimmen lernen, weil das Hallenbad nicht mehr saniert werden kann, auf dessen Eröffnung man in den 1980er-Jahren so stolz war in der Stadt. Oder wenn das Theater auf unbestimmte Zeit in einem Zelt als Provisorium am Stadtrand spielen muss, weil die längst überfällige Sanierung des traditionellen Hauptspielortes im Stadtzentrum finanziell nicht gesichert werden kann. Ein Land, das in Zukunft erfolgreich sein will, darf im Inneren aber nicht vermodern. Kein Fußballer wird mit Grippe Weltmeister und kein Unternehmen mit dauerschwindsüchtiger Belegschaft Marktführer.

Das alles passiert in Jahren des Überflusses: historisch tiefe Zinsen über mehrere Jahre (der Staat spart sich dadurch etwa

300 Milliarden an Zinszahlungen pro Jahr!), ein sehr günstiger Euro für die Wirtschaft und sprudelnde Steuereinnahmen durch gute Unternehmensgewinne und geringe Arbeitslosigkeit.

Geld ist also genug da, aber es wird nicht zielgerichtet genug ausgegeben.

Statt die Einnahmen aus Kfz- und Mineralölsteuer und der Lkw-Maut – also Geld von denen, die Straßen und Brücken nutzen – in die Renovierung von Straßen und Brücken zu investieren, woran jeder sofort denken würde, verschwindet eine Milliarde nach der anderen in irgendwelchen anderen Projekten, die weit weniger im deutschen Interesse liegen und dicke Schwarzbücher des Steuerzahlerbundes füllen. 50 Milliarden Euro stünden so pro Jahr für die Verkehrsinfrastruktur zur Verfügung. Das Ganze fünf Jahre lang und die Versäumnisse ganzer Jahrzehnte wären so gut wie aufgeholt. Stattdessen fließen horrende Summen in Skandalprojekte wie den neuen Berliner Flughafen BER und verschwinden dort auf Nimmerwiedersehen.

Der Nutzen einer „Fünfmal 50 Milliarden"-Spritze in Straßen und Brücken wäre hingegen sofort messbar. Denn die Verkehrsinfrastruktur ist ein echter Verkaufsschlager. In Präsentationen deutscher Wirtschaftsförderer findet sie sich ganz weit oben als Argument für ausländische Firmen, in Deutschland zu investieren. Denn Infrastruktur hat Vorleistungscharakter. Waren können nur produziert werden, wenn die Infrastruktur stimmt. Je besser die Infrastruktur, desto besser kann sich die Wirtschaft entwickeln. Tatsächlich steht Deutschland noch immer in dem Ruf, ein dichtes und qualitativ sehr hochwertiges Verkehrssystem zu besitzen. Straßen- und Schienennetze sind auch in der Provinz im Vergleich zu vielen anderen Ländern sehr gut ausgebaut und dicht. Dies ist einer der Gründe, warum Deutschland in internationalen Vergleichen in den zurückliegenden Jahren stets Bestnoten für seine Verkehrsinfrastruktur erhält. Ist das einmal nicht mehr der Fall, dauert es viele Jahre, um diesen Vorteil zurückzugewinnen. Insofern: langfristig denken, jetzt investieren, sofort verdienen! Wenn es gelingen kann, einen Spitzenplatz in der Welt zu verteidigen, ist jeder einzelne Euro aus dem 50-Milliarden-Budget sehr gut investiert. Gleichzeitig würde die Wirtschaft profitieren und damit auch die Menschen. Denn die Brücken muss jemand bauen. Jemand, der damit auch seine Familie ernährt, Waren einkauft und so wieder die Wirtschaft stärkt.

Verkehrspolitik ist aber nicht im Fokus der Regierenden. Der Verkehrsetat wird jedes Jahr in den Haushaltsverhandlungen diskutiert, aber er spielt dann in der Bundestagsdebatte kaum eine Rolle. Die so wichtige Infrastruktur wird damit zur politischen Verschiebemasse.

„Die Entwicklung der vergangenen Jahre legt den Schluss nahe, dass die Politik eine wenig zukunftsorientierte Priorisierung ihrer Ausgaben vorgenommen hat. Politökonomisch ist es in der Regel leichter, Investitionsprojekte aufzuschieben oder nicht zu tätigen, als zum Beispiel Sozialausgaben zu senken", konstatiert das Institut der deutschen Wirtschaft mit frustriertem Unterton. Ein Autobahnausbau oder eine Brückensanierung ist schnell gestrichen und schwupps ist Geld gespart! Das ist aber das Gegenteil dessen, was unter Fachleuten als verantwortungsvoll gilt: „Eine nachhaltige Investitionspolitik erfordert eine langfristige Perspektive, weil kurzfristige Einsparungen hohe Folgekosten nach sich ziehen können", mahnt die staatliche KfW-Förderbank. Auf gut Deutsch: Wer Renten- oder Hartz-IV-Erhöhungen durch Kürzungen bei der Infrastruktur finanziert, um sich heute Wählerstimmen zu sichern, versündigt sich an den nächsten Generationen. Das passt weder zu einer *Sozial*demokratischen Partei Deutschlands (SPD) noch zu einer *Christlich*-Demokratischen Union (CDU) und schon gar nicht zu einer *Christlich-Sozialen* Union (CSU), die seit vielen Jahren den Verkehrsminister stellt. Diese drei bilden aber nun schon seit Langem eine Koalition, die sehr stark zu derartigem Verhalten tendiert.

Bundesverkehrsminister Andreas Scheuer, der der CSU angehört, könnte sich mit gutem Recht als „Zukunftsminister" verstehen. Denn zu seinem Aufgabenbereich gehören nicht nur Straßen und Brücken, sondern auch die digitale Infrastruktur. Scheuer ist also gewissermaßen der Herr aller Autobahnen, von denen aus Asphalt und denen aus – und da wird es schon schwierig – Glasfaser. Das wäre die einzig wahre und richtige Antwort im Bereich der Datenautobahnen. Und, Sie ahnen es bereits, auch hier ist Deutschland nicht nur nicht spitze, sondern ein Entwicklungsland. Wer Zukunft mit Digitalisierung gleichsetzt, der kann eigentlich nur schwarzsehen.

Im Land selbst loben sich Versorger und Politik gerne für den hohen Versorgungsgrad mit Breitbandanschlüssen. Mehr als 80 Prozent der Haushalte haben einen Kabel-TV-Anschluss oder VDSL. Die liegen fast alle in den Städten, auf dem Land sind es nur 36 Prozent. Da freut sich eine kleine Werbeagentur mit acht Mitarbeitern schon über eine Geschwindigkeit von 50Mbit/s im letzten Jahr. Das war auch dringend nötig. Die Datenmengen von Bildern und allem anderen werden immer größer, die Kommunikation mit den Kunden läuft digital. Geschwindigkeit ist kein Faktor mehr, über den im Geschäftsleben geredet wird – sie wird vorausgesetzt. Wenn jedoch die Übermittlung einer neuen Anzeige 15 Minuten dauert, kann das die Existenz bedrohen. Nur: Die Bandbreiten, über die sich Unternehmen auf dem Land heute noch freuen, sind schon lange von gestern.

Glasfaseranschlüsse machen Geschwindigkeiten von 100 MBits/s bis in den Gigabit/s-Bereich möglich. Und um diese Technologie geht es, wenn man von Digitalisierung spricht. Und hier hat Deutschland die rote Laterne. Je nach Studie und Statistik liegen wir auf dem vorletzten oder auf dem viertletzten Platz von 28 oder 32 europäischen Ländern in Sachen Ausbau mit Glasfasernetzen. Ein absolutes Armutszeugnis.

Schuld daran ist wieder einmal eine totale Ambitionslosigkeit. Diese nur der Bundeskanzlerin anzulasten, wäre zu einfach. Aber sie fällt in die Regierungszeit Merkels, mehr noch: Sie greift flächendeckend um sich. Ziel jeglicher Politik ist immer öfter nur das Machbare, nicht das Wünschenswerte. Das setzt eine gefährliche Abwärtsspirale in Gang. Mit der Prämisse jedweden Handels, bloß nichts zu überstürzen, Risiken grundsätzlich aus dem Weg zu gehen und auf keinen Fall in irgendeiner Art vorzupreschen, lässt sich Besitzstand trefflich wahren. Aber die Zukunft gewinnt man damit nicht. Im Gegenteil – so wird die eigene Zukunft die glänzende Zukunft der anderen.

Ausgerechnet Estland hat vorgemacht, wie man erfolgreich digitalisiert. Sind die Esten schlauer? Haben sie mehr Geld? Warum funktioniert dort, was bei uns nicht möglich ist?

Die Esten hatten 2014 in ihrer „Digital Society Strategy 2020" die flächendeckende Verfügbarkeit von 30MBit/s-Anschlüssen festgelegt. Das war die Vorgabe der EU und das hat auch Deutschland brav getan. Den Esten war dies aber nicht genug. Sie sattelten ein „Nutzungsziel" obendrauf: Mindestens 60 Prozent aller Internet-Nutzer sollen bis 2020 mit Geschwindigkeiten über 100 MBit/s surfen können. Das Ergebnis: Drei Viertel der Haushalte surften 2016 schon über Glasfaser, auch die Hälfte aller Esten auf dem Land hatten einen solchen Anschluss. Das ist der Unterschied zwischen „machbar" und „wünschenswert".

Ein modernes Glasfasernetz bis hin zu den Häusern der Bürger ist ein teures Unterfangen, keine Frage. Die großen Versorger, allen voran die Telekom, haben in den vergangenen Jahrzehnten Milliarden investiert in Kabelanschlüsse und VDSL. Der deutsche Platzhirsch, die Telekom, vergrub zwischen 2011 und 2014 auch Glasfaserkabel. Aber das ist noch teurer, die Rentabilität schwierig, in ländlichen Regionen sogar fast unmöglich. Da kam es gerade recht, dass die Ausbauziele der Merkel'schen Regierung so niedrig angesetzt wurden, dass sie auch mit einer veränderten VDSL-Technologie zu erreichen waren. Die Bundesnetzagentur genehmigte das sogenannte Vectoring. Damit konnte das von der Regierung ausgegebene Ziel von 100 MBit/s auch ohne Glasfaser geschafft werden. Mit dem für die Telekom netten Nebeneffekt, dass Wettbewerber jetzt nicht mehr dieselben Leitungen benutzen konnten. Von „Re-Monopolisierung" war die Rede. Die Telekom fuhr den Glasfaserausbau massiv zurück. Aus Sicht des Unternehmens natürlich absolut logisch, gar zwingend. Warum Unsummen in eine teurere Technik investieren, wenn man die gleichen Einnahmen auch auf einem günstigeren Weg erreichen kann? Gleichzeitig jedoch ein monströses Beispiel für politische Fehlsteuerung: Falsche Anreize führen zu Fehlentwicklungen, die ein ganzes Land nun zurückwerfen – mit den Bürgern als Leidtragenden.

Das kommt dabei heraus, wenn sich Politik und große Unternehmen zu nahe kommen. Die Kumpanei von Ministerien mit den ihr nahestehenden Branchen und Großkonzernen bringt zwangsläufig immer den kleinsten gemeinsamen Nenner als Ergebnis. Ob beim Diesel oder bei der Digitalisierung: Die Ziele werden stets so formuliert, dass sich die Industrie nicht allzu sehr anstrengen muss. Das ist das Gegenteil von Führung – es ist eher Mittelmaß-Management. Andersherum wäre es richtig: Die Regierung muss eine Vision haben, eine Idee, ein Vorhaben, und das Projekt unmissverständlich formulieren und fördern. Dann ist die Industrie aufgefordert beziehungsweise gezwungen, sich anzustrengen.

Der Blick auf die Industrie unseres Landes war immer und ist nach wie vor gerichtet auf Bereiche, die unser Land in der Vergangenheit stark gemacht haben: Automobil, Pharma, Maschinenbau, Medizintechnik. Das sind aber nicht die Industrien der Zukunft. Gerne wird auf die Patentanmeldungen verwiesen. Deutschland stand 2016 auf Platz 6 mit 311 Anmeldungen pro eine Million Einwohner. Nur leider konzentrieren sich die Anmeldungen auf die alten Industrien, vor allem der Automobilbau meldet viele neue Patente an. Die Krux: Es wird eher Bestehendes optimiert als wirklich Neues erfunden. Und: Mini-Länder wie die Schweiz, Niederlande, Dänemark, Schweden und Finnland liegen vor dem Industrie-Giganten Deutschland.

Toyota dominiert mit 921 Patenten im Bereich Elektro- und Hybridantriebe die Liste, gefolgt von Nissan, Honda und Hitachi. BMW, Daimler und VW haben zusammen nur 98 Weltklasse-Patente angemeldet. Ein Zehntel von Toyota. Und jetzt kommt das nächste große Ding: das autonome Fahren. Der Zukunftsmarkt schlechthin, in dem alle forschen und entwickeln. Zum ersten Mal sehen sich die deutschen Auto-Schwergewichte Wettbewerbern gegenüber, die aus ganz anderen Branchen kommen: Google, Tesla, chinesische Tech-Konzerne. Autonomes Fahren bedeutet aber in erster Linie eines: unfassbar große Datenmengen in kürzester Zeit, man spricht von „Echtzeit", zu übertragen. Künftige Medizintechnik, Operationen per Datenleitung und Video, das alles funktioniert nur mit einer Weltklasse-Dateninfrastruktur. Eins ist klar: Als Sieger geht aus diesem Wettlauf hervor, wer als Erster in der Lage ist, diese Infrastruktur aufzubauen. Dann haben die deutschen Autobauer eine Chance, im Wettbewerb aufzuholen, dann kommen Hightech-Unternehmen zu uns, weil sie Bedingungen vorfinden, die ihnen weltweit einen Wettbewerbsvorteil verschaffen.

Voraussetzung dafür ist der zügige Aufbau einer Infrastruktur für das ultraschnelle Mobilfunknetz 5G. Deutschland kann das. Beim Aufbau des 4G-Netzes hat unser Land alle anderen Nationen ausgestochen. Heute sagt das amerikanische Infrastruktur-Ministerium: „Das passiert uns nie wieder", und hat schon mal angekündigt, bei 5G den Weltmeistertitel zu holen. Das Rennen ist also eröffnet.

Im Frühjahr 2019 plant die Bundesnetzagentur die Versteigerung der neuen Frequenzen für das 5G-Netz. Manchen Haushaltspolitikern läuft jetzt schon das Wasser im Munde zusammen wenn sie sich an die irre Versteigerung der 4G-Lizenzen vor 18 Jahren erinnern: 50 Milliarden Euro berappten damals die Mobilfunkunternehmen. Jochen Homann, Chef der Bundesnetzagentur und damit Herr über die begehrten Lizenzen, hat etwas anderes im Blick, etwas, um das sich viel zu selten wirklich gekümmert wird – die Zukunft: „Die Bundesnetzagentur zielt nicht auf Erlösmaximierung", erteilt er im *HANDELSBLATT* der Gier der Politiker eine Abfuhr. Er will einen möglichst schnellen Ausbau. 98 Prozent der Haushalte sollen bis 2022 mit 5G versorgt sein und sämtliche Autobahnen, Bundesstraßen und wichtigen Bahnstrecken dazu. Fachleute wie Tomaso Duso, Professor am DIW Berlin, unterstützen Homanns Pläne: „Man muss Prioritäten setzen. Das hat die Bundesnetzagentur nun getan", applaudiert er bei *SPIEGEL Online*. Ginge es also nach den Plänen der Fachleute, wären unsere Chancen gut, in diesem wichtigen Zukunftsrennen als einer der Ersten aus den Startblöcken zu kommen.

Aber wir sind in Deutschland. Und hier geht selbst das Rennen um die schnellsten Datenwege gaaaaanz langsam. Denn jetzt treten die Bremser aus der Politik auf den Plan.

Die einen fordern, dass mehr als 98 Prozent der Deutschen an 5G angeschlossen werden müssen (was niemand bezahlen kann). Die anderen wollen, dass die Großen auch kleine Anbieter mit aufnehmen müssen. Und die dritten möchten jede Gemeindeverbindungsstraße mit 5G versorgt wissen. Die Folge: Ob die Auktion wegen all der Forderungen wirklich Anfang 2019 starten kann, ist fraglich. Und damit auch der Beginn der Ausbauarbeiten. Behördenchef Homann warnt bereits jetzt: Dann „findet Digitalisierung in diesem Bereich über Jahre erst einmal nicht statt".

Wer aber in einem Bereich, in dem es um Geschwindigkeit geht, der Langsamste ist, der hat keine guten Chancen, am Ende ganz vorne zu sein.

Kapitel 4
DICHTER & DENKER
– so geht's, Deutschland!

» Schluss mit 16 Bildungssystemen in Deutschland! Schule muss bundesweit einheitlich sein.

» Lehrer sind die Bildungsmanager der Zukunft – mit eigenem Team aus Sachbearbeitern und Assistenten für den Papierkram.

» Wo ein Wille ist, ist auch ein Budget: Schulen müssen radikal digital werden.

» Drei Schritte zur modernen Schule: Vorschulpflicht einführen, Sitzenbleiben abschaffen und Freischuss-Abi testen.

» Deutschland muss 2025 die beste digitale Infrastruktur der Welt haben: das schnellste Glasfasernetz und flächendeckendes 5G-Mobilfunknetz.

Geht's noch?
Wir machen es unseren Feinden zu bequem

KAPITEL 5

1 Kampfzone Chemnitz oder: Das Schaulaufen der Feinde Deutschlands

„Ich habe zwei Töchter – was ist das für ein Land, in dem sie aufwachsen?

Ein Land, in dem junge männliche Migranten immer öfter schwere Straftaten begehen, die man nicht mehr als Einzelfälle bezeichnen kann.

Ein Land, das mittlerweile so gespalten ist, dass rechte Krawallmacher und linke Randalierer immer öfter direkt aufeinanderprallen.

Ein Land, in dem sich Islamisten, Nazis und Linksextreme wieder trauen, offen antisemitisch zu sein. Judenhass – perfide getarnt als Israel-Kritik.

Ein Land, in dem Politiker und Medien sofort Stellung beziehen, vorverurteilen, spekulieren – je nach Lager und Ideologie – statt zu versachlichen und auf Aufklärung zu setzen.

Ein Land, in dem weite Teile der bürgerlichen Mitte so verunsichert und wütend durch die Politik der hinter uns liegenden Jahre sind, dass sie auf die Straße gehen, auch wenn sich Extremisten unter sie mischen.

Ein Land, in dem viele Bürger von den etablierten Politikern keine Lösungen mehr erwarten.

Ein Land, wo im Osten und womöglich bald auch schon auf Bundesebene kaum noch eine Regierung der Mitte gebildet werden kann, weil Ränder links und rechts mit den Volksparteien gleichziehen.

Ein Land, in dem bei den Themen Asyl und Zuwanderung mittlerweile die Fronten so verhärtet sind, dass Probleme nicht mehr sachlich angesprochen, nicht mehr sachlich gelöst werden können.

Und Chemnitz ist zum Symbol dieses Landes geworden, das mir Angst macht."

Diesen Kommentar wollte ich nach dem gewaltsamen Tod von Daniel Hillig, den rechtsextremen Ausschreitungen und den ebenfalls gewalttätigen Gegendemonstrationen der Linksextremen in Chemnitz veröffentlichen. Inhaltlich ist alles auch heute noch richtig, vieles sogar noch klarer und bedrohlicher. Ich habe es dennoch nicht getan. Denn Angst und Emotionen sind schlechte Ratgeber, besonders dann, wenn es um die großen Probleme unseres Landes geht, die gelöst werden müssen, bevor es noch schlimmer wird.

Sachlich betrachtet und mit dem Abstand einiger Monate lässt sich sagen: In Chemnitz ist alles Schlechte zum Vorschein gekommen, was Deutschland derzeit bewegt, in Atem hält, spaltet. Mehr noch: Alle Akteure, auf die es ankommt – die verunsicherten und gutmeinenden und die hasserfüllten –, haben in der sächsischen Kreisstadt die öffentliche Bühne betreten. Damit ist Chemnitz zu einer Momentaufnahme unserer Gesellschaft geworden. Jetzt entscheidet sich, ob Historiker einmal sagen werden, dass Daniel Hilligs Tod und die daraus resultierenden Exzesse der Anfang einer besorgniserregenden Entwicklung waren, denen weitere gefährliche, dann vielleicht sogar staatszersetzende Ereignisse folgten. Oder wird Chemnitz als Wendepunkt in die Geschichte eingehen, nach dem es wieder besser wurde, weil der Staat die richtigen Konsequenzen gezogen und entsprechende Maßnahmen eingeleitet hat?

Gelingen kann eine solche Wende nur, wenn wir all unseren Feinden entschlossen entgegentreten – und zwar jedem einzelnen von ihnen mit der gleichen Klarheit und Vehemenz: mit härtesten Strafen, null Toleranz und gesellschaftlicher Ächtung.

2 Die Täter, die Wut und das Staatsversagen

Es gibt Verbrechen, bei denen es am Ende nur noch für den Richter eine wirkliche Rolle spielt, was genau passiert ist. Das eigentliche Urteil ist längst gefällt.

Der Tod von Daniel Hillig steht für eine solche Tat.

Warum er getötet wurde, ist lange unklar. Ein oder mehrere Täter haben auf ihn eingestochen. Es könnte ein Raubmord gewesen sein oder ein Streit um eine Zigarette. Die Bluttat geschah am frühen Morgen des 26. August 2018, laut Polizeibericht um 3:15 Uhr, in der Nähe eines Döner-Imbiss. „Wären die Verdächtigen nicht Migranten, hätte man vom Tod des Tischlers wohl nie erfahren", schreibt Peter Huth in WELT am SONNTAG. „So aber entfesselte die Tat ein Inferno aus Gewalt, Heuchelei, Verleumdungen, Unsicherheit (...)."

Die Herkunft, die Biografie und der Aufenthaltsstatus der mutmaßlichen Täter bestimmen sofort die Wahrnehmung der Straftat.

Farhad Ramazan A., der erst Tage nach Hilligs Tod ins Visier der Fahnder geraten ist, stammt aus dem Norden des Irak, einer als verhältnismäßig sicher geltenden Gegend. Er lebte weite Teile seines noch jungen Lebens mit seiner Familie in Istanbul, verkaufte dort in einer Bäckerei Brötchen. 2015 gelangte er dann mit der Flüchtlingswelle über die Balkanroute nach Deutschland. Der laut Fahndungsaufruf „22-jährige irakische Staatsangehörige" hatte, bevor er verschwand, bereits zwei Mal einen Asylantrag gestellt. Der erste wurde am 31. Mai 2016 abgelehnt. Kurz danach stellte er über einen Vormund einen zweiten Antrag auf Asyl, der am 6. Januar 2017 abgelehnt wurde. Gegen die nun drohende Abschiebung in den Irak reichte A. Klage ein, über die am Tag des tödlichen Streits mit Daniel Hillig noch nicht entschieden war. Der junge Mann war

Polizei, Staatsanwaltschaft und Gerichten bekannt, weil er bereits wegen Hausfriedensbruch, Diebstahl, Verstoß gegen das Betäubungsmittelgesetz und Körperverletzung zu Geld- und Haftstrafen verurteilt worden war. Ins Gefängnis musste er nicht, weil er Bewährung bekam. Der Iraker, der zunächst als minderjährig galt, wird jetzt wegen „gemeinschaftlichen Totschlags" gesucht.

Sein Freund Allaah S., der auch an der Tat beteiligt gewesen sein soll, sitzt in Untersuchungshaft. Er hat im Mai 2015 einen Asylantrag gestellt und wurde knapp ein halbes Jahr später als Flüchtling anerkannt, basierend auf seiner Selbstauskunft, er sei Syrer. Gegen diesen Status läuft später ein Widerrufsverfahren, irgendetwas daran scheint die Behörden misstrauisch gemacht zu haben.

Außerdem galt sehr lange auch Yousif A. als tatverdächtig, der am Tatort war, den aber niemand mit einem Messer in der Hand gesehen hat und der deshalb aus der U-Haft entlassen wurde. Er ist ebenfalls 2015 über die Balkanroute nach Deutschland gekommen und sollte eigentlich nach Bulgarien zurück, weil er da zuerst einen Asylantrag gestellt hatte. Daraufhin tauchte er unter. Am 22. November 2016 hat ihn die Staatsanwaltschaft zur Aufenthaltsermittlung ausgeschrieben. „Als die Frist zur Zurückschiebung nach Bulgarien verstrichen war, tauchte Yousif A. wieder auf. Nun war Deutschland für ihn zuständig. Zwei Mal befragte ihn das BamF", haben die Rechercheure von *SPIEGEL Online* herausgefunden. Die zuständigen Beamten hielten seine Geschichte, er sei aus Liebeskummer und Angst vor den Verwandten seiner Freundin geflohen, für erfunden und lehnten seinen Asylantrag ab.

Was auch immer in der Todesnacht von Chemnitz passiert ist – diskutiert wurde anschließend vor allem: Keiner der drei Verdächtigen hätte am Tag des Todes von Daniel Hillig noch in Deutschland sein dürfen. Deshalb kochte die Wut hoch. Zu viele solcher Fälle mit dem immer gleichen Täterprofil – junger

Mann, abgelehnter Asylantrag, polizeibekannt, aber auf freiem Fuß – sind in den vergangenen drei Jahren öffentlich geworden.

Warum eigentlich auf freiem Fuß? Diese Männer gehören in Abschiebehaft! Aber wieder geschieht nicht oder nicht entschieden genug, was vernünftig und sinnvoll wäre. Dadurch verlieren die Menschen das Vertrauen in die Leistungsfähigkeit des Rechtsstaates und drücken ihren Zorn immer öfter auf den Straßen aus.

Dabei können Bund und Länder schon jetzt kriminelle Ausreisepflichtige bis zur Abschiebung hinter Gitter stecken. Zum Beispiel, wenn sie die innere Sicherheit bedrohen. Zu dieser Gruppe gehören sogenannte „Gefährder", Menschen also, von denen eine erhebliche Terrorgefahr ausgeht. Anis Amri, der Weihnachtsmarkt-Attentäter und Mörder vom Breitscheidplatz in Berlin, war den Behörden in Nordrhein-Westfalen als solcher lange bekannt. Er galt sogar als „Top-Gefährder". Amri wurde am 30. Juli 2016 in Ravensburg in Abschiebehaft genommen. Schon am nächsten Tag wurde er wieder freigelassen, weil die Ausländerbehörde in Kleve einem Bericht der ZEIT zufolge mitteilte, dass sie nicht genau klären könne, wer der Mann sei. Von ihm seien 14 Identitäten bekannt. Amri verließ die Haftanstalt – und keine sechs Monate später waren zwölf Menschen tot und 70 zum Teil schwer verletzt. Amri war mit einem Lkw in den Weihnachtsmarkt gerast. Vorher hatte er den Lkw-Fahrer kaltblütig ermordet. Der damalige Innenminister Thomas de Maizière sagte im Untersuchungsausschuss über den Terroristen: „Man hätte spätestens ab Ende Oktober mit guten Gründen einen Antrag auf Sicherungshaft stellen können. Es wurde aber nicht einmal versucht."

Auch Personen, die sich der Abschiebung zu widersetzen oder zu entziehen drohen, und Menschen, von denen eine erhebliche Gefahr für Leib und Leben ausgeht, dürfen bereits auf der jetzigen Rechtsgrundlage bis zu sechs Monate untergebracht werden. Warum wurden die Chemnitzer Tatverdächtigen dann nicht in Abschiebehaft genommen?

Die Antwort ist ebenso banal wie empörend: Asyl- und Kriminaldaten werden bislang nämlich nur verknüpft, „wenn die Person mindestens ein Jahr Haftstrafe wegen Vergewaltigung oder drei und mehr Jahre wegen anderer schwerer Delikte erhält", erklärt *BILD* am 18. Oktober 2017. Farhad Ramazan A., Allaah S. und Yousif A. wurden deshalb vermutlich nicht erfasst. Nicht einmal in den sogenannten „Abschiebegewahrsam" oder die „Vorbereitungshaft", die bis zu sechs Wochen dauern kann, hat man sie gesteckt.

Es hat nichts mit übertriebener Sehnsucht nach „Law and Order" zu tun, wenn man hier laut und deutlich sagt: Das ist eine gefährliche Milde, die schnell als „Deutschland lässt sich von Straftätern auf der Nase herumtanzen" interpretiert werden kann. Stattdessen wäre sinnvoll: Wer nicht aufenthaltsberechtigt ist und wegen einer Straftat verurteilt wird, muss sofort in Abschiebehaft. Selbst dann, wenn es sich nur um kleinere Delikte wie Ladendiebstahl, Schwarzfahren oder Sachbeschädigung handelt, die mit Geld- oder kürzeren Haftstrafen geahndet werden.

Das setzt natürlich voraus, dass es ausreichend viele Plätze in Abschiebehaftanstalten gibt. Damit sieht es in Deutschland allerdings nicht gut aus. „Wir müssen von den derzeit 400 auf mindestens 1.200 Haftplätze insgesamt kommen", vertraute der CSU-Innenexperte Stephan Mayer im Oktober 2017 der Öffentlichkeit an. „Ansonsten werden wir die 230.000 Ausreisepflichtigen in Deutschland nie abschieben können." Eine abenteuerliche Rechnung, die das Ausmaß der Fehlplanung eindrucksvoll dokumentiert. In seinem sogenannten „Masterplan Migration. Maßnahmen zur Ordnung, Steuerung und Begrenzung der Zuwanderung" vom 4. Juli 2018 spricht Bundesinnenminister Horst Seehofer unter Punkt 59 sogar von einer „Notlage bei Abschiebehaftplätzen": Um dieser zu begegnen, schlägt er deshalb vor, nicht nur mehr Plätze zu bauen, sondern auch bestehende Gefängnisse für Abschiebehäftlinge zu nutzen. Das ist seit 2014 aufgrund einer EU-Richtlinie verboten. In Großbritannien können heute schon zehn Mal mehr Menschen in Abschiebehaft genommen werden als in Deutschland. Dort war man offensichtlich besser auf die Herausforderungen vorbereitet, die mit der neuen Völkerwanderung einhergehen – und das, obwohl Großbritannien eine Insel ist und nicht, wie Deutschland, mitten in Europa liegt.

Wie dramatisch die Lage hierzulande ist, zeigt ein Fall aus Leverkusen. Im April 2017 hat die Polizei dort einem Bericht von *RP Online* zufolge einen verurteilten Asylbewerber freigelassen, weil Nordrhein-Westfalen keinen Abschiebehaftplatz für ihn hatte. Dabei handelte es sich um einen aus Thüringen geflohenen verurteilten Sexualstraftäter, der bereits fünf Jahre Haft hinter sich hatte. Zuvor hatte das 300 Kilometer entfernte Pforzheim angeboten, den Mann zu inhaftieren. Aber der Transport dorthin konnte nicht sichergestellt werden. Daraufhin wurde der ausreisepflichtige Mehrfachstraftäter aus dem Polizeigewahrsam entlassen und ist erneut untergetaucht. Eine Sprecherin der Stadt Leverkusen bestätigte den Fall, so *RP Online*. Wenn nach dem Bekanntwerden solcher Fälle von totalem Staatsversagen die Rede ist, fehlen die Gegenargumente. Denn: Hier zerfällt die öffentliche Ordnung.

Das verschärft sich, wenn Migranten mit dreisten Lügen den Rechtsstaat ganz einfach vorführen können. Die meisten Vorteile verschaffen sich junge Männer, die behaupten, sie seien unbegleitete Minderjährige. Indem sie ihr wirkliches Alter nach unten lügen, nutzen sie die richtige, sinnvolle und menschenfreundliche Regelung aus, dass Kinder und Jugendliche in Deutschland besser untergebracht und betreut werden. Sie können auch nur dann abgeschoben werden, wenn Familienmitglieder oder geeignete Einrichtungen zur Aufnahme im Heimatland ermittelt werden können. Das ist in der Praxis meist unmöglich und wird deshalb in der Regel nicht einmal versucht: Als minderjährig anerkannt zu werden bedeutet also de facto eine Bleibegarantie in Deutschland – selbst wenn das wirkliche Alter niemals ermittelt wurde. 50.000 sogenannte MUFL – minderjährige unbegleitete Flüchtlinge – sollen bis Januar 2018 nach Deutschland gekommen sein. Sie verursachen im Vergleich zu erwachsenen Flüchtlingen besonders hohe Kosten: bis zu vier Milliarden Euro pro Jahr.

Das Skandalöse an den Alterslügen ist, dass sie in ganz vielen Fällen ganz einfach aufgedeckt werden könnten. Und zwar so, wie es im kleinen Saarland praktiziert wird. Dort gibt es eine sogenannte „dreistufige Vorklärung".

Im ersten Schritt wird der angeblich Minderjährige intensiv in Augenschein genommen. Ist seine Altersangabe glaubhaft? Ein junger Mann mit Vollbart, der sagt, er sei 13 Jahre alt, bekommt also hier schon Schwierigkeiten.

In der zweiten Stufe findet ein pädagogisches Gespräch statt. Wie drückt sich die Person aus? Welches Wissen hat sie?

Schließlich kommt der Medizincheck. Hier wird der Handwurzelknochen, das Schlüssel- oder Brustbein oder der Kiefer geröntgt oder tomografiert. Das Ergebnis ist genauer als bei jeder anderen Methode.

Durch diese Checks kommt kaum ein Alterslügner unentdeckt durch!

Das saarländische Verfahren, das bisher 35 Prozent aller Untersuchten, also mehr als ein Drittel, der Lüge überführt hat, muss also so schnell wie möglich in ganz Deutschland als Pflicht eingeführt werden. Nur eine bundeseinheitliche Regelung ist fair und effektiv. In Schweden und Belgien ist ein medizinischer Altersnachweistest für Flüchtlinge verpflichtend, bei denen Zweifel an der Minderjährigkeit bestehen. Österreich hat bereits seit 2010 ein mehrstufiges Verfahren zur Altersbegutachtung im Asylgesetz festgeschrieben.

Viele Bundesländer wenden die offenkundig erfolgreiche Methode aber nicht an, obwohl sie es per Gesetz dürften. Das liegt an einer frontalen Abwehrhaltung großer Teile der Ärzteschaft. Die Mediziner argumentieren, Röntgen ohne medizinische Gründe sei ein Eingriff in die körperliche Unversehrtheit eines Menschen. Beim Röntgen entstehe eine Strahlenbelastung, die schädlich sein könne. Der Vorwurf lautet also: Für ein Ergebnis, das am Ende auch nicht hundertprozentig genau ist, nehmen die Befürworter des Verfahrens in Kauf, dass dem Untersuchten womöglich körperlicher Schaden zugefügt wird! Das sind unangemessen schwere Geschütze, wenn man bedenkt, dass die Strahlenbelastung, die jeder Mensch aus dem All und aus dem Erdboden pro Jahr abbekommt, durchschnittlich 24.000 mal so hoch ist wie die Belastung durch eine Röntgenaufnahme der Hand, haben Experten in der *WELT* vorgerechnet.

Das Alter ist in unserer Gesellschaftsordnung die entscheidende Kennziffer für Rechte und Pflichten. Deshalb ist sie ein sehr hohes Gut. Das Alter bestimmt, ob und welchen Führerschein jemand machen darf. Ob man Geschäfte tätigen kann, heiraten darf, wie man vor Gericht beurteilt wird, wann man in Rente geht. Es definiert, wann man in die Schule muss, ab wann die Eltern nicht mehr über einen bestimmen dürfen, ob man wählen und als Schöffe urteilen darf, ob man Alkohol trinken und welche Filme man im Fernsehen und Kino anschauen darf. Deshalb ist es für die allermeisten Bürger völlig unverständlich, dass Deutschland bisher in dieser wichtigen Frage erst einmal leichtgläubig davon ausgeht, dass ein junger Flüchtling die Wahrheit sagt, und das nur sehr oberflächlich prüft. Und warum muss eigentlich der Staat beweisen, dass jemand *nicht* minderjährig ist, der das behauptet? Wäre es nicht sachgerechter, wenn es umgekehrt wäre, also der Flüchtling beweisen müsste, *wie alt* er ist? Dafür könnte er Dokumente vorlegen, Verwandte benennen, die angerufen werden können, Fotos aus seinem Handy zeigen, die Hinweise auf sein Alter liefern können, vielleicht sogar die Daten seines Handys komplett auslesen lassen. Und wenn all das nicht möglich ist, dann kann der junge Mann doch selbstbestimmt darum bitten, dass per Medizincheck seine Altersangabe bestätigt wird. Der Fachbegriff dafür ist: Beweislastumkehr – sie wäre dringend geboten.

Dass Flüchtlinge viel mehr dazu beitragen müssen, ihre persönlichen Daten und ihre Herkunft zu klären als bisher, ist bereits herrschende Meinung in der Politik. Jetzt muss es nur noch umgesetzt werden – aber ausgerechnet das gehört nicht zu den Stärken der „Wir schaffen das"-Republik.

Zu der Gruppe der Alterslügner gehört auch Abdul D., der am 27. Dezember 2017 in Kandel mit einem 20 Zentimeter langen Brotmesser die 15-jährige Mia V. erstochen hat. Sein Asylantrag wurde zehn Monate vor der Tat abgelehnt. Aufgrund seiner Einstufung als „minderjährig" konnte er aber nicht abgeschoben werden. Die Behörden hielten ihn zum Tatzeitpunkt für einen 15-Jährigen. Vor Gericht kam heraus, dass der junge Mann bei seinem Alter gelogen hatte. Der Gutachter stellte fest, dass der Angeklagte zwischen 17,5 und 21 Jahre alt sei. Vermutlich liege das wirkliche Alter bei etwa 20 Jahren. Die Jugendkammer ging von 17,5 Jahren aus und verurteilte Mias Mörder am 3. September 2018 nach Jugendstrafrecht.

In das Gutachten war auch das Ergebnis einer Röntgenuntersuchung mit eingeflossen. Hätte sie schon bei seiner Einreise stattgefunden, wäre Abdul D., der sehr wahrscheinlich 20-Jährige, ganz sicher nicht in dieselbe Schulklasse gegangen wie sein 15-jähriges späteres Opfer. Dort hatten sich die beiden kennengelernt und ineinander verliebt.

Muss in Deutschland also wirklich immer erst etwas Schlimmes passieren, bevor das Vernünftige gemacht wird? Fast scheint es so – und das macht traurig und wütend.

Die Liste solcher Tötungsdelikte ist leider lang und es kommen immer wieder neue hinzu. Sie vermischen sich in der Wahrnehmung der Menschen mit anderen hanebüchenen Fällen von Asylmissbrauch.

Wir haben beispielsweise dem Leibwächter des Terrorfürsten Osama bin Laden jahrelang Asyl gewährt. Wir schieben einen Polizistenmörder, der im Gefängnis vier Kinder zeugte, nach dem Verbüßen seiner Haftstrafe wegen eines Behördenfehlers nicht in sein Heimatland Libanon ab, sondern alimentieren ihn und seine Familie allein mit 1.263 Euro Kindergeld pro Monat. Wir beherbergen die Folterknechte des syrischen Diktators Assad bei uns und der größte Schatz für somalische Piraten sind die Segnungen des deutschen Sozialstaates. Wer vor der Küste Ostafrikas ein Schiff überfällt, wird in Hamburg vor Gericht gestellt und bleibt nach seiner Haftstrafe in Deutschland – mit Wohnung, Krankenversicherung, Kita für die Kinder. Und wir schaffen es sogar, dass Frauen, die von IS-Terroristen als Sexsklavinnen gehalten wurden, ihren Peinigern in deutschen Flüchtlingsunterkünften wieder begegnen.

Bevor die Details der viel zu vielen Einzelfälle den Blick für das große Ganze verstellen, sei einmal deutlich gesagt: Wer Terroranschläge plant oder verübt, ist ein Feind unserer Gesellschaft. Wer Straftaten begeht, obwohl er unsere Gastfreundschaft in Anspruch nimmt, ist ein Feind unserer Gesellschaft. Wer unsere Gastfreundschaft dazu benutzt, sich Sozialleistungen zu erschleichen, die ihm gar nicht zustehen, und auch der, der das Grundgesetz verachtet, ist ein Feind unserer Gesellschaft. Und sie sind auch Feinde all derer, die wir zu Recht schützen, die wirklich verfolgt, minderjährig und rechtschaffen sind. Aber auch alle Feinde kommen seit Jahren in den Genuss eines Rechts- und Sozialstaates, der sich nicht mehr ausreichend zu verteidigen scheint. „Kein Land der Welt macht es seinen schlimmsten Feinden so bequem wie Deutschland", kommentierte Julian Reichelt, der Chefredakteur von *BILD*. Und er fügte hinzu: „Keine Gesellschaft der Welt akzeptiert auf Dauer, ihre potenziellen (und zu oft tatsächlichen) Mörder heranziehen und ihnen auch noch bestmögliche Lebens- und Arbeitsbedingungen schaffen zu müssen." Reichelts

Gedankengang mündet in ein schonungsloses Fazit: „Politik, die diesen selbstmörderischen Wahnsinn seit Jahren nicht beendet, radikalisiert die Menschen im Land und gefährdet unsere wertvolle, wundervolle und freie Gesellschaft."

Tatsächlich scheint sich unter der Oberfläche etwas angestaut zu haben, was sich immer öfter Bahn bricht. Cottbus Anfang 2018 war so ein Ausbruch, lange vor Chemnitz: Monatelang gab es Übergriffe zwischen Einheimischen und Flüchtlingen. Auch in der Brandenburger 100.000-Einwohner-Stadt gab es von Rechten organisierte Wutdemos in der Innenstadt mit über 1.000 Teilnehmern, darunter viele ganz normale Bürger aus der Mitte der Gesellschaft, also jene, die weder rechts noch links sind, sondern einfach nur wieder Ruhe und Ordnung haben wollen, also ein Cottbus wie früher. Christoph Berndt, Chef des Bürgervereins „Zukunft Heimat", der die Demos organisiert hat, meint: „Was bei uns passiert, ist die absehbare Folge des von der Regierung abgesegneten Kontrollverlusts an unseren Grenzen.(...) Eine Gruppe Rotzlöffel, die nichts für unser Land getan haben, beansprucht den Vortritt gegenüber Einheimischen, die sie beherbergen, verpflegen und versorgen", rief er auf der Bühne in sein Mikro.

„Die Stimmung in Cottbus ist angespannt. Was sich da vollzieht, ist keine Kleinigkeit", sagte Ingo Decker, Sprecher des Innenministeriums, im *TAGESSPIEGEL*. „Die Demo zeigt, dass wir es nicht nur mit Rechtsextremisten und der AfD zu tun haben, sondern auch mit vielen empörten Bürgern." Und der Cottbusser Bürgermeister Holger Kelch warnt: „Wir müssen ein Kippen der Stimmung in der Bevölkerung verhindern."

Später wird das Innenministerium einen Stopp für den Zuzug von Flüchtlingen verfügen.

3 Extreme von rechts und links: Die Ränder lassen die Mitte verschwinden

Sie sind wieder da.

Menschen, die hasserfüllt – oder noch schlimmer –, lachend und stolz den Hitlergruß öffentlich zeigen. Die Demos veranstalten, bei denen Reden mit Zitaten von Reichspropagandaminister Goebbels gegrölt werden. Männer, die sich Nazisymbole ins Gesicht tätowieren lassen.

Früher hat sich diese braune Brut nur dann gezeigt, wenn sie im Schutz der Nacht feige auf Asylbewerberheime losging oder wie in Solingen, Mölln oder Hünxe Brandanschläge auf türkische Familien verübt hat. Ansonsten saßen die neuen Nazis in Hinterzimmern verborgen unter Reichskriegs- und Hakenkreuzflaggen, hörten rechtsextremen Dumpfrock und soffen sich dabei die Birne voll.

Plötzlich wagen sie sich ins Licht. In Chemnitz und Köthen riefen sie „Auge um Auge, Zahn um Zahn". Von „Rassenkrieg" war die Rede. Sie forderten offen einen „nationalen Sozialismus" und jubelten ihren Führern zu, die in die Menge fragten: „Wollen wir weiter Schafe bleiben oder wollen wir zu Wölfen werden und sie zerfetzen?" Zuvor war ganz klar geworden, wer zerfetzt werden soll: Asylbewerber, Ausländer, Flüchtlinge. Joseph Goebbels hat am 30. April 1928 in einem Leitartikel des *Völkischen Beobachter* formuliert: „Wir kommen nicht als Freunde, auch nicht als Neutrale. (...) Wie der Wolf in die Schafherde einbricht, so kommen wir!"

Sie trauen sich plötzlich raus. Sie wittern die Sorge der Bürger und nutzen die Wut der Mitte. Sie spüren, dass unsere Gesellschaft seit Jahren immer schneller auseinanderdriftet, und versuchen, das für ihre Propaganda zu nutzen. Beides, die Sorge und die Wut, sind deshalb der Nährboden für die Extremen, die sich immer häufiger und immer ungenierter zeigen. Sie haben offenbar das Gefühl, in der Deckung tausender über den Staat empörter Bürger die Demonstrationsfreiheit für ihre Zwecke missbrauchen zu können. In Köthen konnte der Anführer den Lautsprecher für sein Mikro direkt vor einem Polizeiauto aufstellen. Die Beamten schritten nicht ein, obwohl der volksverhetzende Charakter seiner Rede eindeutig war. Offenbar hatten sie Sorge, dass – sobald sie dem Hetzer den Ton abdrehten – wütende Proteste und Straßenschlachten mit vielen Verletzten und Schwerverletzten beginnen könnten. Das ist besonnen und man kann es nachvollziehen, aber es sendet den neuen Nazis auch ein fatales Signal: Sie nehmen von der Kundgebung mit, dass der Staat zu feige ist, sie zu stoppen. Das wird sie ermutigen, ihren Raum durch immer schlimmere Grenzüberschreitungen immer weiter zu vergrößern. Kurz: der Staat als Schlappschwanz! So ein Staat wird eher als Lachnummer denn als ernst zu nehmender Gegner empfunden. Dagegen helfen dann auch die vielen Millionen Euro nichts mehr, die an Schulen und in diversen Initiativen in Aufklärung und Prävention investiert werden.

Den Rechtsradikalen gelingt es derzeit, die gleiche tief sitzende Stimmung zu nutzen, von der auch die AfD profitiert. „Die Gruppe beschämter und verbitterter Männer und Frauen aus der Mitte unserer Gesellschaft ist in den vergangenen Jahren still, aber rasant gewachsen", analysiert der Soziologe Heinz Bude schon 2016 im *SPIEGEL*. „Jetzt eröffnet ihnen die Flüchtlingsfrage eine Bühne, die sie aus ihrer Schweigespirale herausholt und auf der sie sich endlich Gehör verschaffen wollen."

Eine solche Gruppe entsteht nicht von heute auf morgen. Sie ist das Ergebnis jahrelanger Politik, deren Bilanz nur dann gut klingt, wenn die Regierenden sie selbst formulieren. Angela Merkel formulierte beim Deutschlandtag der Jungen Union Anfang Oktober 2018: „Im Augenblick geht es Deutschland gut, wirtschaftlich gut, wir haben die niedrigste Arbeitslosigkeit, die größte Beschäftigung, die wir jemals hatten." Und: „Mit

Rumgemosere verändert man Deutschland nicht zum Besseren." Ähnlich hatten sich in den Monaten zuvor bereits Wirtschaftsminister Peter Altmaier und der Chef des Bundesverbandes der Deutschen Industrie, Dieter Kempf, geäußert. Tenor: Uns geht es so gut wie noch nie. Zur Wirklichkeit gehören aber auch diese Tatsachen: Deutschland ist das Land, das seine Bürger mit den zweithöchsten Steuern und Abgaben aller westlichen Industriestaaten belastet – laut Bund der Steuerzahler arbeiten die Bürger und Betriebe im Jahr 2018 bis Mittwoch, 18. Juli, 4:40 Uhr, nur für den Staat –, nur die Belgier müssen noch mehr abdrücken. Die privaten Haushaltsvermögen sind hierzulande niedriger als in jedem anderen Land Europas, was der STERN im Januar 2018 in der Überschrift „Die Deutschen sind die armen Würstchen der EU" zusammengefasst hat. Sogar die Griechen, denen wir mit vielen Milliarden Euro geholfen haben, besitzen mehr. Italiener und Franzosen sind sogar doppelt so reich wie die Deutschen. Die Menschen zwischen Nordsee und Zugspitze haben auch viel weniger Wohneigentum als die anderen – mit 45 Prozent Eigentumsquote rangieren die Deutschen auf dem vorletzten Platz. In Norwegen, der Nummer 1, leben 80 Prozent der Bürger in den eigenen vier Wänden, im Durchschnitt der EU sind es fast 70 Prozent.

Bei so miesen Werten ist die Sensibilität der Menschen groß, wenn sie in den Nachrichten hören, dass Deutschland das Land mit der höchsten Zuwanderung in die Sozialsysteme ist und zukünftig Millionen Menschen von Altersarmut bedroht sein werden. Das verstärkt die ohnehin vorhandene große Angst vor der Zukunft, vor Rentnerarmut, Pflegenot, Globalisierung, Abstieg, Arbeitslosigkeit und den Zuwanderern. Denn, so der sich immer schneller verbreitende Eindruck: Mehr als die Hälfte des Jahres schuftet man in Deutschland nur für den Staat, der dann das Geld für Flüchtlinge ausgibt, aber die Infrastruktur von der Schule über die Straßen und Brücken, die Polizei bis hin zur Bundeswehr verrotten lässt. Das ist Wasser auf die Mühlen von AfD und Linkspartei – und Sprengstoff für Rechts- und Linksextremisten: PR-Munition gegen unseren Staat.

Das rechtsextremistische Personenpotenzial belief sich Ende 2017 auf insgesamt rund 24.000 Personen, von denen 12.700 als „gewaltorientiert" gelten. Damit ist die rechtsextremistische Szene weiter gewachsen. Die Ermittler zählten bundesweit 774 Delikte rechtsextremistischer fremdenfeindlicher Gewalttaten. Das sind jeden Tag zwei Verbrechen gegen Menschen und gegen die Menschlichkeit. 286 Mal wurde eine Straftat gegen eine Asylunterkunft begangen, darunter 16 Brandanschläge. Die Verfassungsschützer heben die Bedeutung des Internets besonders hervor: Jede rechtsextremistische Kampagne wird propagandistisch begleitet und der Einfluss des Mediums bei der Mobilisierung der Szene ist erheblich. Und weiter: „Gleiches gilt für Radikalisierungsverläufe, zu denen das Internet begünstigend beitragen kann. Ein in Einzelfällen fließender Übergang von aggressiver Rhetorik zu konkreten Planungen oder zu tatsächlichen Straf- und Gewalttaten mit rechtsterroristischen Dimensionen scheint auch künftig möglich." Übersetzt heißt das: Da draußen sitzen noch viele Menschen, die von einem Moment zum anderen zum Terroristen werden können.

Feinde der Gesellschaft gibt es aber nicht nur am rechten Rand. Oft bagatellisiert, verniedlicht, in vielen Medien eher als Folklore dargestellt, machen sie sich auch links außen breit und werden immer radikaler und brutaler.

Wie radikal und brutal – das konnte am 7. und 8. Juli 2017 die ganze Welt in den Live-Übertragungen vom G20-Gipfel in Hamburg mitverfolgen. Der sogenannte Schwarze Block wütete stundenlang in der Hansestadt. Zeitweise glichen Straßen und Plätze Schlachtfeldern. Rauchwolken zogen über die Stadt. 700 Polizisten wurden verletzt, Autos angezündet, Geschäfte verwüstet. Die TV-Bilder von Horden vermummter Männer, die durch Wohnviertel gezogen sind und unbehelligt von der Polizei eine Straftat nach der anderen begehen konnten, haben sich ins kollektive Bewusstsein der Bürger im wahrsten Sinne des Wortes eingebrannt. Die Stadt schien zeitweise in der Hand der Autonomen zu sein. „Hamburg brennt an allen Ecken und Kanten", titelte der STERN. Von Ausnahmezustand war die Rede und davon, dass der Staat für eine Weile das Gewaltmonopol verloren habe. Vor dem Gipfel, zu dem auch Donald Trump und Wladimir Putin angereist waren, hatte Hamburgs damaliger Erster Bürgermeister Olaf Scholz – für einen SPD-Politiker und Chef einer rot-grünen Koalition nicht untypisch – die drohende Gefahr von links heruntergespielt. Man habe in Hamburg viel Erfahrung mit den Hafengeburtstagen, also mit Großveranstaltungen, bei denen auch jeweils viele Fremde in der Stadt seien.

Anders als beim Rechtsextremismus, der zu Recht schon immer mit allen Mitteln samt der angemessenen gesellschaftlichen Ächtung bekämpft wurde – allerdings, siehe Chemnitz und Köthen, mit nicht allzu großem Erfolg –, machte es Deutschland seinen Feinden von links über Jahrzehnte hinweg sehr leicht. Der Linksextremismus ist lange Zeit verharmlost und verhätschelt worden und manchmal hat man auch heute noch das Gefühl: Es sind ja schließlich die „Guten", sie kämpfen auf der richtigen Seite. Gegen Staat und Kapitalismus, gegen Großbanken, Industrielle und natürlich gegen Nazis. SPD, Grüne und Linke schaffen seit Jahren ein Klima der scheinbaren Akzeptanz von Antifa und anderen militanten linken Gruppierungen. Das beginnt schon bei der Sprache: Nazis nennen wir „Nazis". Aber die von Politik und Medien häufig verwendeten Begriffe für Linksextremisten lauten „Autonome" und „Aktivisten". Man denkt also eher an „Unabhängige" (Autonome) und „Engagierte" (Aktivisten), die für die gute Sache und gegen das Böse kämpfen.

Ein trauriger Tiefpunkt war der politische Geleitschutz des Auftritts der linksradikalen Punkband „Feine Sahne Fischfilet" beim Chemnitzer Konzert gegen Rechts, die von Verfassungsschützern in Mecklenburg-Vorpommern zwischenzeitlich wegen „linksextremistischer Bestrebungen" erwähnt worden war. Einige Texte der Gruppe können als Aufruf zur Gewalt gegen Polizisten verstanden werden. Bundespräsident Frank-Walter Steinmeier (SPD) machte vor dem Konzert in den sozialen Medien Werbung für die Veranstaltung und damit auch für „Feine Sahne Fischfilet". Abstand zu den politischen Rändern, für einen Präsidenten eigentlich Pflicht, sieht anders aus.

Häufige Angriffsziele gewaltbereiter Linksextremer sind Polizeiwachen, Bundeswehrfahrzeuge, öffentliche Einrichtungen, „Luxuskarossen" und „Luxuswohnungen", (vermeintliche) Rechtsextremisten sowie zunehmend auch Abgeordnetenbüros fast aller Parteien, manchmal sogar Journalisten, jedenfalls dann, wenn sie auf der aus linker Perspektive falschen Seite stehen oder dort vermutet werden. Ich selbst stand 2007, als der G8-Gipfel in Heiligendamm stattfand, auf der Liste linker Terroristen. Das bedeutete wochenlange Bewachung, Objektschutz, Sorge um die Sicherheit meiner Familie. *BILD am SONNTAG*, deren Chefredakteur ich damals war, galt ganz offenbar als Feind der Linken: Die Positionierung als Feind der Feinde unserer Gesellschaft gefällt mir bis heute ganz gut. Damit steht man, davon bin ich überzeugt, genau auf der richtigen Seite. Man könnte auch sagen: in der Mitte.

„Nach den Beobachtungen der Verfassungsschutzbehörden und des Bundeskriminalamtes stieg die Anzahl linksextremer Gewalttaten 2008/09 beträchtlich an, schwankte einige Jahre auf hohem Niveau und legte 2014 noch einmal deutlich zu", geht aus einer Analyse der Konrad-Adenauer-Stiftung hervor. Im Jahr 2017 wurden 1.648 Gewalttaten und 4.745 andere Straftaten dem linksextremistischen Spektrum zugerechnet. Das sind 27,1 Prozent mehr als im Jahr zuvor. Allerdings: „Der Anstieg lässt sich maßgeblich auf den G20-Gipfel zurückführen", so die Verfassungsschützer.

Autonome sind die größte Gruppe der gewaltorientierten Linksextremisten. Sie erkennen das Gewaltmonopol des Staates grundsätzlich nicht an und stellen die Rechtmäßigkeit staatlichen Handelns deshalb generell in Abrede. Gewalt gegenüber Repräsentanten des Staates wird als „legitime Notwehrhandlung" verklärt, heißt es im Bericht der Verfassungsschützer. Polizistinnen und Polizisten „stellen für gewaltorientierte Linksextremisten personifizierte Hauptfeindbilder und zum Teil sogar ‚entmenschlichte' Hassobjekte dar". Das vereinfacht die Rechtfertigung von Gewalt, weil sich diese dann nicht mehr gegen Menschen richtet, „sondern gegen bloße Teile einer angeblichen Repressionsmaschinerie". Das linksextremistische Personenpotenzial hat 2017 mit 29.500 Personen den höchsten Wert seit 2012 erreicht. 9.000 Menschen weisen eine dezidiert gewaltorientierte Einstellung auf – über zehn Prozent mehr als im Jahr zuvor.

29.500 Linksextremisten und 24.500 Rechtsextremisten – das sind 54.000 Menschen, die unseren Staat mit allen Mitteln bekämpfen und abschaffen wollen. Sie töten, verletzen und zerstören. Das ist eine enorm große Gruppe, die allein ein Fußballstadion füllen würde. Auf der einen Seite glatzköpfige, tätowierte Nazis und auf der anderen vermummte, in schwarzen Kapuzenpullis kämpfende Autonome. Und parallel dazu im Internet ihre jeweiligen Unterstützer und klammheimlichen Freunde.

Zu einer Gesamtbetrachtung des Problems gehört auch:

> Bis 2016 lag die Zahl linksextremer Gewalttaten fast zwölf Jahre lang über der rechtsextremer Gewalttaten.

> Im Jahr 2015 gab es 1.354 Körperverletzungen „von links" und 1.177 „von rechts".

> Im zeitlichen Kontext der Flüchtlings- und Migrationskrise wurden deutlich mehr rechtsextreme Körperverletzungen (2016: 1.393) als linksextreme (916) verübt.

Um wirkungsvoll gegen die Feinde von links und rechts vorgehen zu können, sind zwei Punkte wichtig.

Erstens: Es muss Schluss damit sein, die Tendenzen in den einzelnen Statistiken zur Relativierung der Gewalt auszunutzen. Es ist kein Erfolg, wenn die einen weniger morden als die anderen – jeder Mord ist einer zu viel. Und es ist auch keine positive Hervorhebung wert, wenn die eine radikale Szene weniger Zulauf hat als die andere – jeglicher Zulauf ist eine Schande und ein Mahnmal für die Politik.

Zweitens: Wenn eine Maßnahme gegen den Extremismus positive Wirkung zeigt, dann muss sie so schnell wie möglich auf alle radikalen Gruppen angewendet werden. Hierfür gibt es ein Mut machendes Beispiel: Die Zahl rechtsextremistischer Gewalttaten entwickelte sich in nahezu allen Bundesländern rückläufig. Die Experten des Verfassungsschutzes stellen in diesem Zusammenhang eine interessante Verbindung her: „Ein Grund für den Rückgang der rechtsextremistisch motivierten Gewalttaten gegen Asylunterkünfte ist vermutlich auch die konsequente Verurteilungspraxis vieler Gerichte bei entsprechenden Gewalttaten mit teils hohen Haftstrafen für die Täter", so deuten sie ihre eigene Statistik.

Diese Erkenntnis weist weit über den Tag hinaus – und den Weg: Sie muss in Zukunft noch viel mehr beachtet werden. Wenn die Justiz mit rigorosen Urteilen unmissverständlich klarmacht, dass diese Gesellschaft solche Taten verachtet und sie deshalb hart bestraft werden, bewirkt das ganz offensichtlich einen Rückgang der Fallzahlen. Der Rechtsstaat kann also, wenn er will. Warum tut er es dann in vielen anderen Fällen nicht?

Während also der Rechtsextremismus mit der ganzen Härte des Gesetzes bekämpft wird und das Wirkung zeigt, steigen die Deliktszahlen im linksextremen Milieu an. Hängt das vielleicht auch damit zusammen, dass dort milder geurteilt wird? Dass Richter und Staatsanwälte, oft noch im 1968er-Milieu sozialisiert, hier anders entscheiden als bei rechten Straftaten?

Linksextremisten, die Polizisten (und damit den Staat und damit uns alle!) angreifen, müssen ähnlich hart bestraft werden. Wenn das einmal klar ist, werden auch diese Taten nicht mehr so oft stattfinden. Allen, die darin einen zu naiven Zugang zu extremistischer Gewalt und ihrer Bekämpfung zu erkennen glauben, weil doch härtere Strafen sowieso nichts bringen, fehlt jetzt das zentrale Argument: denn rechtsaußen funktioniert diese Strategie ja bereits.

Anfang der 2000er-Jahre war ich zum ersten Mal in Diskussionen verwickelt, in denen die These vertreten wurde, dass es in einigen Jahrzehnten in keinem Bereich des gesellschaftlichen Zusammenlebens mehr eine „Mittelklasse" geben würde. Im Sport und im TV könne man erste Belege bereits finden, hieß es. Im Fußball gebe es Champions-League-Teilnehmer und Abstiegskampf – dazwischen sei eine nicht mehr vermarktbare und damit wertlose Ödnis entstanden. Der Trend hat sich bis heute fortgesetzt. Im Fernsehen, hieß es, seien für den Zuschauer nur noch erstklassige Produktionen und totaler Schrott interessant. Das klang sehr kulturpessimistisch, aber ganz von der Hand zu weisen ist es im Lichte der täglichen Quotenanalyse nicht. Im Einzelhandel ist das „Mittel" fast schon ganz verschwunden: Verkauft wird noch „Premium" und „Economy". Und auch im politischen Spektrum gibt es für diese These inzwischen mehr Belege als Gegenargumente.

Die einstigen Volksparteien, also die klassische Mitte, erodieren in atemberaubender Geschwindigkeit. Die Ränder, also Linkspartei und AfD, profitieren. Beiden nutzt die Stimmung im Land, die auch Extremisten größer werden lässt – eine unangenehme Koalition aus berechtigten, dumpfen und verfassungsfeindlichen Strömungen. Viel zu oft sind die Trennlinien nicht klar. Offen extremistische Strukturen in der Partei DIE LINKE haben laut Verfassungsschutzbericht 4.135 Mitglieder – wird das eigentlich häufig genug öffentlich diskutiert und angeprangert? Und die fehlende Abgrenzung zu Pegida und noch rechteren Organisationen sowie die fehlende klare Distanzierung von Mitgliedern mit eindeutig völkischem Gedankengut macht die AfD für viele Menschen der bürgerlichen Mitte weder wählbar noch zu einem Koalitionspartner für eine Mitte-Partei.

Wenn die Mitte einer Gesellschaft aber verschwindet oder nachhaltig verunsichert ist, wenn also Standpunkte immer härter aufeinanderprallen, dann werden Sündenböcke gesucht – und gefunden: Irgendjemand muss ja schließlich schuld sein an der misslichen Lage, am besten jemand, der sich nicht wehren kann. Dann wird das Klima – das zeigen viele Erfahrungen aus der Geschichte, die sich leider immer wiederholen – vor allem für Minderheiten rau und bedrohlich oder sogar lebensgefährlich.

Alle auf die Juden: Der neue, gefährliche Dreifach-Antisemitismus

Ein Tag im August 2017. Wir nähern uns mit einem Kamerateam der Gemeinschaftsschule in Berlin-Friedenau. Dort war ein 14-jähriger jüdischer Junge von muslimischen Mitschülern wegen seines Glaubens verprügelt und gemobbt worden. Das Opfer hat die Schule daraufhin verlassen, die Täter sind noch dort. Wir wollen recherchieren, wie es zu einer solchen Tat kommen konnte. Aber die Schulleitung lässt uns nicht auf das Gelände. Am Tor kommt es zu aufgeregten Wortgefechten. Ein Schüler muslimischer Herkunft, der gehört hat, warum wir da sind, geht mich an. Er brüllt, wir sollten abhauen. Ich sage: „Hier ist ein antisemitischer Übergriff passiert." Der Junge antwortet: „Das kann doch mal passieren."

Wir werden abgedrängt, das Tor wird geschlossen. Drinnen, hinter dem Maschendrahtzaun, rennen jetzt zehn, 20 aufgebrachte Jugendliche herum. Sie beschimpfen uns in schlechtem Deutsch. Immerhin die Schimpfwörter sind klar und deutlich zu verstehen: Hurensöhne, Bastarde, Schwanzlutscher, Schwuchteln. Die Jungen sind zwischen zehn und 15 Jahre alt. Sie werfen Steine auf uns. Ein Kollege wird am Kopf getroffen. Er blutet. Wir ziehen uns zurück, um eine weitere Eskalation zu vermeiden. So haben wir zwar an diesem Tag keine Stellungnahme der Schule bekommen, aber viel besser verstanden, was dort passiert war und wie es dazu kommen konnte: alltäglicher Antisemitismus. Tendenz: stark ansteigend.

Es wäre falsch, die Teenagerjungs vom Schulhof dafür allein verantwortlich zu machen. Sie sind zumeist das Produkt des tief sitzenden Antisemitismus ihrer Eltern und Großeltern, die sie streng entlang der Gesetze erziehen, die der Koran ihnen vorgibt. Im Hinblick auf Christen und Juden ist die Schrift eindeutig: Beide müssen gemieden werden. Das können alle gläubigen Muslime auswendig aufsagen, auch die Jungs vom Schulhof. Juden sind „Kinder Israels", denen im Koran folgende Eigenschaften zugeordnet werden:

- Ihre Herzen sind verhärtet, sogar härter als die Steine (Koran 2:69, 5:16 und 57:15).
- Sie haben ihren eigenen Propheten umgebracht (Koran 2:58 und 2:85).
- Sie haben den mit Gott geschlossenen Bund gebrochen (Koran 4:154 und 5:16).
- Ihnen ist nicht zu vertrauen, sie sind als Verräter zu betrachten (Koran 2:94 und 5:16).
- Ihnen werden Wortverdrehungen und Verfälschungen des Wortes Gottes zugeschrieben, die durch den Koran korrigiert würden (Koran 4:48-49 und 16:45).
- Sie bringen andere Menschen um ihr Geld (Koran 159 und 9:34).
- Deshalb müssen Juden bekämpft werden, wo immer man sie trifft (Sure 9 Vers 29).

Wenn Kinder das jeden Tag hören, weil Eltern, Geschwister, Großeltern, Freunde, Lehrer und Imame es gebetsmühlenartig wiederholen, wenn sie es im Fernsehen sehen, und zwar nicht im deutschen, sondern in Programmen, die via Satellitenschüssel aus Saudi-Arabien, dem Iran, dem Gazastreifen oder sonst woher kommen. Wenn sie den Nahostkonflikt und die großen Finanzskandale der Welt in ihren Nachrichten nur durch diese Brille betrachtet vermittelt bekommen, dann müssen sie als Heranwachsende schon sehr intelligent, sehr selbstbewusst und sehr mutig sein, um etwas anderes für richtig zu halten. Und wenn sie mit einer solchen Sozialisation dann als Flüchtling nach Deutschland kommen und dort ein jüdischer Junge neben ihnen auf der Schulbank sitzt, sehen sie ihn zwangsläufig mit anderen, mit verblendeten Augen.

Bitte nicht falsch verstehen: Das ist selbstverständlich keine Entschuldigung und auch kein Appell für Verständnis oder eine Rechtfertigung, sondern ein Erklärungsversuch. Im digitalen Zeitalter erreicht die menschenverachtende Propagandamaschine muslimische Kinder und Jugendliche auch in Deutschland, als TV-Sendung aus der Heimat, als Videoclip, Emoji oder App. Immer wieder taucht offener Judenhass sogar in Kinderprogrammen auf. 2015 machte ein Video des Hamas-Senders *Al-Aqsa TV* unrühmliche Karriere. Darin sieht man Kinder in Uniform, die gefragt werden, was sie denn werden wollen. Ein Junge antwortet, er wolle Ingenieur werden, „damit ich die Juden in die Luft sprengen kann". Ein anderes Kind zitiert ein Gedicht: „Ich möchte Jerusalem von den Juden befreien mit den Mitteln der Kassam-Brigaden." Die Europäische Union führt die militante Gruppe als Terrororganisation. Die Kassam-Brigaden lehnen das Existenzrecht Israels kompromisslos ab und vertreten die Auffassung, dafür seien alle Mittel recht.

Kindermund tut Judenhass kund! Leider kein Einzelfall, sondern eher Methode. Solche Programme müssen in Deutschland verboten werden. Und die Eltern, die das ihren Kindern zeigen, müssen belangt werden!

In der Sendung „Grown Up Kids" eines palästinensischen Fernsehsenders kommt es regelmäßig zu Lobpreisungen von Attentätern, die Juden getötet haben. „Wir verehren die jungen Helden, die ihre Leben geopfert haben, um all diese großen heldenhaften Taten auszuführen", schwärmt die vielleicht 13-jährige Moderatorin mit Kopf- und Palästinensertuch in einer besonders ekelhaften Ausgabe des Kriegshetzerformats für Kinder am 16. Oktober 2015. Offener kann man Antisemitismus nicht in die Herzen und Gehirne junger Menschen pumpen.

Das ist staatlich verordneter Kindesmissbrauch.

„Dschihadisten als Helden in Videoclips, Aufrufe zu Terrorattacken in Memes, Kinder als Zielgruppe von Apps des ‚Islamischen Staats': Islamisten sprechen über das Netz immer jüngere User an", haben auch die Experten von *jugendschutz.net* in ihrem Lagebericht 2017 festgestellt. „Sie verbreiten ihre Botschaften in Diensten wie YouTube und Instagram, die in der Medienwelt von Kindern und Jugendlichen eine zentrale Rolle spielen. Auch Emojis, die beim Chatten beliebt sind, werden gezielt eingesetzt." 2017 dokumentierte *jugendschutz.net* im Themenfeld Islamismus 786 Fälle (2016: 651) mit über 1.547 Verstößen (2016: 1.497). Meist wurden Kennzeichen verfassungswidriger Organisationen, zum Beispiel vom „Islamischen Staat", verbreitet oder unzulässige Darstellungen von Gewalt und die Menschenwürde verletzenden Szenen wie etwa Hinrichtungsvideos oder die Vorführung getöteter Menschen als Trophäen.

In vielen radikalen Moscheen zum Judenhass verpflichtet, in der Schule zu Antisemiten erzogen, im Fernsehen mit Propaganda aufgehetzt oder durch antisemitische Fake News verblendet – so züchten sich die religiösen Fanatiker ihren Nachwuchs in vielen islamischen Ländern Generation für Generation heran. Da ist es nicht überraschend, dass mit den Muslimen, die nach Deutschland gekommen sind, der muslimische Antisemitismus ebenfalls eingereist ist. Mehrere Umfragen unter Flüchtlingen belegen das. Wissenschaftler der Universität Regensburg zum Beispiel haben 2017 etwa 750 Flüchtlinge aus Syrien, Eritrea, Afghanistan und dem Irak interviewt. Ihr Fazit: „Über die Hälfte der muslimischen Befragten weist deutliche Tendenzen zu antisemitischen Einstellungsmustern auf." Das sind besorgniserregende Zustände, die jahrelang verharmlost und ignoriert wurden.

Das Hauptargument lautete: Mit dem Verschieben des Scheinwerfers auf die muslimischen Einwanderer solle von dem unter Deutschen leider noch immer vorhandenen Antisemitismus abgelenkt werden. Da ist es wieder: das Relativieren, Gegeneinander-Ausspielen, wechselseitige Schuldzuweisen. Damit halten wir uns schon viel zu lange auf. Denn: Alle Antisemiten sind Feinde unserer Gesellschaft! Die von rechts, die von links und die muslimischen. Jede antisemitische Straftat, jede verbale Attacke, jeden Witz auf Kosten der jüdischen Minderheit müsste jeder, der sich als Bürger dieses Landes versteht, eigentlich persönlich nehmen. „Wen heute die Sorge treibt, Freiheit und Frieden zu verlieren, der muss seine Komfortzone verlassen und sich den Hassern couragiert entgegenstellen. Immer und bei jeder Gelegenheit", fordert Elio Adler von der „WerteInitiative – jüdisch-deutsche Positionen" in einem bisher unveröffentlichten Papier. Und weiter: „Im Bereich gegen rechten Antisemitismus und Fremdenfeindlichkeit gibt es erfreulicherweise einen Konsens der großen Mehrheit. Ganz anders dagegen bei linkem und noch unzureichender beim muslimischen Antisemitismus."

Darin besteht die neue gefährliche Mischung des Hasses in Deutschland. Bisher kennen wir Antisemitismus in der Bundesrepublik vom Altherrenstammtisch oder widerlichen Neonazis. Die meisten der 1.500 Straftaten gegen Juden im Jahr 2017, also durchschnittlich vier an jedem Tag, gehen der Polizeistatistik zufolge auf das Konto von Rechtsextremisten. Selbst wenn einige davon falsch zugeordnet worden sind, bleibt es die absolute Mehrheit aller judenfeindlichen Straftaten. Aber es gibt auch einen linken Antisemitismus. Der lässt sich nicht so einfach durch Straftaten belegen und wurde deshalb lange als nichtexistent betrachtet. Er zeigt sich vielmehr in einer Ersatzhandlung, dem Kampf gegen „Israel", das „Finanzkapital" und die „jüdische Lobby". Judenhass getarnt als Israel-Kritik! Eine Studie der Freien Universität Berlin hat 2016 belegt: Antisemitische Einstellungen sind auch unter Linksextremen weit verbreitet. 34 Prozent der Befragten stimmten der Behauptung zu, Juden hätten in Deutschland „zu viel Einfluss". Dem antisemitischen Stereotyp, Juden seien „geld- und raffgierig" (siehe Koranstelle oben!) stimmten auch 34 Prozent der Linksextremen zu. Unter allen Befragten bejahten das acht Prozent, berichtet die *Süd-*

deutsche Zeitung im Juli 2016. Deutliche Werte, die mehr beweisen als die immer gleichen Worte, es gebe links keine Antisemiten. Auch große Teile der deutschen Medien müssen sich fragen, ob sie nicht angesichts manchmal sehr einseitiger Berichterstattung über den israelisch-palästinensischen Konflikt ihren Anteil an der antisemitischen Meinungsbildung haben.

Nun ist auch noch eine Vielzahl neuer Muslime dazugekommen. Sie komplettieren das Hass-Dreieck – und sie machen es spitzer und noch gefährlicher. Das Internet mit seinen sogenannten sozialen Plattformen, die immer öfter zum asozialen Ort werden, ist der Verstärker des Hasses. „Auf Facebook gehört bei verstörend vielen deutschsprachigen Leuten mit türkischen oder arabischen Namen Israel-bezogener Antisemitismus zur Gemeinschaftsstiftung. (...) Vom Genre der ‚Israel-Kritik' über völkische Judenfeindlichkeit bis zur stumpfen Globalisierungs- und Kapitalismuskritik reicht das Spreizfeld des Netzantisemitismus", schreibt Sascha Lobo Ende 2017 im *SPIEGEL*. Und weiter: „Begriffe wie ‚Finanzelite', ‚Versklavung' oder ‚Zinsknechtschaft' vermengen das Unbehagen an dem Kapitalismus mit diffusen Verschwörungstheorien, die dann antisemitisch aufgelöst werden." Lobo kommt zu einem besorgniserregenden Schluss, der die neue Qualität des Antisemitismus beschreibt: „Hier ist im Netz ein merkwürdiger Kristallisationspunkt – linker, rechter und islamistischer Judenhass sind in der Kapitalismus- und Bankenkritik vereint."

Der muslimische Antisemitismus ist zudem „deshalb so gefährlich, weil er bei arabisch-muslimisch Sozialisierten stark gehäuft und besonders aggressiv ist." Muslimische Antisemiten verstünden die in Deutschland herrschende Freiheit als Schwäche und nicht als Stärke der Gesellschaft. „Das zu erkennen und entsprechende Konsequenzen abzuleiten, fällt den meisten Deutschen schwer", sagt Elio Adler.

Dann ist genau jetzt der richtige Zeitpunkt, die Deutschen – also uns alle – aufzurütteln!

Wie wäre es mit einem gemeinsamen Aktionsplan gegen den „ISMUS"? Also Schluss mit dem parteipolitischen Verteilen der Budgets gegen rechts und gegen links und gegen Antisemitismus. Da wird auch nur geneidet, lobbyiert, schlecht über die anderen geredet. „Die bekommen immer mehr, wir immer weniger." Stattdessen könnte die Bundesregierung alle Mittel konzentrieren und unter dem Hashtag #stoppISMUS! konsequent gegen RechtsextremISMUS, LinksextremISMUS, IslamISMUS und AntisemitISMUS vorgehen. Das wäre ein starker Pakt mit vielen Unterstützern. Ein Pakt für die Freiheit und gegen alle radikalen, menschenverachtenden „Ismen". Ein Pakt zur Durchsetzung des Grundgesetzes. Letzteres ist ja das eigentlich Schlimme: Jede extreme Form von „Ismus" verstößt gegen unsere Verfassung. Dann lasst uns endlich gemeinsam und mit allen rechtsstaatlichen Mitteln gegen die „Isten" kämpfen – und damit für unsere Demokratie.

Hier ist der Staat mehr gefordert als in vielen anderen Bereichen, in die er sich hineindrängt. Denn hier gilt: Wo sich der Staat zurückzieht, ziehen andere ein. Wo der Staat Platz macht, machen sich andere breit. Nicht der Rückzug des Staates aus der Verantwortung für die Gesellschaft ist hier also gefragt. Sondern sein verstärktes Engagement.

#stoppISMUS! müsste akzeptieren, dass das extremistische Gedankengut bei Erwachsenen nicht mehr zu verändern ist. Ausnahmen bestätigen zwar auch hier die Regel. Aber der Staat kann nicht alle Versäumnisse und Fehlentwicklungen, die einen Menschen in seiner Jugend geprägt haben, neu justieren. Das bedeutet: extremistische erwachsene Täter mit der vollen Härte des Gesetzes bestrafen, am besten immer mit Freiheitsentzug, also keine Bewährung bei Volksverhetzung, antisemitischen und rassistischen Taten.

#stoppISMUS! setzt sich vehement für Kinder und Jugendliche ein. Wenn sie diejenigen kennenlernen, auf die ihre Eltern noch herabgesehen haben, und so durch persönliches Erleben

Vorurteile und Ahnungslosigkeit abbauen, ist viel gewonnen. Organisationen wie die „WerteInitiative" könnten hier als Anreger und Unterstützer tätig werden. Israel könnte in das „Wir-Jahr" für alle (siehe Kapitel 2) aufgenommen werden – deutsche und muslimische Jugendliche könnten dort also ihr soziales Pflichtjahr leisten. Schülerinnen und Schüler dürfen nicht länger, wenn es um Juden und Israel geht, nur KZ-Gedenkstätten besuchen – sie sollten auch israelische Start-ups kennenlernen. Geschichte und Zukunft müssen sich zu einem gemeinsamen Ganzen verbinden, voller Respekt, Demut und Tatendrang.

#stoppISMUS! heißt schließlich auch: all denen, die sich nicht klar distanzieren, die Stirn bieten! Egal, welchen Rang sie innehaben, ob sie Chefs sind oder gar Staatschefs. Wer die „Ismen" nicht bekämpft oder sie sogar fördert, der kann nicht der Freund Deutschlands sein. Eine Gesellschaft, die wie unsere auf freiheitlich-demokratischer Basis zusammenlebt, akzeptiert und toleriert vieles – aber nicht Hass.

#stoppISMUS! benennt die Feinde der Gesellschaft und geht gegen sie vor. Die Waffe im Kampf gegen sie ist der Rechtsstaat.

Aber leider ist ausgerechnet diese Waffe zurzeit ziemlich stumpf.

Der bröselnde Rechtsstaat: Zu langsam, zu schwach, zu milde

Der deutsche Rechtstaat funktioniert wie ein Uhrwerk, eine Bastion von Recht und Ordnung. Unbestechlich, effizient und erbarmungslos. Vor allem, wenn es um Falschparken, Geschwindigkeitsübertretungen, nicht gezahlte Rundfunkgebühren oder versäumte Lohnsteuerzahlungen geht. Fast scheint es so, als schlagen Polizei, Staatsanwälte und Richter bei Bagatelldelikten deshalb so hart zu, weil sie sich den Frust von der Seele vollstrecken müssen, der sich in anderen Bereichen aufgebaut hat.

Gegen Andreas Möschl wurde im Mai 2018 ein Haftbefehl ausgestellt. Der 40-jährige Lübecker ist Inhaber einer kleinen Zimmerei und schuldet dem Beitragsservice von *ARD* und *ZDF* 350,35 Euro. Möschl zahlt seit 2015 nicht mehr. Er besitzt keinen Fernseher, hört kein Radio. „Ich sehe nicht ein, warum ich für etwas, das ich nicht nutze, zahlen soll", sagt er. Das klingt vernünftig und so gar nicht nach Straftat. Aber es gab einen Haftbefehl.

Der Servicetechniker Ralf Hantke aus Dresden musste in Erzwingungshaft, weil er ein Parkknöllchen über 20 Euro partout nicht zahlen wollte. Im Winter letzten Jahres holte er seinen 87-jährigen Vater aus einer Klinik ab und fuhr den schwerbehinderten Senior nach Hause. Um ihm den beschwerlichen Weg in die Wohnung so einfach und schmerzfrei wie möglich zu machen, stellte Hantke den Wagen vorm Hauseingang halbseitig auf dem Gehweg ab. Ganz ehrlich: Diesen Strafzettel hätte ich auch nicht bezahlt.

Und auch aus Armut gehen im reichen Deutschland immer mehr Bußgeldsünder ins Gefängnis. Das geht aus einer Recherche des *ARD*-Magazins *Monitor* hervor. Demnach sei die Zahl der Deutschen, die sogenannte Ersatzfreiheitsstrafen verbüßen, in den letzten zehn Jahren um fast 25 Prozent gestiegen.

„Die Ersatzfreiheitsstrafe stellt auch bei Delikten der leichteren und mittleren Intensität ein unerlässliches Mittel zur Durchsetzung der Geldstrafe dar", argumentiert laut *Monitor* das Justizministerium. Knapp jeder zehnte Haftplatz wird aktuell von jemandem belegt, der ein Bußgeld nicht bezahlen konnte, darunter viele Schwarzfahrer.

Natürlich soll man weder auf dem Gehsteig parken noch schwarzfahren und seinen Rundfunkbeitrag muss man selbstverständlich bezahlen, aber es stellt sich angesichts solcher Urteile schon die Frage, ob Polizisten, Staatsanwälte und Richter die richtigen Prioritäten setzen. Oder ob sie aus Frust oder Verzweiflung vor allem dort die volle Härte zeigen, wo es um Bußgelder, Gebühren und Steuereinnahmen geht und wo die Täter leicht zu ermitteln und zu bestrafen sind.

Mittlerweile zweifeln viele Menschen an diesem Rechtsstaat. Laut einer Umfrage des Berliner Meinungsforschungsinstituts Pollytix für das Nachrichtenportal *T-online* hatten im März 2018 rund 43 Prozent der wahlberechtigten Deutschen ein eher geringes oder gar kein Vertrauen mehr in die Arbeit der Justiz. 2013 hatten im Rahmen einer EU-Umfrage noch 77 Prozent der befragten Deutschen bekannt, dass sie dem Gerichtswesen vertrauen. Und auch 2014 sagten das in einer Allensbach-Umfrage noch 66 Prozent.

Die rasante Vertrauenserosion liegt daran, dass der Rechtsstaat da, wo man ihn wirklich braucht, bei den richtig bösen Jungs und Mädels, regelmäßig versagt. Ob bei den Silvestergrabschern im rechtsfreien Raum von Köln (1.210 Strafanzeigen, mindestens 700 Opfer sexueller Übergriffe und 36 Verurteilungen), bei Terrorist Anis Amri (14 Identitäten und multiples Behördenversagen) oder bei den Behörden im Staufener Missbrauchsfall, wo Jugendamt und Justizbehörden ein Kind einem Pädophilen auslieferten. In den Augen der Bürger ist eine gefährliche Schieflage entstanden: Je banaler etwas ist, desto härter wird es verfolgt. Aber: Je dreister, perfider und krimineller jemand ist – desto leichter und bequemer macht es ihm der deutsche Rechtsstaat.

Das vertrauenszersetzende Phänomen taucht in ständig neuem Gewand auf, manchmal sogar in der Uniform eines Polizeichefs. Weil Bundespolizeichef Dieter Romann im „Fall Susanna" den geständigen Mordverdächtigen und abgelehnten Asylbewerber Ali Bashar persönlich aus dem Nordirak nach Deutschland brachte, wofür er zu Recht als entschlossener Behördenchef und Held gefeiert wurde, steht er nun selbst vor Gericht. Denn möglicherweise war die Aktion illegal, die Staatsanwaltschaft ermittelt wegen des Verdachts der Freiheitsberaubung, weil kein Auslieferungsabkommen zwischen Deutschland und dem Irak besteht. Derselbe Rechtsstaat, der nicht wusste, wer der mutmaßliche Täter wirklich war, der nicht klärte, wie alt er war, der glaubte, dass die ganze Familie keine Identitätsnachweise hatte – bis sie dann ganz offensichtlich *mit* persönlichen Dokumenten vor den deutschen Ermittlern in den Nordirak floh –, funktioniert bei Dieter Romann wie am Schnürchen. Das ist übrigens derselbe Rechtsstaat, der nicht dafür sorgte, dass die Familie trotz eines abgelehnten Asylantrags aus Deutschland ausreist. Ein überlastetes Gericht hatte die Ausweisung versäumt, am Ende war eine junge Frau tot. Der Rechtsstaat war schwach, wo er hätte stark sein müssen. Dafür zeigt er jetzt Stärke gegen den Mann, der mutig die Initiative ergriffen hatte. Das versteht kein Mensch mehr.

Natürlich zeichnet sich ein Rechtsstaat dadurch aus, dass er für alle gilt, auch für den Bundespolizeichef. Aber es wirkt so, als werde mit unterschiedlichem Maß gemessen. Und wenn die ohnehin schon aufgewühlten Bürger dann auch noch lesen, dass die Familie des mutmaßlichen Täters vermutlich bereits wieder in Deutschland ist und hier wieder auf Kosten der deutschen Steuerzahler lebt und alle Möglichkeiten des Rechtsstaates dazu ausnutzt – dann glaubt bald niemand mehr, dass es in Deutschland gerecht zugeht. Übrigens: Das Wörtchen „vermutlich" trifft es perfekt. Denn die deutschen Behörden wissen nicht, wo sich die Familie befindet. Oder sie wissen es und sagen es nicht, um nicht noch mehr Unruhe auszulösen. Die Strategie, die Bürger dumm zu halten, hat aber schon nach den Silvesterexzessen von Köln nicht funktioniert.

Kurze Leine für engagierte Polizisten und Otto Normalverbraucher, lange Leine für Schwerverbrecher und Extremisten jeder Art. Besonders deutlich wird das an den sogenannten No-go-Areas.

Der Begriff No-go-Area hat eigentlich einen militärischen Hintergrund, steht für militärisches Sperrgebiet, hat seinen Ursprung im Vietnamkrieg und bezeichnete die Gebiete, die vom Feind kontrolliert wurden. Bei uns tauchte er erstmals 2006 auf, als anlässlich der Fußball-WM vor rechtsextremen No-go-Areas gewarnt wurde. Laut Duden ein „Stadtteil, Bezirk, in dem es immer wieder zu gewalttätigen Auseinandersetzungen kommt und wo die öffentliche Sicherheit nicht gewährleistet ist". Seit Jahren wird in der Politik debattiert, ob es überhaupt solche No-go-Areas gibt.

Das ist ein vielsagendes Beispiel dafür, wie weit sich die Politik bereits von der Lebenswirklichkeit der Bürger entfernt hat. Denn die haben längst entschieden: „Ja", sagen 84 Prozent auf die Frage, ob sie sagen würden, dass es in ihrer Stadt soziale Brennpunkte gibt. Das Meinungsforschungsinstitut Forsa hat das im Sommer 2018 für die *SAT.1*-Sendung „Der Faktencheck" herausgefunden. Gefragt wurden Menschen, die in Städten mit mehr als 100.000 Einwohnern leben. Die Frage „Gibt es in Ihrer Stadt Stadtteile, die Sie aufgrund der dort vorhandenen sozialen Probleme meiden?" beantworteten 47 Prozent von ihnen mit „Ja". Die Berliner Polizei, Feuerwehr und Rettungsdienste berichten von „Angst-Räumen" – unter anderem jedes Jahr an Silvester können sie in bestimmten Teilen der Stadt kaum agieren. Berlins Regierender Bürgermeister will lieber von Gegenden sprechen, in denen „man sich zu später Stunde lieber ein

Taxi nimmt, als alleine zu Fuß unterwegs zu sein". Genau – „und am besten fährt man mit der gepanzerten Dienst-Limousine durch, Herr Müller!", möchte man dem Berliner Stadtchef zurufen.

Was sollen die Bürger dazu sagen? Ein Rechtsstaat, der über Begriffsdefinitionen streitet, obwohl die Menschen es Tag für Tag in ihrem Alltag anders erleben. Es gibt Gegenden in Deutschland, wo man Probleme bekommt, wenn man als Jude, als Migrant, als Homosexueller, als „Linker" oder als vermeintlich „Rechter" zu erkennen ist. Es gibt sogar Gegenden, in denen sich Frauen mittlerweile nicht mehr allein auf die Straße trauen.

In Angst-Räumen und No-go-Areas regiert nicht mehr der Staat oder wenigstens regiert er nicht mehr allein. Sie werden beherrscht von Extremisten und Kriminellen. Rechtsextremisten beanspruchen Gebiete – vor allem im Osten unseres Landes –, in denen sich Schwarze oder Migranten nicht sicher fühlen können: „National befreite Zonen" nennen die Nazis diese Gegenden.

Aber auch die Linksextremen haben sich Gebiete erobert, in denen sie, die Feinde unserer Gesellschaft, das Machtmonopol des Staates und unsere freiheitliche Gesellschaft infrage stellen.

Traurigstes Beispiel: die sogenannte Rote Flora in Hamburg, ein Gebäude, das 1989 von Autonomen besetzt worden ist und seitdem nur von deren Sympathisanten betreten werden darf. „Laut Grundgesetz ist die Bundesrepublik Deutschland ein Rechtsstaat. Dennoch gibt es in der Freien und Hansestadt Hamburg einen Flecken Erde, auf dem sich das Rechtsstaatsprinzip seit nunmehr 25 Jahren nicht durchsetzen lässt", klagt der Bund der Steuerzahler an. Und fügt hinzu: „Trotz diverser Räumungs- und Verhandlungsversuche ist das Gebäude bis heute besetzt und entzieht sich dem Zugriff von Polizei, Politik und Verwaltung."

Welche Rolle dieser rechtsfreie Raum bei den linksextremistischen Ausschreitungen anlässlich des G20-Gipfels in Hamburg 2017 gespielt hat, bei denen ganze Stadtteile zeitweise rechtsfreie Räume oder No-go-Areas waren, ist umstritten. Aber es ist nicht zu kühn, wenn man behauptet, dass er auch ein willkommener Rückzugsraum für all diejenigen war, die sich draußen mit der Polizei angelegt hatten.

Die Hamburger Steuerzahler unterstützen das Ganze mit ihrem Geld. 900.000 Euro wurden zuletzt für den Kauf und die Nebenkosten der Roten Flora hingeblättert und jetzt tragen sie auch noch die laufenden Kosten für Versicherungen und Anschlüsse. Der Hamburger Bürger – von der Politik zum Sponsor eines rechtsfreien Raums degradiert. Das ist sogar in der Freien und Hansestadt ein bisschen viel Freiheit.

Die Rigaer Straße 94 in Berlin, ebenfalls ein besetztes Haus, funktioniert so ähnlich. Hier tyrannisieren Linksextremisten seit Jahren eine ganze Straße. Mittlerweile bedrohen die Extremisten Anwohner, nur weil diese einen Rettungswagen gerufen und eine Zeugenaussage bei der Polizei gemacht haben: „Wir fühlen uns von der Polizei, aber vor allem der Politik allein gelassen. Was muss noch passieren, dass linksradikale Gewalt ernst genommen wird?", sagt Katharina K. „Hätte ich vorher gewusst, was nach meiner Zeugenaussage passiert, hätte ich das nicht gemacht", sagt die Therapeutin. Natürlich würde sie einen Rettungswagen rufen, aber nur noch anonym. „Als Zeuge würde ich nicht mehr aussagen!"

Für Polizisten sind Einsätze dort schon seit den 1990er-Jahren lebensgefährlich, Polizeifahrzeuge werden stets mit Pflastersteinen attackiert, die Polizisten fordern mittlerweile eine entsprechende Gefahrenzulage für Einsätze in der Rigaer Straße.

In Deutschland darf es keine solchen Angst-Räume geben. „No way statt No go!", müsste die Losung heißen. Aber es existieren noch viel mehr Orte wie diese: kriminelle No-go-Areas.

Ob der Kölner Ebertplatz, der sich zum kriminellen Schandfleck der Domstadt entwickelte mit dem traurigen Höhepunkt, dass im Oktober 2017 dort ein 22-Jähriger erstochen wurde. Oder der Berliner Alexanderplatz, der als gefährlicher Ort eingestuft wurde und deshalb – nachdem es dort diverse Tötungsdelikte und andere schwerste Straftaten gab – 2017 endlich eine kleine Polizeiwache erhielt. Oder der Hamburger Jungfernstieg, wo die Polizei Ende 2017 nach vielen schweren Straftaten Überwachungskameras installiert hat. Seit Jahren in den Schlagzeilen ist auch das sogenannte Maghreb-Viertel rund um den Düsseldorfer Hauptbahnhof, auch „Little Marokko" genannt, weil hier besonders viele Menschen aus Nordafrika leben.

Orte wie diese gibt es in jeder Stadt und wenn sie entstanden sind, ist es meist bereits zu spät. Polizeiwachen oder Videokameras müssen präventiv agieren und nicht erst, wenn die Situation unhaltbar geworden oder gar Menschen gestorben sind. Viel zu lange wird offenkundige Kriminalität geduldet. Etwa im Berliner Görlitzer Park, in dem seit Jahren offen Drogen gehandelt werden, neben Streichelzoo und Joggern. *sternTV* beschreibt den Park so: „Er ist international als Drogenumschlagplatz bekannt und berüchtigt. Seit knapp 20 Jahren sorgen die Grünanlagen im Stadtteil Kreuzberg immer wieder für Negativ-Schlagzeilen – allein im vergangenen Jahr wurden hier 286 Gewaltstraftaten gemeldet. Grund dafür ist vor allem der offene Drogenhandel: Von Marihuana über Kokain bis hin zu Heroin werden hier nahezu alle Drogen angeboten. Die Dealer stammen fast ausschließlich aus Zentralafrika, sind oft abgelehnte Flüchtlinge, die in Deutschland keine Perspektive mehr haben."

Viele der Dealer haben entweder gar keine Aufenthaltsberechtigung in Deutschland oder werden „geduldet". Dieser Status bedeutet: Eigentlich muss man raus aus Deutschland, aber es gibt irgendeinen Grund, warum man doch dableiben darf. Juristisch korrekt definiert ist die Duldung „eine vorübergehende Aussetzung der Abschiebung von ausreisepflichtigen Ausländern. Sie stellt keinen Aufenthaltstitel dar und begründet auch keinen rechtmäßigen Aufenthalt. Geduldete sind daher weiterhin ausreisepflichtig". Das klingt nach einer Ausnahmeregelung und so war die „Duldung" auch ursprünglich einmal gedacht. Als Ausnahme für Härtefälle, also für abgelehnte Asylbewerber, die nach menschlichem Ermessen so gut integriert waren, dass sie bleiben konnten. Inzwischen ist die „Duldung" aber zur Regel geworden. Sie wird genutzt und ausgenutzt. Und im Grunde verlängert sie nur eine Unklarheit im Leben der Betroffenen. Und wenn ein „Geduldeter" dann straffällig wird, ist der Aufschrei in der Bevölkerung umso größer. Denn der Rechtsstaat hatte sich eigentlich ja festgelegt: auf Ausreise. Deshalb muss die „Duldung" abgeschafft werden.

Jede neue Straftat eines Geduldeten setzt ein neues Ausrufezeichen hinter diese Forderung.

Familienvater Detlev L. war Bauarbeiter und leidenschaftlicher Hertha-Fan, bis ihm am 27. September um 18:15 Uhr in der Berliner Alexandrinenstraße ein Einbrecher mehrfach ein Klappmesser in den Oberkörper rammte. Detlev L. starb am nächsten Tag im Krankenhaus. Der 42-jährige Täter Omar A. ist ein geduldeter Asylbewerber aus dem Libanon, seit Jahrzehnten in Deutschland trotz einer langen Liste mit schwersten Vorstrafen.

Die Liste der Straftaten Geduldeter lässt sich endlos fortsetzen. Aber das bringt uns an dieser Stelle nicht weiter. Vielmehr muss die Frage geklärt werden, wie man eine Abschaffung der Duldung so schnell wie möglich umsetzen kann. Man könnte zum Beispiel sagen, dass es ab dem 1. Januar 2020 keine Duldungen mehr gibt. Danach wird wie in den meisten anderen Ländern auch klar entschieden: „drin" oder „draußen". Draußen bedeutet freiwillige Ausreise oder Abschiebung. Wenn sich diese hinzieht, leben die betroffenen Menschen in Abschiebehaft. Alle „Geduldeten", die am 31. Dezember 2019 noch in Deutschland sind, bekommen eine Aufenthaltserlaubnis, sofern sie nicht straffällig sind, einen Job haben und Deutsch können. Wer das nicht nachweisen kann, muss ebenfalls das Land verlassen. Mit dieser „Generalamnestie für Integrationswillige" wären viele der Probleme auf einen Schlag gelöst. Vor allem wären die Fälle, die immer wieder für Aufregung sorgen, klar entschieden: Straftäter müssten ausreisen, gut integrierte Familien würden bleiben.

Um wie viele Menschen geht es?

Tagesschau.de rechnet vor: „Zum Stichtag 30. April 2018 waren bundesweit 233.000 Ausländer ausreisepflichtig. Davon hatten 171.584 Personen eine Duldung. Bleiben 61.254 abgelehnte Asylbewerber ohne Duldung in Deutschland – sie gelten als ‚vollziehbar ausreisepflichtig'".

Immer mehr Bürger wollen wissen: „Wann sind diese Leute weg?" Nach der hier vorgeschlagenen Neuregelung würde die Antwort lauten: Die 61.254 Menschen müssten sofort weg – eine lösbare Aufgabe. Die 171.000 könnten legal bleiben, sofern sie die oben genannten Kriterien erfüllen.

Die Abschaffung der Duldung wäre zusammen mit der „Generalamnestie für Integrationswillige" ein starkes Signal in die Richtung „Wir schaffen das doch noch!"

Die Gegner einer so pragmatischen, gerechten und menschenfreundlichen Regelung stehen links von der Mitte. *WELT*-Journalist Dirk Schümer hat eindrucksvoll beschrieben, gegen welche Widerstände man ankämpfen müsste, wenn man sie durchsetzen wollte. Man hätte es mit einer „Kultur der Duldung" zu tun: „Weite Teile der Politik, der Justiz, der Medien, der kirchlichen und sozialen Helferkreise sowieso vertreten eisern den Standpunkt, dass, wer es einmal hierher geschafft hat, um jeden Preis auch in Deutschland bleiben kann. (...) Wer vor den Behörden nicht weiterkommt, kriegt Kirchenasyl", schreibt Schümer. „Bei jeder geplanten Abschiebung regt sich ziviler Widerstand von Helfergruppen. Und Massenklagen erreichen immer lückenloser das Ziel, jedwede Ausschaffung von noch so straffälligen Migranten aus noch so sicheren Ländern aufzuschieben und zu unterbinden. (...) Da passt es, dass auch erklärte Terroristen der Taliban aus humanitären Gründen in Deutschland Bleiberecht genießen." Seine Schlussfolgerung: „Sagen wir es also hart, aber ehrlich: Solange diese Kultur der Duldung über allen Gesetzen steht, gehören Mordtaten wie die in Hamburg zu Deutschland." Ahmad A., ein 26-jähriger Palästinenser und abgelehnter Asylbewerber, der längst hätte abgeschoben werden müssen, hatte am 28. Juli 2017 in einer Edeka-Filiale in Hamburg-Barmbek mit einem Küchenmesser wahllos auf Kunden eingestochen. Ein Mensch wurde getötet. Inzwischen ist der Täter zu 15 Jahren Haft verurteilt. Das Gericht hatte geurteilt, der Mann sei nicht als Terrorist, sondern als radikalisierter Alleintäter einzuordnen.

Wohin eine jahrelange Duldung, die sogenannte „Kettenduldung", und Nichtabschiebung führen kann, zeigt das Beispiel der sogenannten Araberclans, die vor allem in Berlin, im Ruhrgebiet, in Bremen und in Niedersachsen, aber auch in Frankfurt am Main polizeilich auffällig sind.

Polizisten, Staatsanwälte und Richter haben es vor allem mit vier Clans zu tun: Familie Remmo lebt weit verzweigt in Berlin, Bremen und Essen. Sie wird immer wieder mit spektakulären Straftaten in Verbindung gebracht. Der Raub einer fast vier Millionen Euro teuren Goldmünze aus dem Berliner Bode-Museum und der Überfall auf eine Sparkasse mit neun Millionen Euro Beute sollen auf ihr Konto gehen. Familie Abou-Chaker stammt aus Palästina. Die Fahnder gehen davon aus, dass die Familie ihr Geld im Berliner Rotlichtmilieu verdient. Die Miri-Familie ist vor allem in Bremen heimisch. Der Handel mit Drogen und die Erpressung von Schutzgeld gelten Medienberichten zufolge als ihre größten Einnahmequellen. Die Al Zeins wiederum waren erst in der Hauptstadt tätig und sind jetzt verstärkt auch im Ruhrgebiet aktiv. Die Claims sind klar abgesteckt, Übertretungen werden untereinander hart bestraft – so mancher bezahlt mit seinem Leben.

In Deutschland leben nach groben Schätzungen zwischen 100.000 und 200.000 Menschen als Mitglieder arabischer Großfamilien. Viele von ihnen zählen zu den Mhallami-Kurden, deren Heimat ursprünglich die Provinz Mardin in der Südosttürkei war. Viele dieser bettelarmen, rückständigen Bauern siedelten sich im Laufe der Zeit illegal im Libanon an. Als dort der Bürgerkrieg ausbricht, macht die Türkei die Grenze dicht und die Clans flüchten in den 1970er-, 1980er- und 1990er-Jahren von dort als Asylbewerber nach Deutschland. Sie nutzen zum Teil die 1989 und 1990 zwischen Mauerfall und Einheit über elf Monate offene Grenze zwischen DDR und alter Bundesrepublik, um einzuwandern. Andere kommen mit den Flüchtlingswellen der 2000er-Jahre.

Sie verstehen schnell, wie Deutschland funktioniert. Erstens: Man bekommt Geld fürs Nichtstun. Zweitens: Man wird auf keinen Fall abgeschoben.

Daraus entwickeln sie ein nahezu perfektes Geschäftsmodell. Die Sozialhilfe ist ihr festes Einkommen, daneben arbeiten sie schwarz oder erhöhen ihre Einkünfte durch Kriminalität. Und weil weder die Türkei noch der Libanon die Clanmitglieder als Staatsbürger anerkannte, fielen sie durchs System. Ihr Aufenthaltsstatus ist meist ungeklärt. Der deutsche Staat stellte irgendwann die Bemühungen ein, daran etwas zu ändern. Selbst Straftäter, so die Erfahrung der Familien, bleiben einfach im Land. „Die Strukturen der Großfamilien gehen auf Beziehungen zurück, die schon bestanden, bevor diese Menschen als Geflüchtete zu uns kamen. Verschlafen hat Deutschland damals die Erkenntnis, dass die dauerhafte Duldung ohne Arbeitserlaubnis fast schon zwangsläufig zu einer Parallelgesellschaft führen muss", erklärt Daniel Kretzschmar, der Berliner Landeschef des Bundes Deutscher Kriminalbeamter.

Heute dominieren diese Großfamilien die Geschäfte in den Ballungsräumen der Republik mit Raub, Drogenhandel, Schutzgelderpressung, Prostitution und Geldwäsche. Mittlerweile versuchen sie sogar, Familienmitglieder bei der Polizei einzuschleusen, etwa in Berlin. Und sie scheuen nicht die Auseinandersetzung mit Justiz und Jugendämtern, lassen die teuersten und besten Anwälte für sich arbeiten. Manche Stadtteile verwandeln auch sie in No-go-Areas, wie der wohl größte Experte in diesem Bereich, der Migrationsforscher Ralph Ghadban, in seinem im Oktober 2018 erschienenen Buch „Arabische Clans: Die unterschätzte Gefahr" zusammengetragen hat. Für ihn ist klar: Die offene Gesellschaft ist für die Clans eine leichte Beute, der Staat behindert das eigene Gewinnstreben und muss deshalb „gemieden und neutralisiert" werden. „Deshalb sehe ich, dass die importierten Clanstrukturen sich längst in Richtung organisierte Kriminalität entwickelt haben. Der Clan ist eine kriminelle Organisation geworden. (...) Die mitgebrachten Clanstrukturen wurden auch durch den materiellen Gewinn verfestigt. Es geht um viel Geld."

Sehr viel Geld! Im Juli 2018 beschlagnahmte die Berliner Polizei 77 Immobilien der Familie Remmo im Wert von rund zehn Millionen Euro. Die Wohnungen und Grundstücke sollen mit dem Gewinn aus Raub und Einbruch finanziert worden sein.

Drei Jahre akribische Ermittlungsarbeit waren dafür nötig. Der Kampf gegen die Clans kostet Zeit, Geld und braucht hochqualifiziertes Personal. Nach Angaben der Berliner Polizei richteten sich 2017 vierzehn der 68 größeren Ermittlungsverfahren zur organisierten Kriminalität gegen Banden mit arabisch-libanesisch-stämmigen Mitgliedern.

Der Chefredakteur der *WELT am SONNTAG*, Peter Huth, fasst das so zusammen: „Seit Jahrzehnten machen in Berlin die kriminellen Araberclans, was sie wollen, wie sie es wollen und wann sie es wollen. Drogenhandel, Zwangsprostitution, Glücksspiel und gezielte Raubüberfälle. (...) Wer einmal, irgendwann in den Achtzigern, aus dem Libanon oder den Palästinensergebieten in Berlin angekommen ist, tänzelt elegant von Befristung zu Befristung."

Das Eschreckende: Die Polizei weiß nichts oder jedenfalls nicht viel. Anders als bei Drogendelikten oder Wirtschaftskriminalität gibt es zu Straftaten von Clanmitgliedern noch keine polizeilichen Lagebilder. Beim Bundeskriminalamt sind keine interpretierten Zahlen, keine zusammenhängenden Analysen über die arabischen Clans vorhanden. Das Innenministerium von Nordrhein-Westfalen räumt ein: „Clanzugehörigkeit wird in der Polizeilichen Kriminalstatistik nicht erfasst. Insoweit liegen keine dezidierten und validen Zahlen zur Clankriminalität vor. Trotzdem ist festzustellen, dass insbesondere in den Ruhrgebietsstädten Essen, Recklinghausen, Gelsenkirchen, Dortmund, Duisburg und Bochum manifestierte Clanstrukturen bestehen. Kriminelle Familienangehörige dieser Clans treten dort regelmäßig durch Rohheits-, Eigentums- und Drogendelikte in Erscheinung und stehen deshalb im Fokus der polizeilichen Einsatz- und Ermittlungsmaßnahmen." Kein Wunder, dass die Clanchefs den Staat nicht als Gegner ernst nehmen, sondern eher als lästige Nervensäge. Der Rechtsstaat agiert auch hier im Schneckentempo.

Längst sind die Araberclans und ihre Straftaten zum Symbol des scheiternden Rechtsstaates geworden. Das muss sich schnell ändern. Dafür reicht es nicht aus, nur mit den Mitteln von Polizei und Staatsanwaltschaft vorzugehen. Vielmehr bedarf es eines breit aufgestellten Fünf-Punkte-Plans gegen Clans:

> **Konsequentes Abschieben:** Berlin und Essen machen schon Schluss mit der Dauerduldung. Das sollte Schule machen.

> **Ans Vermögen ran, beschlagnahmen und wie in Italien an soziale Organisationen vergeben:** Der Essener Polizeipräsident Frank Richter gibt die Strategie vor: „Man darf nicht vergessen, dass viele Clanmitglieder zum Beispiel eine Gefängnisstrafe überhaupt nicht abschreckt, sondern ganz im Gegenteil, man fällt wieder zurück in den Schoß der Familie. Was wirklich wehtut, sind Maß-

nahmen, wenn es um finanzielle Abschöpfung geht, wenn es um Beschlagnahmung von Fahrzeugen geht. Das sind Bereiche, die den Clans wehtun, wir wollen ihnen den wirtschaftlichen Boden entziehen", sagte er im *Deutschlandfunk*.

> **Kriminelle Kinder aus den Familien nehmen:** Falko Liecke ist Jugendstadtrat in Berlin-Neukölln und weist den Weg: „Als Jugendstadtrat fällt mir auf: Die Kinder der kriminellen Clans werden weiter reihenweise straffällig", sagte er der *Berliner Morgenpost*. „Wir schicken schon gar keine Sozialarbeiter mehr in die Familien, weil es nichts bringt. Die schwören einem ins Gesicht, dass sie nie wieder etwas tun. Und sobald man sich umdreht, werden sie wieder straffällig. Wir müssen deshalb darüber nachdenken, Jugendliche langfristig aus den Familien rauszunehmen."

> **Razzien, Behördenvernetzung, permanenter Druck:** Der Innenminister von Nordrhein-Westfalen, Herbert Reul, hat das bis zur Perfektion entwickelt. Im September 2018 erklärte er mir die „Nadelstich-Methode" sehr anschaulich: „Alle im Staat, die an irgendeiner Stelle für die Einhaltung von Regeln zuständig sind, kommen zusammen, agieren gemeinsam. Die sind gemeinsam nachts unterwegs. Der vom Gesundheitsamt schaut, ob in der Küche die Hygienevorschriften eingehalten werden, der vom Ordnungsamt ist unterwegs, merkt, dass da falsch geparkt wird. Dann ist derjenige da vom Finanzamt, der schaut, ob die Mitarbeiter und Mitarbeiterinnen eigentlich alle ordnungsgemäß angemeldet sind. Und dann wird geschaut, ob der Zoll nicht doch noch die eine oder andere Stelle entdeckt, wo Tabak verkauft wird, der unverzollt ist. Und zwischendurch entdeckt man einen, der da mit Drogen dealt, hinten im Hinterzimmer, rennt hinter ihm her

und erwischt ihn noch. Und dann gehst du raus, dann bemerkst du diese dynamischen kräftigen Jungs mit den dicken Autos. Eine Libanesengang. Die wollen jetzt mal zeigen, dass sie doch noch Herr im Haus sind. Die setzen sich dann ins Auto, brausen über die Schnellstraße, und da stehen dann unsere Polizisten mit der Radarpistole und machen knips. Das macht die Sache rund." Die Wirkung beschreibt der Minister so: „Und dann wissen die morgens früh – das war ein ziemlich unangenehmer Abend. Und die wissen, es könnte morgen nochmal einer kommen. Und dann breitet sich das aus, dann wird es spannend." Dann lautet das eindeutige Signal: Die Politik macht ernst.

> **Staatsanwaltschaften vor Ort:** Im Norden von Duisburg arbeiten jetzt zwei Staatsanwälte direkt „vor Ort". Sie sollen beim Kampf gegen die Bandenkriminalität und örtliche Clans helfen. Im Visier: 70 Großfamilien mit 2.800 Mitgliedern. Bald sollen weitere Ruhrgebietsstädte folgen.

Noch wichtiger als die Umsetzung dieses Katalogs ist aber etwas anderes, etwas, an dem wir alle mitwirken können und müssen: die gesellschaftliche Ächtung der Clans.

Es muss Schluss damit sein, dass Clanzugehörigkeiten als cool gelten und deren Verbrechen als eine Art gelebte Jugendkultur gefeiert werden! Insbesondere Rapper fallen immer wieder dadurch auf, sich mit dem Gangsterimage der Clans zu schmücken, es sogar zu ihrem Markenzeichen zu machen. Bushido, einer der größten Stars der Szene, war jahrelang eng mit Arafat Abou-Chaker befreundet. Wie viel daran ehrlich war und wie viel erzwungen, wird sich nicht ganz aufhellen lassen. Aber: Bushido war das populäre Aushängeschild des Clans. Der Rap-Star hat seinem „Freund" im Dezember 2010 sogar eine beglaubigte Generalvollmacht erteilt, die das Berliner Landeskriminalamt als „Adoptionsurkunde für seine neue Familie" bezeichnet. Bushido hat den kriminellen Clan-Lebensstil über Jahre hinweg verherrlicht und hoffähig gemacht. Gewalt, Drogenhandel, Verachtung unserer Gesellschaft, unserer Werte, unserer Justiz und Polizei, Frauenfeindlichkeit, Judenhass – all das bestimmt bis heute seine Songs. „Yeah, fick die Polizei, LKA, BKA ...", das ist nur eine von vielen Textzeilen, mit denen er den Rechtsstaat verächtlich gemacht, die Täter gefeiert und die Opfer verhöhnt hat. Dafür wurde er nie belangt, aber als er zwei Polizisten bei einer Verkehrskontrolle als „Hampelmann" und „Affe" bezeichnet hatte, wurde er bestraft. 2011 wurde er verurteilt, weil er einen Mitarbeiter des Ordnungsamts als „Vollidioten" beschimpft hatte, es folgten Prozesse wegen Körperverletzung, Strafbefehle wegen Steuerhinterziehung und versuchten Versicherungsbetrugs. Dennoch hat er zig Echos gewonnen, prominente Schauspieler haben in seiner verfilmten Lebensgeschichte mitgewirkt und 2011 wurde ihm der Bambi-Integrationspreis verliehen. 2012 macht Bushido, dessen drittes Soloalbum „Staatsfeind Nr. 1" heißt, dann sogar ein Bundestagspraktikum bei einem CDU-Abgeordneten. Und kürzlich hat ihn die Radiostation *KissFM* öffentlichkeitswirksam in die Riege der Moderatoren berufen – gesellschaftliche Ächtung sieht anders aus. Das alles beschädigt den Rechtsstaat. Es höhlt ihn aus, macht ihn lächerlich. Solange einer wie Bushido hofiert, geehrt, eingeladen und ausgezeichnet wird, werden diejenigen, die seine alten Clanfreunde wegen ihrer Taten verfolgen – also Polizisten, Staatsanwälte und Richter –, nicht aus der Rolle herauskommen, die er ihnen zuweist: „Yeah, fick die Polizei, LKA, BKA ..." Bushido hat sich inzwischen übrigens von seinem „Freund" Arafat Abou-Chaker getrennt. Als Ersatz hat er sich neue Freunde gesucht: den Remmo-Clan. Ob aus Angst oder aus Überzeugung: So bleibt Bushido – statt endlich aus der Szene auszusteigen – auch in Zukunft der Rapper der Gangster.

Eine Chance gegen die weit verzweigte Clankriminalität hat der Staat nur, wenn alle Maßnahmen ineinandergreifen. Wenn

Sicherheitsbehörden und ihre Repräsentanten in der Prioritätenliste der Politik wieder ganz nach oben rutschen. Und wenn das Thema Abschiebung „ganz oben" in Angriff genommen wird.

Genau dafür ist im Innenministerium jetzt Hans-Georg Maaßen verantwortlich, dessen Name fast so im Gedächtnis bleiben wird wie die von Walter Riester und Peter Hartz. Der erste steht für eine Zusatzrente, der zweite für eine epochale Sozialreform. Ein „Maaßen" könnte künftig zur Maßeinheit dafür werden, wie schnell die deutsche Politik ihre besten Fachleute in einem politischen Streit opfert. Auch dadurch machen wir es unseren Gegnern sehr leicht.

Maaßen hat sich mit einer öffentlichen Äußerung im Gestrüpp der politischen Interessen verheddert. Im Internet war ein Video aufgetaucht, auf dem mehrere Männer zu sehen sind, die offenbar in Streit geraten waren, woraufhin die einen den anderen wütend hinterherrennen. Da die einen anscheinend Deutsche sind und die anderen anscheinend nicht, machte das Video als Beweis für „Hetzjagden auf Ausländer" Karriere. Das geschah vor allem, weil die Überschrift über dem Video „Menschenjagd in Chemnitz" lautete. Maaßen stellte den Zusammenhang zwischen Video und Überschrift infrage, auch weil es für „Hetzjagden" keine weiteren Beweise gab. Wörtlich erklärte er: „Das von Antifa-Zeckenbiss verbreitete Video belegt nicht, dass ‚Hetzjagden' in Chemnitz stattfanden. Das 19-sekündige Video zeigt lediglich, dass – vermutlich auf der Bahnhofstraße in Chemnitz – eine Person von anderen Personen über etwa fünf bis sieben Meter verfolgt wird. Das Video dokumentiert selbst keine ‚Hetzjagden'. Aus dem Video wird nicht erkennbar, warum die dort zu sehende Person verfolgt wurde (handelte es sich zum Beispiel um die Verfolgung im Rahmen einer vorausgegangenen Auseinandersetzung?), wann das Video aufgenommen wurde und wer wem kurzzeitig nachstellte." Maaßen zweifle die „Echtheit" des Videos an, hieß es aufgeregt. Das tat er nicht. Maaßen helfe durch Verharmlosung den rechten Rechten? Er hatte nichts verharmlost, nur aufgeklärt. Maaßen stehe es nicht zu, solche Kommentare öffentlich abzugeben. Das ist tatsächlich der neuralgische Punkt: Denn Angela Merkel hatte zuvor von „Hetzjagden" gesprochen und sich die Überschrift des Videos damit zu eigen gemacht. Maaßen widersprach also seiner obersten Chefin. Aber warum eigentlich nicht, wenn es um eine so wichtige Sache geht? Es fehlte nicht viel und der Chef des Inlands-Geheimdienstes wäre von Linken, Grünen, einer panisch um ihr politisches Überleben kämpfenden SPD und einer großen Schar von Nachplapperern als Nazi beschimpft worden.

In einem fast eine ganze Woche dauernden öffentlichen Gemetzel bot die Große Koalition vor allen Augen ein erbärmliches Schauspiel. Die Kanzlerin ließ ihren obersten Terror-Ermittler fallen. Sein direkter Dienstherr, der Innenminister, leistete ein wenig Widerstand und knickte dann ebenso ein. Und dann kam das Verrückteste: Der Mann, der seinen Job verlieren sollte, weil er sich irgendwie falsch verhalten habe, wurde nicht etwa entlassen (was falsch, aber konsequent gewesen wäre), nein: Er wurde ins Ministerium befördert. Das führte den Bürgern, die dem Geschehen fasziniert und angewidert zugleich Tag für Tag folgten, einmal mehr vor, dass es in Berlin selten um die Sache und zumeist nur um die Macht geht. „Das eigentliche Vergehen des Verfassungsschutzchefs ist ein anderes", analysierte Jan Fleischhauer in seiner Kolumne bei *SPIEGEL Online*. „Maaßen gehört zu den Leuten, die in den verrückten Monaten nach der Grenzentscheidung der Kanzlerin im Kanzleramt vorstellig wurden, um vor den Folgen zu warnen. So wie er es sah, war es unverantwortlich, Hunderttausende Menschen unkontrolliert ins Land zu lassen. Maaßen ist von Berufs wegen mit der Terrorabwehr befasst – er weiß, wie sehr es die Arbeit der Sicherheitsbehörden erschwert, wenn man nachträglich erst einmal die Identität von Leuten klären muss." Fleischhauer fragt: „Lag er mit seiner Einschätzung falsch?" Und gibt sich die Antwort gleich selbst: „Leider nicht, wie wir heute wissen. Man kann die Uhr danach stellen: Bei vielen aufsehenerregenden Übergriffen der letzten Zeit, an denen Ausländer beteiligt waren, trugen die Tatverdächtigen entweder gefälschte Papiere bei sich oder ihr Asylantrag hat sich als unbegründet erwiesen und sie hätten längst das Land verlassen müssen. Oder es gilt alles zusammen." Und er endet: „Doch eigenartig: Dies erregt die erregungsbereite Öffentlichkeit weit weniger als die Ungeschicklichkeit des obersten Verfassungsschützers bei der Bewertung einer 19 Sekunden langen Filmsequenz."

Im Ergebnis hat Deutschland im Kampf um die innere Sicherheit einen Spitzenbeamten verloren, der nicht leicht zu ersetzen ist. Denn Hans-Georg Maaßen ist ein ausgewiesener Experte für Asyl- und Ausländerrecht, hat sich stets mit den Sicherheitsaspekten der Migration beschäftigt, mit den sicherheitsrelevanten Risiken. Kurz: Dieser Mann weiß alles, was nötig ist, um Deutschland noch sicherer zu machen.

Da ist es nachvollziehbar, dass sich viele Bürger fragen: Warum geht es wochenlang um den Chef des Verfassungsschutzes statt endlich um die Mörder von Daniel H., dem Opfer in Chemnitz? Warum geht es so lange um ein Video statt darum, mit aller Kraft zu verhindern, dass weitere Straftaten von abgelehnten, ausreisepflichtigen Asylbewerbern verübt werden? Auch hier sieht man sie wieder, die falsche Prioritätensetzung, die es den Feinden unserer Gesellschaft so leicht macht.

Denn schlechte Politik und ungelöste Probleme liefern den Feinden der Demokratie die Argumente. Seht her, rufen sie: Die Demokratie schafft Probleme durch unkontrollierte Grenzen, schafft es aber nicht, diese Probleme dann zu lösen! Seht her: Der Rechtsstaat funktioniert, wenn du falsch parkst, aber er versagt bei kriminellen Asylbewerbern! Guckt nur, Politiker und Medien jagen einen Verfassungsschutzpräsidenten, kriegen aber die Abschiebung nicht in den Griff!

Hans-Georg Maaßen mag unbequem gewesen sein, aber vor allem hatte er eine beachtliche Reihe von Erfolgen. Etliche Terroranschläge hat seine Behörde zusammen mit dem BKA verhindert. In Deutschland wurden nach Angaben des damaligen Innenministers Thomas de Maizière (CDU) allein 2017 drei Terroranschläge vereitelt. Seit 2000 seien insgesamt 16 Anschläge durch das Eingreifen der Sicherheitsbehörden vereitelt worden, sagte de Maizière in *BILD am SONNTAG*. Und die Bedrohungslage ist weiterhin hoch: Erst im Juni 2018 verhinderte Maaßens Behörde einen weiteren Anschlag. Ein Islamist hatte offenbar in Köln einen Terroranschlag mit dem Gift Rizin geplant. Und nach Hinweisen des Verfassungsschutzes wurde wegen des Verdachts auf Planung und Vorbereitung eines islamistischen Terroranschlags „unter Verwendung hochexplosiven Sprengstoffs" im September 2018 im Rhein-Main-Gebiet ein 17-jähriger Deutschtürke festgenommen.

Immerhin bleibt Deutschland Maaßens Fachkompetenz erhalten. Denn nun soll er als Sonderberater für europäische und internationale Aufgaben im Range eines Abteilungsleiters im Bundesinnenministerium tätig werden. Er wird unter anderem zuständig sein für das Aushandeln von Abkommen für Rückführungen von Asylbewerbern und Vereinbarungen mit afrikanischen Staaten in der Flüchtlingspolitik. In diesem Bereich gebe es „zusätzlichen Handlungsbedarf", sagte sein Chef, Innenminister Seehofer. Deshalb werde die neue Stelle benötigt.

Im Ministerium ließ sich also von heute auf morgen eine neue Stelle schaffen, weil es dort „Handlungsbedarf" gibt. Wenn das das Kriterium ist, dann brauchen Deutschlands Polizei und Justiz Zehntausende von Stellen. Denn derzeit schrammen die Behörden nur knapp an „handlungsunfähig" vorbei. Die Ermittlungsbehörden und Gerichte wirken in ihrem Kampf gegen die Feinde unserer Gesellschaft wie eine Fußballmannschaft, die Spieltag für Spieltag nur mit fünf Spielern antreten darf und deren Spieler in Ballettschläppchen auflaufen müssen.

Während die Politiker ständig neue Gesetze einführen oder verschärfen und neue Regelungen austüfteln, haben sie in vielen Bundesländern Justiz und Polizei kaputtgespart. Deren Zustand war schon vor 2015 schlecht, doch dann setzte die „Wir schaffen das!"-Kanzlerin noch eins drauf. Seitdem verstopfen etwa 400.000 Einsprüche gegen Asylbescheide bundesweit die Verwaltungsgerichte. Andere Dinge wie Bauanträge brauchen länger, werden zum Teil gar nicht mehr bearbeitet. „Es handelt sich hier um nichts anderes als den beginnenden Zusammenbruch des Staates, nämlich der Verwaltung und der Gerichtsbarkeit", spitzt *B.Z.*-Kolumnist Gunnar Schupelius zu.

Und es droht alles noch schlimmer zu werden: Denn es werden bald Zehntausende Richter und Staatsanwälte fehlen – sie gehen schlicht in Pension. Die Demografie schlägt erbarmungslos zu! Und die Ausbildung neuer Richter dauert. „Wenn die Politik hier nicht aktiv wird, droht der Rechtsstaat zu erodieren", sagte der Bundesgeschäftsführer des Deutschen Richterbundes, Sven Rebehn, der *Saarbrücker Zeitung*. Die schon heute sehr angespannte Personalsituation werde sich in den kommenden zehn bis 15 Jahren noch deutlich verschärfen, denn auf die deutsche Justiz rolle eine „gewaltige Pensionierungswelle" zu. So würden rund 40 Prozent aller Juristen bundesweit bis 2030 aus dem Dienst ausscheiden. Die Justiz verliere damit mehr als 10.000 Richter und Staatsanwälte. „Gleichzeitig ist die Zahl der Nachwuchsjuristen seit Jahren rückläufig", sagt Rebehn.

Es rächt sich nun, dass im „Wir schaffen das"-Deutschland Polizei und Justiz seit Jahrzehnten auf Verschleiß gefahren wurden und nur wenige Bundesländer wie Bayern es anders gemacht haben. Dort haben es die Feinde unserer Gesellschaft vom Kriminellen über den Islamisten und den illegalen Einwanderer bis hin zum Extremisten auch statistisch messbar deutlich schwerer. Dort ist die Sicherheitslage klar besser.

Bundesweit fehlen 20.000 Polizisten, so der GdP-Vorsitzende Oliver Malchow in der *ZEIT*, bei der Polizei scheiden bis 2021 rund 44.000 Beamte aus dem Dienst. Das Personal werde zwar inzwischen aufgestockt, aber nicht ausreichend. Die Polizei könne sich nicht mehr so um Sicherheit und Alltagskriminalität kümmern, wie dies von den Bürgern gewünscht werde, bemängelte Malchow. Bei Wohnungseinbrüchen etwa würden die Bürger oft erst Opfer der Diebe und dann des Staates, der die Fälle mangels Personal nur verwalte und nicht aufkläre. „Das ist kein handlungsfähiger Staat", so Malchow. Und die Polizisten, die da sind, ächzen seit Jahren unter der Last der Mehrarbeit. 2016 und 2017 leisteten sie jeweils sagenhafte 22 Millionen Überstunden.

Ein starker Rechtsstaat kostet sehr viel Geld. Polizisten und Staatsanwälte müssen besser bezahlt werden. Nur ein Beispiel: „Wer heute als lediger Richter oder Staatsanwalt in den Beruf einsteige, erhalte im bundesweiten Durchschnitt rund 48.000 Euro brutto im Jahr, so eine Studie, die die *B.Z.* veröffentlicht hat. Ein vergleichbarer Prädikatsjurist in einem Unternehmen verdiene hingegen im Durchschnitt 87.000 Euro jährlich, während ein Anwalt in einer Großkanzlei auf der ersten Karrierestufe im Schnitt sogar 118.000 Euro pro Jahr erhalte." Und der Clanchef, den der 48.000-Euro-Staatsanwalt angeklagt und der 48.000-Euro-Richter zu einer Bewährungsstrafe verurteilt hat, der fährt danach mit seinem Ferrari gutgelaunt in seine Villa.

Und auch die dringend notwendige Umstellung auf digitale Akten wird Millionen Euro verschlingen. Allein im kleinen Schleswig-Holstein kostet die auf acht Jahre angelegte Umstellung 55 Millionen. Bis Ende 2025 sollen sämtliche 240 Gerichtssäle für das digitale Zeitalter umgerüstet sein. Ab dem 1. Januar 2026 müssen bundesweit alle neuen Akten elektronisch angelegt werden.

Das alles aufzulisten und einen Finanzierungsvorschlag schuldig zu bleiben – das wäre unredlich. Das Geld, mit dem unser Rechtsstaat stark gemacht werden kann und damit fit für die Zukunft, zahlen die Bürgerinnen und Bürger bereits jeden Monat ein: 5,5 Prozent der Einkommensteuer – 2017 waren das knapp 18 Milliarden Euro pro Jahr. Richtig, es geht um den „Soli"! Der soll schrittweise abgeschafft werden, hat die Große Koalition nach der Bundestagswahl 2017 beschlossen.

Sachgerecht wäre es, diesen Beschluss sofort rückgängig zu machen.

Der Solidaritätszuschlag, der 1995 zur Finanzierung der Kosten der Deutschen Einheit unbefristet eingeführt worden war, wird nun dringender benötigt als jemals zuvor. Er muss als „Soli für die Sicherheit" weiterbestehen. Das bedeutet für keinen Bürger, dass er künftig weniger Geld im Portemonnaie hat (den Soli zahlen wir ja jetzt auch), dafür kann sich jeder Bürger wieder auf den Rechtsstaat verlassen.

Der Originaltext des Gesetzes müsste gar nicht so sehr verändert werden. Finanziert werden sollten anfangs „Mehrbelastungen [...] aus dem Konflikt am Golf [...], auch für die Unterstützung der Länder in Mittel-, Ost- und Südeuropa [...], und den Kosten der deutschen Einheit". Neu würde das so klingen: „Mehrfachbelastungen durch die Kosten für die Bewältigung der Flüchtlingskrise 2015-2016 und ihrer Folgen, des nicht funktionierenden Dublin-Systems, des nicht funktionierenden Schutzes der EU-Außengrenzen ..."

Dafür brauchen die Politiker, die unser Land führen, einmal den Mut, den Menschen wirklich die ganze Wahrheit zu sagen: Es gab schon immer Feinde unserer Gesellschaft im Land. Durch die Einwanderungswelle sind es mehr geworden. Das ist aber kein Problem, denn wir erhöhen gleichermaßen die Leistungskraft unseres Rechtsstaates. Das wäre die Regierungserklärung, auf die Millionen Menschen seit vielen Jahren warten.

6 Wehrlose Demokratie? Die deutsche Tendenz zur Unterwerfung

Es gibt 72 Stunden in der neueren deutschen Diplomatie-Geschichte, in denen noch deutlicher geworden ist als sonst, dass wir es den Feinden der offenen Gesellschaft, also den Feinden unseres Lebensstils und unserer demokratischen Prinzipien, viel zu bequem machen. Dass wir ihnen ungern die Stirn bieten und einem offenen Konflikt lieber aus dem Weg gehen. Dass wir eine seltsame Scheu haben, unsere nationalen Interessen zu formulieren, wodurch unsere Politiker weich und unterwürfig wirken. Die Zeit des Kopfschüttelns über die deutsche Polit-Elite beginnt kurz nachdem der türkische Präsident Recep Tayyip Erdogan am 28. September 2018 in Berlin-Tegel gelandet ist.

Als er sich in seiner gepanzerten Limousine durch die Stadt fahren lässt, streckt er durch das geöffnete Fenster seinen Anhängern eine Hand entgegen. Dabei reckt er vier Finger nach oben, den Daumen winkelt er an, presst ihn auf die Handfläche. Dieser Gruß ist das Symbol der Islamisten. „Erdogan zeigt die Geste bewusst, als Solidaritätsbekundung für die Muslimbrüder", sagt der Islamwissenschaftler Abdel-Hakim Ourghi in einem Interview. „Wie sie vertritt auch er einen sehr konservativen Islam." Einen, der keinen anderen Islam neben sich duldet. Und damit eben auch keinen liberalen! Das ist Erdogans erste Botschaft auf deutschem Boden. Was für ein Affront!

Einige Erdogan-Fans antworten auf die eindeutige Geste des vorbeifahrenden Präsidenten mit dem sogenannten „Wolfsgruß". Er ist das Erkennungszeichen extremistischer türkischer Nationalisten, der sogenannten Grauen Wölfe. Der kleine Finger symbolisiert den Türken, der Zeigefinger den Islam. In Deutschland gibt es mehr als 300 ihrer Vereine mit rund 18.000 Mitgliedern. Türkentum und ein radikaler Islam prägen ihr

Weltbild: Juden, Christen, Armenier, Griechen, Israel und die Vereinigten Staaten werden als Feinde betrachtet. Damit beschreiben sie ziemlich genau den politischen Kompass Erdogans. Der Präsident sympathisiert offen mit Extremisten und die Extremisten verehren ihn als ihren „Lider", zu Deutsch: Führer. Und das mitten in der deutschen Hauptstadt. Schon in diesem Moment ist der Staatsbesuch, der unter dem Etikett der Versöhnung angekündigt wurde, ein Skandal. Später treffen sich dann die Bundeskanzlerin und der Bundespräsident mit Erdogan – so als wäre nichts gewesen.

Geht's eigentlich noch?

Wie soll man in einem Land glaubwürdig klar machen und durchsetzen, dass man gegen jede Form von „Ismus" ist, also Rechtsextremismus, Linksextremismus, Antisemitismus und Islamismus, wenn der türkische Präsident, ein Islamist und Antidemokrat, offen dafür werben darf? Selbst wenn seine eigene Deutung, das Symbol stehe für die vier Grundsäulen der Republik Türkei „Eine Nation, eine Flagge, eine Heimat, ein Staat" zutrifft, und auch wenn wahr ist, dass er den Gruß bereits benutzt hat, als dieser noch nicht mit den Muslimbrüdern in Verbindung stand, bleibt es doch die aufreizende Provokation eines Despoten. Diktatoren arbeiten seit jeher mit der Magie von Missverständnissen bei Symbolen.

Wie würden Sie reagieren, wenn ein Bekannter, den Sie zu sich nach Hause zum Essen eingeladen haben, auf dem Weg dorthin den rechten Arm nach vorne und in die Höhe strecken und dann erklären würde: „Das war doch nicht der Hitlergruß, die Geste gab es schon viel früher!" Würden Sie das Essen stattfinden lassen? Es gäbe nur zwei angemessene Reaktionen: Das Essen kurzfristig absagen, weil man sich mit Sympathisanten von Massenmördern, Extremisten und Judenhassern nicht an einen Tisch setzt. Oder die weichere, intellektuellere Variante: das Thema vor dem Essen klar ansprechen und eine Distanzierung einfordern. Alles andere mag zwar elegant gedacht sein, es führt aber dazu, dass der andere immer neue Grenzen überschreiten wird. Mit der Höflichkeit als Reaktion auf Unhöflichkeit verhält es sich nämlich genauso wie mit der Toleranz gegenüber Intoleranz: Am Ende gewinnen die Unhöflichen und Intoleranten, also die, die nicht gewinnen dürfen, wenn wir bewahren und zukunftsfähig machen wollen, was uns wichtig ist und wofür wir stehen.

Der Bundespräsident hat sich anders entschieden. Er hat das Staatsbankett im Schloss Bellevue zu Ehren Erdogans stattfinden lassen. Er hätte es kurzfristig absagen können. Aber er hat sich lieber als freundlicher Gastgeber eines Feindes erwiesen.

Ist das Wort „Feind" zu hart? Entscheiden Sie selbst!

Der türkische Staatspräsident ist einer der größten Gegner der westlichen Gesellschaftsform mit Menschenrechten, mit Meinungsfreiheit und Minderheitenschutz. Er unterdrückt nicht nur Kurden, Armenier und Assyrer, sondern auch Frauen und Oppositionelle. Er bedroht und beschimpft deutsche Politiker, vor allem wenn sie türkischstämmig sind. Als unser angeblicher NATO-Partner hat er immer wieder deutsche Soldaten und deutsche Politiker in Zusammenhang mit Einsätzen in der Türkei schikaniert. Er sperrt deutsche Staatsbürger ohne Prozesse ein, leugnet den Genozid an den Armeniern, führt einen völkerrechtswidrigen Krieg in Nordsyrien, ethnische Säuberungen inklusive. Er verwandelt die Türkei Schritt für Schritt in eine Autokratie, ließ 2013 Proteste im Gezi-Park niederknüppeln, nahm einen Putschversuch zum Anlass, Hunderttausende zu entlassen, Tausende wegzusperren, freie Medien zu unterdrücken und Journalisten ins Gefängnis zu werfen. In Deutschland drangsalieren sein Geheimdienst und seine Anhänger Landsleute und türkischstämmige Deutsche, die sich von ihm abgewendet haben.

Es ist richtig, wenn in der Politik der Dialog nicht abreißt, wenn diskutiert und debattiert wird, wenn Argumente ausgetauscht und nach intensiven Gesprächen Kompromisse gefunden werden. Das alles kann man aber bei einem Arbeitstreffen erledigen. Deutschland hat dem Mann, der die Freiheit Andersdenkender nicht respektiert, sondern erst mit Worten und dann mit Füßen tritt, dagegen den roten Teppich ausgerollt. Warum bieten wir ihm nicht die Stirn, machen öffentlich deutlich, wie wir es sehen, so wie er die Öffentlichkeit nutzt, um seine Position zu vertreten?

Kanzlerin Angela Merkel hatte während des unrühmlichen Staatsbesuches die Möglichkeit dazu. Sie ließ sie weitgehend ungenutzt verstreichen – wie so oft. Zwar wies sie bei der gemeinsamen Pressekonferenz mit Erdogan darauf hin, dass es „tiefgreifende Differenzen" gebe. Welche das sind, ließ sie aber offen. Sie erinnerte Erdogan lediglich daran, dass in seinem Land Journalisten bisweilen ohne Anklageschrift im Gefängnis säßen. Sie nannte nicht den Namen des *WELT*-Korrespondenten Deniz Yücel, der in der Türkei zwölf Monate lang wegen angeblicher „Terrorpropaganda" eingesperrt war, 290 Tage davon in strenger Einzelhaft. Erdogan handelt stets nach der einfachen Devise: Wer nicht für mich ist, ist gegen mich. Und wer gegen mich ist, ist ein Terrorist.

Und Merkel sagte auch kein Wort, als mitten in der Pressekonferenz in Berlin ein Journalist von Sicherheitsbeamten abgeführt wurde. Er trug ein T-Shirt mit der Aufschrift „Freiheit für Journalisten in der Türkei". Erdogan lächelte süffisant, Merkels Blick versteinerte. Ob sie wenigstens gedacht hat: „Ich bewundere den Mut dieses Mannes"? Ihr Regierungssprecher Steffen Seibert twitterte später, im Kanzleramt halte man es bei Pressekonferenzen wie der Deutsche Bundestag: „Keine Demonstrationen und Kundgebungen politischer Anliegen" – unabhängig davon, ob das Anliegen berechtigt sei oder nicht. Immerhin darf man in Deutschland alle Fragen stellen, ohne Gefahr zu laufen, ins Gefängnis zu kommen. Die Freiheit der Journalisten ist ein hohes Gut. Anders als in Erdogans Türkei.

Der ehemalige Chefredakteur der *Cumhuriyet*, Can Dündar, zum Beispiel ist für den türkischen Staat ein Verbrecher, weil er über illegale Waffendeals der Regierung berichtet hat. In freien Demokratien wäre er für diese investigative Arbeit ausgezeichnet worden. Erdogan verlangte bei der Pressekonferenz in Berlin hingegen die Auslieferung Dündars, der in Deutschland im Exil lebt. Er sei ein „Spion" und „Agent" und habe Staatsgeheimnisse öffentlich gemacht. Dafür sei er zu fünf Jahren und zehn Monaten Haft verurteilt worden. Der mutige Journalist konterte: Die Justiz in der Türkei sei nicht frei. Im Vergleich zu vielen seiner Kolleginnen und Kollegen habe er selbst noch Glück gehabt. Sechs von ihnen seien ermordet worden. „In der Türkei graben die Journalisten mit ihren Stiften ihre eigenen Gräber", wird Dündar von der *ZEIT* zitiert. Dündar hielt in seiner eigenen Pressekonferenz eine lange Liste der in der Türkei inhaftierten Journalisten in die Höhe und sagte: „Ich muss für das Recht all dieser Kolleginnen und Kollegen eintreten. Diese Menschen sind keine Terroristen. Ihnen wird der Prozess gemacht, nur weil sie ihre Arbeit gemacht haben."

Frank-Walter Steinmeier, der sich heute vermutlich selber fragt, warum er das Bankett am Abend eines solch deprimierenden Tages für die Demokratie nicht noch abgesagt hat, tappte prompt in die nächste Erdogan-Falle. Nachdem der Bundespräsident eingangs die Menschenrechtsverletzungen in der Türkei angesprochen hatte, stand Erdogan auf und setzte zu einer Wutrede auf Deutschland an. Er warf dem Bundespräsidenten bei dessen eigener Einladung „Falschinformation" vor, immerhin sagte er nicht „Lüge". Dann wetterte er über Deutschland, warf uns vor, dass hier PKK-Terroristen unbehelligt herumschlenderten, und zog, ohne seinen Namen zu nennen, über Dündar und seine Kollegen her: „Man redet von Intellektuellen. Dann muss man sie auch definieren. Man sagt Journalisten. Wenn der Journalist ein Teil vom Terrorismus ist und die türkische Justiz ihn bestraft hat, wie kann man das verteidigen?", zürnte der Präsident. Und weiter: „Einer von ihnen, ein angeblicher Journalist, wurde zu fünf Jahren Haft verurteilt. Er hat eine Lücke gefunden und ist abgehauen und in Deutschland. Und er wird hier auf Händen getragen. Wenn es umgekehrt wäre und wir das machen, würden Sie das Gleiche von uns wollen. Sie wollten von uns Journalisten und Sie wissen, wie wir gehandelt haben. Von zwei Journalisten wurden beide entlassen, einer sogar ohne Verhandlung." Und weil Erdogan jetzt so richtig in Rage war, offenbarte er auch erstmals öffentlich, warum die beiden wirklich zurück nach Deutschland gelassen wurden. Nicht aus Überzeugung oder irgendeinem rechtsstaatlichen Prinzip folgend, sondern weil er sie als Tauschobjekte begreift. „Jetzt gibt es einen in meinem Land bestraften Menschen", führte er aus, „der abhaut. Wir wollen ihn. Obwohl wir ein Abkommen haben, wird er nicht an uns ausgeliefert." Rumms!

Das ist dreist und unangemessen und ein verbaler Kampf für die falschen Werte, aber: Dieser Mann trat ganz unzweifelhaft für seine Interessen ein. Mit seiner gesamten Autorität, seiner Rhetorik, seiner Emotion, seiner Überzeugung. Wo blieb jetzt die Antwort Steinmeiers, das ebenso fulminante Plädoyer für Freiheit und Rechte des Einzelnen, für die Prinzipien des Rechtsstaates, für den Wert der Demonstrations- und Meinungsfreiheit? Frei gesprochen, außerhalb des Protokolls und ja: auch außerhalb dessen, was sonst so üblich ist bei Staatsbanketten. Es blieb aus.

Und so hatte der Despot vom Bosporus das Bankett in Berlin, das besser gar nicht stattgefunden hätte, in eine Machtdemonstration verwandelt. *BILD* nannte das einen „Eklat". Dazu gehören immer mindestens zwei: einer, der sich etwas herausnimmt, und einer, der es zulässt. Nur sehr überzeugte Kuschelpädagogen sehen in dem, der es zulässt, einen Gewinner.

Erdogans Deutschland-Besuch war jedoch nach dem Abendessen mit dem Bundespräsidenten noch nicht zu Ende – am nächsten Tag besuchte er seine treuen Anhänger in Köln. Dort eröffnete er die neue, riesige Zentralmoschee des Verbands Ditib. 950 der insgesamt 2.600 Moscheen in Deutschland gehören zu dem Netzwerk. Das nutzte er auch, um den Deutschen Rassismus in Bezug auf die Fußballer Mesut Özil und Ilkay Gündogan vorzuwerfen. Wörtlich sagte er: „Ehrlich gesagt konnte ich es als ihr Präsident nicht verdauen, dass unsere zwei jungen Männer, die bis in die deutsche Nationalmannschaft aufgestiegen sind, ausgegrenzt wurden." Er forderte im gleichen Atemzug, dass Muslime in Deutschland nicht zur Zielscheibe gemacht werden dürften. „Wir sagen, dieser Rassismus muss endlich aufhören", wird Erdogan im *TAGESSPIEGEL* zitiert.

Er sagte also wirklich: „als *ihr* Präsident". Damit nahm der Spalter, der türkischsprachige Schulen in Deutschland fordert, die Formulierung auf, die vor der Fußballweltmeisterschaft zum Skandal wurde. Denn: Ist nicht eigentlich Frank-Walter Steinmeier der Präsident der beiden? Auch das blieb unwidersprochen. Unglaublich eigentlich. Aber wirklich genau so ist es passiert.

Bei der Eröffnung der Ditib-Moschee fühlte sich Erdogan sichtlich zu Hause. Das ist kein Wunder, denn die Organisation gilt als „verlängerter Arm des türkischen Präsidenten in Deutschland", berichtet die *ZEIT* am 30. September 2018. Moscheen sind für ihn aber längst nicht mehr nur Gotteshäuser. Für ihn sind sie „Bajonette", „Helme" und „Kasernen" und die Gläubigen sind „Soldaten". Das alles sind Zitate aus einem Text von Ziya Gökalps, den Erdogan 1997 in einer Rede verwendet hat. Unter anderem deshalb wurde er in der damals noch laizistischen Türkei wegen Volksverhetzung verhaftet.

Ditib, Erdogans Moscheen-Verband in Deutschland, ist ein besonders eindrucksvolles Beispiel dafür, dass die Feinde Deutschlands in Deutschland Narrenfreiheit haben. Und mehr noch: dass wir sie sogar noch mit Geld und guten Worten dabei unterstützen. Vielleicht ist es ein wenig übertrieben, das bereits „Unterwerfung" zu nennen. Aber den Tatbestand der Kapitulation erfüllt es schon jetzt.

Seit Jahren ist bekannt, dass die „Türkisch-Islamische Union der Anstalt für Religion" im „religiös-nationalistischen Gleichschritt mit dem türkischen Präsidenten Integrationsbemühungen diskreditiert, Antisemitismus propagiert, gegen Christen polemisiert", schreibt Ansgar Graw in der *WELT*. Immer wieder werden Skandale bekannt, aber ebenso schnell wieder vergessen und damit verharmlost. In einer Ditib-Moschee in Herford haben Kinder im April 2018 eine Schlachtszene aus dem Ersten Weltkrieg aufgeführt. Sie trugen dabei Uniformen und Plastikgewehre. Dass es sich dabei nicht um eine Entgleisung vereinzelter Radikaler handelt, sondern um ein professionalisiertes System, wird durch Enthüllungen des Magazins *Kontraste* deutlich: Auf vorher unveröffentlichten Bildern aus einer kleinen Moschee in Baden-Württemberg sind Kinder in Uniformen zu sehen, die in einer makabren Aufführung für ihr Vaterland sterben. Sie werden anschließend mit der türkischen Fahne bedeckt. Ein Spiel mit dem Tod. Aufgeführt von deutschen Kindern mit türkischer Abstammung. Erdogan nutzt Ditib auch dafür, die Türken in Deutschland für seinen von ihm als „heilig" bezeichneten Krieg zu gewinnen. Wer Ditib also als verlängerten Arm des türkischen Präsidenten bezeichnet, muss dazu sagen, dass er eine Waffe in der Hand hält.

Natürlich muss eine solche Moschee sofort geschlossen werden. Das geht aber angesichts der Religionsfreiheit in Deutschland nicht so einfach. Wieder kann also eine Säule unserer Freiheit dafür benutzt werden, genau diese Freiheit am Ende abzuschaffen. In der Türkei gibt es de facto keine Meinungs- und auch keine Religionsfreiheit.

Manche Ditib-Moscheen dienen dem Regime in Ankara auch dazu, Landsleute in Deutschland zu bespitzeln. Entsprechende Fälle sind 2017 bekannt geworden und wurden von Ditib bestätigt. Auch das hat System: Jede türkischstämmige Person in

Deutschland, die sich nicht zu Erdogan bekennt, ist in ständiger Gefahr, von den Erdogan-treuen Imamen dafür kritisiert oder von deren Anhängern drangsaliert zu werden. Die Imame werden aus der Türkei nach Deutschland geschickt und auch von dort bezahlt. Es ist nicht bekannt, ob es eine türkische Version der lebenserfahrenen deutschen Weisheit „Wer zahlt, schafft an…" gibt, aber in der Praxis ist das hier so: Ankara sagt an, die regimetreuen Imame führen aus. Und das in einer Zeit, in der die Türkei immer nationalistischer und islamistischer wird. Und in der 32 Prozent der türkischstämmigen Einwanderer in Deutschland sagen, Muslime sollten eine Gesellschaftsordnung wie zu Zeiten Mohammeds anstreben. Das geht aus einer der bisher umfassendsten Befragungen über Integration und Religiosität hervor, die die Uni Münster vorgelegt hat. 47 Prozent, also annähernd die Hälfte der Befragten, gaben an, dass die Gebote der Religion wichtiger sind als die Gesetze des Staates.

Und als wäre das alles nicht schon schlimm genug, wurde jetzt auch noch bekannt, dass Erdogan eine Spitzel-App vertreibt, mit der Regimegegner und Kritiker angezeigt werden können. Damit haben die türkischen Techies einen Aufruf des Präsidenten in die Welt der Smartphones übersetzt: „Wo auch immer unser Volk ist", sagte Erdogan in einer in einem *SWR*-Bericht vom 26. September 2018 zitierten Rede, „wenn einer mitbekommt oder davon erfährt, dass sich jemand falsch benimmt oder Ähnliches, soll er unsere Sicherheitskräfte benachrichtigen. Das hilft uns sehr. Das erleichtert uns die Arbeit. Das sollten sie nicht als Spionage verstehen, so sollten sie nicht darüber denken. Das ist eine der wichtigsten Säulen, auf denen unser Geheimdienst steht – es ist sogar die wichtigste überhaupt: unsere Informanten aus der Bevölkerung." Und wenn es seine Landsleute schon nicht so nennen sollen, dann benennen wir es eben als das, was es ist: Spionage, Spitzelei, Denunziantentum, Stasi- und Gestapo-Methoden.

Die App, mit der die Namen, Adressen und angeblichen Taten von Erdogan-Gegnern samt Fotos und Dokumenten direkt an die türkische Cyber-Polizei geschickt werden können, ist auch in Deutschland in Gebrauch. Sie ist sehr leicht zu finden und im App-Store herunterzuladen. Die Nutzer jubeln: „Super, dann können wir jetzt alle Vaterlandsverräter anzeigen." Oder: „Volle Unterstützung von den in Deutschland lebenden Türken. Wir werden hoffentlich alle hier lebenden Vaterlandsverräter Stück für Stück anzeigen." Und auch die ersten Erfolgsmeldungen der digitalen Blockwarte werden in den Kommentaren zur App stolz verkündet: „Ich habe knapp 300 Namen und Adressen von Leuten angegeben, die die PKK finanziell unterstützen, alle in NRW."

Hier kann aus Sicht des Staates nur gelten: Wer denunziert, muss hart bestraft werden! Wer sich an den Spitzel-Attacken der Erdo-Gang beteiligt, gehört nicht zu Deutschland!

Genauso klar und eindeutig müsste sein, dass man mit einer Institution wie Ditib, die sich immer stärker als das scharfe Schwert des Despoten versteht, nicht weiter zusammenarbeiten kann. Alle Beziehungen, gemeinsamen Projekte und jeglicher Geldfluss sollten daher sofort auf Eis gelegt werden. Und zwar so lange, bis Ditib zweifelsfrei belegen kann, dass alles, was dort getan wird, mit dem Grundgesetz zu vereinbaren ist. Solange es daran auch nur den geringsten Zweifel gibt, kann Ditib kein Partner für uns mehr sein: nicht auf Bundesebene in der Islamkonferenz, nicht auf Länderebene etwa bei der Gestaltung des Islamunterrichts und auch nicht auf kommunaler Ebene in der Jugendarbeit. Und wenn die Hürden für eine Beobachtung des Verbands durch den Verfassungsschutz hoch sind, wie der nordrhein-westfälische Innenminister Herbert Reul in der *WELT* sagt, dann müssen diese mit der gesamten Kraft des Intellekts deutscher Juristen übersprungen werden. Alles andere fördert – mit Geist und Geld und Engagement – Intoleranz, Unmenschlichkeit und antidemokratische Haltung.

Das kann nicht die Antwort einer wehrhaften Demokratie sein – sonst mutiert sie zur defensiven, unterwürfigen Demokratie und gerät tatsächlich in größte Gefahr.

Kapitel 5
GEGEN UNSERE FEINDE
– so geht's, Deutschland!

- » Duldung abschaffen, Abschiebehaft ausbauen.

- » #stoppISMUS! – ein Pakt gegen RechtsextremISMUS, LinksextremISMUS, IslamISMUS und AntisemitISMUS.

- » Soli für Sicherheit: Den Solidaritätszuschlag nicht abschaffen, sondern in den Rechtsstaat investieren.

- » Kein Geld mehr für Erdogans Anhänger in Deutschland!

Nachwort

Einige Stunden Lektüre liegen nun hinter Ihnen, liebe Leserinnen und Leser. Und ich hoffe sehr, dass Sie den einen oder anderen Denkanstoß gefunden haben, über den es sich zu diskutieren lohnt. So ist dieses Buch gedacht: nicht als Ende einer Debatte, sondern als Anstoß dafür. Das wäre ein schöner Erfolg. Denn das Land, das sich derzeit so sehr verändert, wird ja unsere Heimat bleiben – mit all ihren Schönheiten und Schwächen.

Ich würde mich freuen, wenn Sie mir Ihre Meinung dazu mitteilen. Das können Sie entweder auf meiner Facebook-Seite tun, der knapp 80.000 Menschen folgen. Sie finden mich auch bei Twitter und Instagram. Oder aber Sie wählen den Weg einer E-Mail: claus.strunz@gehtsnochdeutschland.de.

In den Redaktionen, in denen ich mitarbeiten darf, wird jeden Tag intensiv über aktuelle Themen geredet, Fakten werden recherchiert und Meinungen prallen aufeinander. Dabei ist der Diskurs mit den Kolleginnen und Kollegen besonders wichtig. Mit einem tausche ich mich fast immer aus, wenn es um Politik geht: Eduard Wolter ist diskussionsfreudig, sehr gebildet und hart in seiner Argumentation. Aber er würde stets auch die Meinung des anderen respektieren. Deshalb verehrt er den französischen Philosophen und Schriftsteller Voltaire (1694-1778), dem der Satz „Ich bin zwar anderer Meinung als Sie, aber ich würde mein Leben dafür geben, dass Sie Ihre Meinung frei aussprechen dürfen." zugeschrieben wird, obwohl nicht ganz klar ist, ob er ihn auch so gesagt hat. Da trifft es sich ganz gut, dass der Name des Kollegen fast so klingt wie Voltaire.

Wir haben gemeinsam recherchiert, formuliert, um Argumente gerungen. Es war eine intensive, arbeitsreiche, kreative Zeit. Abend für Abend, manchmal bis tief in die Nacht, und Wochenende für Wochenende. Danke, „Voltaire"!

Ich danke auch meinem Freund und Kollegen Willie Brandl für die intellektuelle Begleitung des Manuskripts und viele wichtige Gedanken, die vor allem in das Kapitel „Wir sind nicht mehr das Land der Dichter und Denker!" eingeflossen sind.

Holger Liesau wiederum hat jedes genannte Faktum nachrecherchiert und jede Quelle überprüft und gegengecheckt. Akribisch und stets mit einer alternativen Idee, wann immer ihm eine Ungenauigkeit aufgefallen ist: in Zeiten von Fake News ein Qualitätsgarant.

Mitgeholfen haben außerdem die vielen Impuls- und Feedbackgeber, die immer wieder gegengelesen und kritisiert haben. Ihnen allen danke ich sehr. Ohne sie gäbe es dieses Buch nicht.

Berlin, im Oktober 2018

Quellen

VORWORT:

Nico Fried, Wolfgang Wittl: Ich lasse mich nicht von einer Kanzlerin entlassen, die nur wegen mir Kanzlerin ist. Süddeutsche Zeitung; 02.07.2018

Thomas Bibi: Wer für abweichende Haltungen nur Schweigen übrig hat, verrät das Erbe der Aufklärung. Neue Zürcher Zeitung; 30.06.2018

Roman Herzog: Rede im Adlon am 26.04.1997. Wortlaut zitiert nach SPIEGEL Online; 10.01.2017

Gerhard Schröder: Mut zum Frieden und Mut zur Veränderung. Regierungserklärung; 14.03.2003. Zitiert aus Bulletin; Archiv der Bundesregierung

KAPITEL 1:

Hugo Müller-Vogg: Angela Merkel: Die „kalte" Kanzlerin und das niedliche Flüchtlingsmädchen. https://www.huffingtonpost.de/hugo-muellervogg/angela-merkel-reem-fluechtling_b_7809492.html; 16.07.2015

Robert Roßmann: Abschottung statt Willkommenskultur. Süddeutsche Zeitung; 04.07.2018

Julian Reichelt: Aus Trump NICHTS gelernt. BILD; 14.11.2016

Adrian Arab: Das „ehrliche" Wahlergebnis der Bundestagswahl. WELT; 24.09.2017

Lina Timm: Briefwahl-Skandal: Bleiben Tausende Wähler ohne Stimme? FOCUS; 21.09.2013

Annett Meiritz und Anna-Lena Roth: Bürger beschweren sich über Pannen bei Briefwahl. SPIEGEL Online; 27.09.2013

heif/lsa/web/angr: Zu wenige oder falsche Stimmzettel und fehlende Schlüssel. RP-online.de; 22.09.2017

dpa: Online-Warenhandel wächst zweistellig. WirtschaftsWoche; 22.01.2018

Karola Marky und Roberts Kolosovs: Wählen per Mausklick – Sichere und geheime Wahlen übers Internet dank Kryptografie und Mathematik. Fachmagazin Heise „c't Magazin für computer technik"; 22.12.2017

Prof. Dr. Armin Schäfer: Die Gegenwart – Wahlbeteiligung. „Demokratie? Mehr oder weniger". faz.net; aktualisiert am 16.12.2015

Katrin Albsteiger, Sascha Vogt und Lasse Becker: Nicht wählen geht gar nicht! Replik auf Georg Diez. ZEIT Online; 31.07.2013

Anne Merholz: Exklusiver Europa-Vergleich – Deutsche haben keine Lust auf Online-Bundestagswahl. BILD Online; 03.06.2017

swissinfo.ch und Agenturen: Bundesrat bewilligt E-Voting in Kantonen Aargau und St. Gallen. swissinfo.ch; 28.06.2017

Walter Osztovics und Bettina Fernsebner-Kokert: Bürgerbeteiligung – Lasst uns endlich mitreden! ZEIT Online; 03.09.2017

QUELLEN

Paul Blickle, Andreas Loos, Fabian Mohr, Julia Speckmeier, Julian Stahnke, Sascha Venohr und Veronika Völlinger: Wahlverhalten: Merkel-Enttäuschte und Nichtwähler machen die AfD stark. ZEIT Online; 24.09.2017

maischberger: Faktencheck zu „Wutwahl gegen Merkel & Co.". Das Erste. Sendung vom 27.09.2017

Vera Lengsfeld: Die Alternative oder: Macht endlich Politik! Newsletter Vera Lengsfeld; 11.08.2017

Heinrich Oberreuter: Entfremdung – Über Defizite der kommunikativen Demokratie. Konrad-Adenauer-Stiftung; Nr. 548/16.02.2018

Andrea Spalinger und Andreas Wysling: Lange Schlangen vor Wahllokalen in Italien. Neue Zürcher Zeitung; 04.03.2018

Karsten Kammholz: Innenminister fürchten die „Wahl im Vorbeigehen". WELT Digital; 23.12.2014

Ulrich Schulte: SPD-Generalsekretärin über Wahlen. „Die Demokratie ist sozial gespalten". taz-Interview; 20.07.2015

abl/AFP/dpa: Maue Wahlbeteiligung – CDU und CSU wollen Wahllokale bis 20 Uhr öffnen. SPIEGEL Online; 14.02.2015

Robert Roßmann: Ganz große Koalition gegen Stimmverweigerer. Süddeutsche Zeitung; 13.06.2015

Christina Elmer und Christina Hebel: Wahlanalyse – AfD mobilisiert Enttäuschte – nicht Überzeugte. SPIEGEL Online; 13.03.2016

Julian Stahnke, Paul Blickle, Sascha Venohr und Ludwig Greven: Landtagswahlen – Das große Wandern. ZEIT Online; 14.03.2016

L. Krüger, H. Kautz, K. Paydak, F. Solms-Laubach und F. Kain: „'Nicht wählen besser als AfD wählen' – Darf ein Kanzleramts-Chef so etwas sagen?". Peter Altmaier im Interview mit Nikolaus Blome. BILD Online; 19.09.2017

Wikipedia: Asymmetrische Demobilisierung

http://fedidwgugl.de

Vincent-Immanuel Herr und Martin Speer: Demokratie – Wer nicht wählen will, soll zahlen. ZEIT Online; 22.08.2013

KAPITEL 2:

Rafael Buschmann, Marc Hujer und Gerhard Pfeil: Kanaken und Kartoffeln – Als die deutsche Nationalmannschaft in Grüppchen zerfiel. SPIEGEL; 24.08.2018

o. Verf.: Mehrheit der Deutschen will die Wehrpflicht zurück. (Darin Zitat von JU-Chef Paul Ziemiak.) BILD am Sonntag; 05.08.2018

Melanie Amann und Ralf Neukirch: Etwas für unser Land machen – Was schulden junge Leute der Gesellschaft? (Streitgespräch zwischen Paul Ziemiak und Linda Teutenberg.) SPIEGEL; 11.08.2018

Hanna Decker: Warum eine Dienstpflicht dem Arbeitsmarkt wenig helfen würde. FAZ; 06.08.2018

Melanie Amann: „Ich sah, wie zerrissen sich viele fühlten". Was Paul Ziemiak, 30, Chef der Jungen Union, aus seiner Zeit als Aussiedlerkind lernte. SPIEGEL Online; 19.09.2015

Heribert Prantl: Ein Anti-Egoismus-Jahr. Süddeutsche Zeitung; 06.08.2018

ots: Soziologe Hurrelmann über die neue (14.) Shell-Studie: Die Ego-Taktiker kommen. STERN; 14.08.2002

Klaus Hurrelmann: Freiwilliges soziales Jahr – Haltet zusammen! ZEIT; Nr. 37/04.09.2014

Gerd Wagner: Das soziale Pflichtjahr ist Unsinn. TAGESSPIEGEL; 22.01.2004

afp: Ex-Verteidigungsminister Guttenberg warnt vor Wehrpflicht. B.Z.; 06.08.2018

Mathias Greffrath: Freiwillig reicht nicht. NDR Kultur; 01.12.2017

Emmanuel Macron: Macrons Sorbonne-Rede II. The European; 10.05.2018

Gorch Fock: Mensch und Heimat. Gedicht

Elisabeth Niejahr, Matthias Geis, Peter Dausend, Marc Brost und Mark Schieritz: Fähnchen, Küsschen, Stinkefinger. ZEIT; 27.12.2013

John Nemo: What a NASA janitor can teach us about living a bigger life. bizzjournals.com; 23.12.2014

Heike Klovert und Silke Fokken: Kommt politische Bildung an Sachsens Schulen zu kurz? SPIEGEL; 30.08.2018

o. Verf.: Sozialwissenschaftler der Universität Bielefeld erstellen Ranking.

Mahir Gökbudak und Reinhold Hedke: Ranking Politische Bildung 2017. Social Science Education Working Papers. 31.01.2018

Verena Töpper: Warum deutsche Schulen so wenig Politik lehren. SPIEGEL Online; 14.12.2017

Jens Christian König: Politische Kultur in den USA und Deutschland. Nationale Identität am Anfang des 21. Jahrhunderts. Berlin 2010

RIS-Bundes-Verfassungsgesetz; Art. 8. Bundesrecht konsolidiert. Österreichische Bundesverfassung.

Bundesverfassung der Schweizerischen Eidgenossenschaft.

Holger Klatte: Staatsziel Deutsch. Bundeszentrale für politische Bildung; 15.10.2010

§ 1306 BGB – „Bestehende Ehe oder Lebenspartnerschaft"

Redaktionsnetzwerk Deutschland: Für Merkel gibt es eine entscheidende Integrationsfrage. WELT; 29.04.2017

dpa/hg: Merkel verteidigt Doppelpass. ZEIT Online; 29.04.2017 (bezugnehmend auf Redaktionsnetzwerk Deutschland)

Susanne Worbs: Doppelte Staatsangehörigkeit in Deutschland: Zahlen und Fakten. Bundeszentrale für politische Bildung; 11.08.2017

dpa: Über 60 Prozent der Deutschtürken wählen Erdogan. FR; 24.06.2018

DeutschlandTrend im ARD-Morgenmagazin. Infratest Dimap; 21.04.2017

Marcel Leubecher: Sechs von zehn Eingebürgerten behalten ihre alte Staatsbürgerschaft. WELT; 10.08.2018

Marcel Leubecher: Inflationäre Vergabe von Doppelpässen in Deutschland. (Mit Zahlen des Statistischen Bundesamts.) WELT; 10.08.2018

Military Times: Honor of the Fallen. Martin Kasindorf; USA Today

Uwe Felgenhauer: Der Irak-Krieg und das Leben eines Latinos. WELT; 05.11.2007 (zitiert aus „Das kurze Leben des José Antonio Gutierrez"; ARTE)

o. Verf.: Marine Lance Cpl. José Gutierrez – A Real American Hero. Citizenpath.com

cb/dpa: Merkel bedauert CDU-Entscheidung. FOCUS; 02.12.2008

KAPITEL 3:

Michael Bröcker und Eva Quadbeck: „Migrationsfrage ist die Mutter aller Probleme". Rheinische Post; 06.09.2018

DeutschlandTrend „September 2018" im ARD-Morgenmagazin. Infratest Dimap

Andrea Dernbach: „Wir sind kein Einwanderungsland". TAGESSPIEGEL; 07.12.2006

Helmut Kohl: Regierungserklärung 1989

Axel Hansen: Wir boomen, wir Deutschen. ZEIT online. 04.08.2014 (bezugnehmend zum Koalitionsvertrag 1982)

dpa/epd/coh: Asylbewerber erschleicht sich Sozialleistungen. WELT; 06.02.2017

Michael Zgoll: Sudanese wegen siebenfachen Sozialbetrugs angeklagt. Hannoversche Allgemeine Zeitung; 23.01.2017

o. Verf.: Das Asylrecht ist am Ende. SPIEGEL; 31.08.1998

Boris Palmer: Meine Lehre aus Chemnitz. ZEIT; 05.09.2018

dpa: Merkel: „Deutschland ist ein Einwanderungsland". faz.net; 01.06.2015

Tatjana Heid: Katrin Göring-Eckardt: Parteitag zwischen Idealismus und Realität: „Mit Mut im Bauch". Die Grünen streiten über Flüchtlingspolitik. FOCUS Online; 21.11.2015

Mareike Meyer und Denise Frommeyer: Göring-Eckardt: Ossi-Kommentar sorgt für Aufruhr. FR.de; 11.09.2015

Antonia Kleikamp: Vertreibung 1945: Als Millionen Deutsche selber Flüchtlinge waren. WELT; 19.05.2015

Arno Orzessek: Vertriebene damals, Flüchtlinge heute. deutschlandfunkkultur.de; 24.08.2016

Reinhard Müller: Flüchtlinge: Vorbild Vertriebene. FAZ; 08.09.2015

Daniel Eckert: Deutschland wird zum Taktgeber für die globale Völkerwanderung. WELT; 20.06.2018

Caritas Deutschland: Wer bekommt Asyl in Deutschland? Caritas.de

Gerd Braune: Punktesystem – Vorbild Kanada: Wie Einwanderung funktionieren kann. TAGESSPIEGEL; 07.08.2018

Daniel Eckert: Jeder vierte Arbeitslose ist ein Zuwanderer. WELT; 14.01.2018

Susanne Koelbl: Zohre Esmaeli: Warum Deutsche und Flüchtlinge so oft missverstehen. SPIEGEL Online; 31.08.2018

Reiner Klingholz: Die großen Migrationswellen kommen erst noch. Abendzeitung München; 23.08.2016. Auch FOCUS Online; 23.08.2016

Philip Plickert: Die große Migrationswelle kommt noch. FAZ; 13.08.2016.

Thomas Eppinger: Auf der Flucht. Teil 2: Die Völkerwanderung. mena-watch.com; 06.10.2017

www.visum.usa.com

Ferdinand Knauß: Der sogenannte Fachkräftemangel. Wirtschafts-Woche; 20.12.2012

Werner Müller: Das Sofortprogramm zur Deckung des IT-Fachkräftebedarfs. ZEITGESPRÄCH „Wirtschaftsdienst" 2000/IV

Jose Luiz Gonzalez/Reuters: The wall and the beast: Trump's triumph from the Mexican side of the border. University of Wollongong, Australia

Sebastian Horsch: An der Grenze zwischen neuem Leben und Tod. OVB Online; 17.10.2016

KNA/ps: Australien lässt „unerwünschte Personen" nicht mehr ins Land. ZEIT Online; 03.09.2017.

Deutschlandfunk on Twitter: Dänemarks restriktive Ausländerpolitik – Ghettos und dänische Werte. 07.05.2018.

Regelungen in der EU: Familiennachzug – wie machen es die anderen?. ARD Tagesschau.de; 01.02.2018

akw/dpa: Was Frontex im Kampf gegen illegale Migration schon darf – und was sich ändern soll. FOCUS; 27.06.2018

dpa: Brüssel plant umfassenden Ausbau des Grenzschutzes. ZEIT Online; 26.04.2018

Thomas Hauser: EU-Gipfel in Salzburg: Kurz wirbt für neue harte Linie gegen Flüchtlingsboote. FOCUS; 20.09.2018

Telepolis: „Man kann einen Sozialstaat haben und man kann offene Grenzen haben, aber ..." heise.de; 25.02.2018

dpa.infocom: Einreisebeschränkungen in anderen EU-Staaten. MOZ.de; 18.06.2018

Ralph Schulze: Blockieren und abschieben. TAGESSPIEGEL; 22.02.2016

Peter Maxwill: So fasste die Polizei Hunderte Kriminelle. SPIEGEL; 10.07.2017

Martin Wagener: Deutschlands unsichere Grenze – Plädoyer für einen neuen Schutzwall. München 2018

Reuters/dpa/nor: Flüchtlingskrise kostet Deutschland jährlich
22 Milliarden Euro – Finanzministeriumsbericht. WELT; 27.01.2017

o. Verf.: Integration in Deutschland. Bundesausländerbeauftrage.de

Wikipedia: Assimilation (Soziologie)

Dirk Hautkapp: Rivalen am Himmel. NRZ; 15.07.2016

KAPITEL 4:

Heinz-Peter Meidinger: Schlimmster Lehrermangel seit drei
Jahrzehnten. Passauer Neue Presse; 20.08.2018

Bundesregierung: Bulletin – Rede von Bundeskanzlerin Angela
Merkel auf der Festveranstaltung „60 Jahre Soziale Marktwirtschaft"; 12.06.2008

dpa/ap: Nationaler Bildungsbericht: Merkel ruft „Bildungsrepublik"
aus. faz.net; 12.06.2008

Franziska Schubert: „Keine Langzeitstrategie gegen Lehrermangel".
FR; 10.07.2018

Toluna-Website: i. A. der Agentur Faktenkontor, Hamburg

Silke Fokken: Es kommt zu unglaublichen Exzessen. SPIEGEL Online;
16.05.2016

Parvin Sadigh (Protokoll): Lehrer: Es sind nicht nur die Schulstunden. ZEIT Online; 04.07.2018

Stefan Sievering: Schulleiter – Klagen gegen Ministerin; 11.09.2017

Jeannette Otto: „Hier beginnt das Ende der Kreidezeit". ZEIT Online; 06.06.2018

Presseportal: Flüchtlingskinder an deutschen Schulen. Die wichtigsten Zahlen und Fakten. 13.11.2017 (bezogen auf die Kultusministerkonferenz vom 06.10.2016)

Liisa Niveri: Was Deutschland von den Finnen lernen kann. SPIEGEL Online; 09.05.2008

Renate Hendricks: Das Finnische Schulsystem. https://www.renate-hendricks.de/index.php?seite=3071&s=1&menu=1

o. Verf.: Das größte Problem von Familien ist ... Das erste große Interview mit der neuen Familienministerin Franziska Giffey. BILD am Sonntag; 24.03.2018

o. Verf.: Ranking: Wo die meisten Schüler sitzenbleiben. Deutsche Handwerkszeitung; 23.09.2016

Jörg Dräger: Sitzenbleiben kostet knapp eine Milliarde Euro. Bertelsmann-Stiftung; 09.03.2009

News4teachers/dpa: Umfrage – Die allermeisten Bürger halten Schulnoten und Sitzenbleiben für sinnvoll – Meidinger sieht sich bestätigt. News4teachers.de; 01.09.2016.

lov: Abitur bundesweit: Hier haben Schüler die besten Noten. SPIEGEL Online; 19.11.2015

o. Verf.: Förderung von Investitionen finanzschwacher Kommunen. Bundesministerium der Finanzen; 01.10.2018 dpa: Hintergrund – Sehr gut bis ungenügend: Noten für 40.000 deutsche Brücken. WELT; 14.08.2018

Heinrich Weitz: Staatliche Nettoanlageinvestitionen in Bauten. Bauindustrie.de; Stand: März 2018

Daniel Stelter: Das Märchen vom reichen Land. Wie die Politik uns ruiniert. München 2018

KfW Bankengruppe (Hg.): KfW-Kommunalpanel 2018. https://www.kfw.de/PDF/Download-Center/Konzernthemen/ Research/PDF-Dokumente-KfW-Kommunalpanel/ KfW-Kommunalpanel-2018.pdf; Frankfurt am Main, Juni 2018

Hubertus Bardt, Michael Grömling, Tobias Hentze und Thomas Puls: Investieren Staat und Unternehmen in Deutschland zu wenig? iwkoeln.de; 05.10.2017

juh/dpa: In diesen Ländern surft man schneller als in Deutschland. SPIEGEL Online; 19.01.2018

Peter Giesecke: Ziel verfehlt: 2018 keine 50 Mbit/s für jeden Haushalt in Deutschland. trendblog.euronics.de; 12.01.2018

Andreas Weck: Weit unter OECD-Durchschnitt: Deutschland bleibt Glasfaser-Entwicklungsland. t3n.de; 27.03.2017

Kirsten Witte: Deutschland investiert zu wenig in Glasfaserausbau. Pressemitteilung der Bertelsmann-Stiftung; 10.05.2017

ots: EPA-Jahresbericht 2016: Deutschland mit Plus bei Patentanmeldungen – führende Position in Europa. finanzen.net; 07.03.2017

Ulf Sommer: Deutsche Patente: Von wegen Weltklasse. HANDELS-
BLATT; 17.08.2017

Stephan Scheuer und Daniel Delhaes: Interview mit Jochen Homann:
„Stimmung wie bei Goldgräbern" – Bundesnetzagentur-Chef über die
Erwartungen an das 5G-Netz. HANDELSBLATT; 30.08.2018

Tomaso Duso: Neuer 5G-Standard. Gigabit-Netze für viele. Gastbeitrag. SPIEGEL Online; 03.10.2018

Kapitel 5

Jörg Diehl und Wolf Wiedmann-Schmidt: Hauptverdächtiger legte
gefälschte Papiere vor. SPIEGEL Online; 31.08.2018

dpa/hg: Abschiebehaft für Amri war laut Ausländeramt aussichtslos.
ZEIT Online; 10.04.2017

dpa/kg: De Maiziere kritisiert Zögern der Behörden in NRW. ZEIT
Online; 28.03.2017

Larissa Krüger, Franz zu Solms-Laubach, Ralf Schuler, Filipp Piatov
und Hans-Jörg Vehlewald: Abschiebe-Versagen: Frau Merkel, diese
5 Dinge müssen sich ändern; BILD; 18.10.2017

dpa-infocom: CSU fordert deutlich mehr Abschiebeplätze. WELT;
19.10.2017

Bundesministerium des Innern, für Bau und Heimat: Masterplan
Migration. Maßnahmen zur Ordnung, Steuerung und Begrenzung
der Zuwanderung. 04.07.2018

Bernd Bussang und Markus Werning: Abschiebeplätze fehlen –
Straftäter frei. RP Online; 21.04.2017

dpa/nidi: So prüft das Saarland das Alter von jungen Flüchtlingen.
WELT; 11.03.2018

Stephanie Schwarz: Hunderte junge Flüchtlinge fälschen ihr Alter.
Saarbrücker Zeitung; 08.01.2018

Norbert Lossau: So groß ist die Strahlenbelastung beim Röntgen
der Hand. WELT; 02.01.2018

Julian Reichelt: Niemand macht es seinen schlimmsten Feinden so
bequem wie wir. BILD; 16.08.2018

Christoph Berndt: Demonstration in Cottbus gegen Flüchtlinge.
YouTube; 20.01.2018

Ingo Decker: Cottbus kommt einfach nicht zur Ruhe. B.Z.; 21.01.2018.
Wortgleich im TAGESSPIEGEL.

Peter Tiede: Cottbus macht dicht! BILD; 21.01.2018

Joseph Goebbels: Wie der Wolf in die Schafherde einbricht,
so kommen wir! Leitartikel. Völkischer Beobachter; 30.04.1928

Heinz Bude: Die verbaute Zukunft. SPIEGEL Online; 05.03.2016

Gernot Kramper: Die Deutschen sind die armen Würstchen der EU.
STERN; 05.01.2018

Walter Roller: Wenn der Staat hinters Licht geführt wird.
Augsburger Allgemeine; 12.01.2018

Michael Gabel: Handwurzel verrät das Alter. moz.de; 03.01.2018

Martin Niewendick: „Das heißt im Klartext: Es gibt keinen liberalen Islam". WELT; 28.09.2018

Can Dündar: Journalist wirft Erdoğan Angst vor der Presse vor. ZEIT; 28.09.2018

Reuters: Dündar – Wir sind keine Terroristen und werden weiter Fragen stellen. Business Insider Deutschland; 28.09.2018

o. Verf.: Erdogan wirft Deutschland Unterstützung von Terroristen vor. B.Z.; 29.09.2018

dpa: Özil-Causa: Scharfe Attacke von Erdogan an Grindel; 30.09.2018

Claudia von Salzen: Erdogan kritisiert Umgang mit Özil und Gündogan. TAGESSPIEGEL; 29.09.2018

dpa/Ise: Kritik am Islam-Verband Ditib nach Erdogan-Besuch. ZEIT Online; 30.09.2018

Ansgar Graw: Der eigentliche Ditib-Skandal. WELT; 01.10.2018

Heinz Bude: Die verbaute Zukunft. SPIEGEL; 05.03.2016

dpa/kami/mr: „Mit Rumgemose verändert man Deutschland nicht zum Besseren". WELT; 06.10.2018

Pressemitteilung Bund der Steuerzahler e.V.: Von 1 Euro bleiben nur 45,7 Cent; 10.07.2018

Gernot Kramper: Vermögensschock: Die Deutschen sind die armen Würstchen der EU. STERN; 05.01.2018

o. Verf.: Deutschland – kein Land der Eigentümer. Hausgold.de;
12.10.2016

Bundesamt für Verfassungsschutz: Verfassungsschutzbericht 2017 vorgestellt. BMI; 24.07.2018

Niels Kruse: Hamburg brennt an allen Ecken und Kanten. STERN; 07.07.2017

Norman Siewert: Linksextreme Gewalt und Linksterrorismus in Deutschland und Europa. Konrad-Adenauer-Stiftung; 01.02.2018

mba/AFP/dpa: Verfassungsschutzbericht: Mehr Reichsbürger, Salafisten und linke Gewalt in Deutschland. RP Online; 24.07.2018

Markus Wehner: Mehr Gewalttaten durch Linksextremisten. FAZ; 20.06.2018

Klaus Schroeder: Kriminalität: Linke Gewalttaten werden notorisch verharmlost. WELT; 24.05.2016

Abdel-Hakim Ourghi: Muslime werden dazu erzogen, Juden zu hassen. FR; 15.12.2017

Alexander Ritzmann: Hamas-TV sendet ungehindert Hass nach Europa. WELT; 28.05.2008

o. Verf.: Apps, Emojis, Memes: Wie Islamisten Kinder in sozialen Medien rekrutieren. Jugendschutz.net; 12.06.2018

Paula Bodensteiner und Susanne Schmid: Asylsuchende in Bayern und ihre Integration. Herausgegeben von der Hanns-Seidel-Stiftung; 26.09.2017

o. Verf.: Einstellungen, Feindbilder und Hassbotschaften. Forschungsprojekt der FU Berlin; 12.07.2016

Sascha Lobo: Die vielen Formen des Netz-Antisemitismus. SPIEGEL Online; 13.12.2017

Elio Adler: Antisemitismus hat viele Gesichter. Unveröffentlichtes Arbeitspapier, Oktober 2018

Maike Wegner: Gefängnis für Beitragsverweigerer?. Lübecker Nachrichten; 15.05.2018

Hermann Tydecks: Sachse geht für ein Knöllchen in den Knast. TAG24; 13.04.2018

Das Erste: Ersatzfreiheitsstrafen kosten deutschlandweit rund 200 Millionen Euro; deutlicher Anstieg der belegten Haftplätze. Monitor; 11.01.2018

Horand Knaup: Immer mehr Deutsche verlieren das Vertrauen in den Rechtsstaat. t-online; 14.05.2018

Duden: No-go-Area

Verfassungsschutz des Landes Brandenburg, Ministerium des Innern: „National befreite Zonen" – Kampfparole und Realität. https://verfassungsschutz.brandenburg.de/media_fast/4055/national_befreite_zonen.pdf; 2001

o. Verf.: Steuerzahlerbund veröffentlicht 43. Schwarzbuch. Bund der Steuerzahler Deutschland e.V.; 30.09.2015

o. Verf.: Ehepaar klagt an: Linke Hausbesetzer jagen uns mit Nazi-Methoden. B.Z.; 10.10.2018

Wo Deutschlands Drogenszene blüht. sternTV; 06.12.2017

Matthias Becker: Bruder von Polizisten-Mörder tötet Familienvater. BILD; 09.10.2018

o. Verf.: Zahl der geduldeten Abschiebepflichtigen in Deutschland stark gestiegen. WELT; 28.03.2018

Wolfgang Wichmann: 600.000 oder deutlich weniger? Tagesschau; 29.05.2018

Dirk Schümer: Die Kultur der Duldung zermürbt unser Land. WELT; 31.07.2017

Dietmar Seher: Wie die Polizei den Clans das Handwerk legen will. t-online; 25.09.2018

Ralph Ghadban: Die Clan-Kriminalität; 01.11.2016

Peter Huth: Araberclans in Berlin machen, was sie wollen. WELT; 03.03.2018

Jürgen Zurheide: „Wir wollen ihnen den wirtschaftlichen Boden entziehen". Ein Gespräch mit Frank Richter. Deutschlandfunk; 04.08.2018

Julius Betschka: „Wir müssen die Kinder aus den Clan-Familien rausnehmen". Berliner Morgenpost; 02.08.2018

Jan Fleischhauer: Die Treibjagd. SPIEGEL; 13.09.2018

o. Verf.: Drei Terroranschläge durch Sicherheitsbehörden verhindert. TAGESSPIEGEL; 17.12.2017

Gunnar Schupelius: Asyl-Klagen legen Gericht lahm. Bürger müssen jetzt lange warten. B.Z.; 12.12.2017

Stefan Vetter: Richterbund sieht Rechtsstaat in Gefahr. Saarbrücker Zeitung; 01.01.2018

dpa/vk: Gewerkschaft kritisiert Personalmangel und warnt vor Selbstjustiz. ZEIT Online; 28.08.2018

Martin Ferber: Pensionswelle schwächt Polizei. Augsburger Allgemeine Zeitung; 03.08.2017

Markus Decker: Richter und Anwälte – Staatsdiener verlieren beim Gehalt den Anschluss. B.Z.; 09.02.2018

Frank Jung: Die Justiz wird digital: SH baut alle 240 Gerichtssäle um. shz.de; 28.12.2017

Jihad-Jungen 2015 im Hamas-TV: https://www.youtube.com/watch?v=ZxmAhW805GU

Children's Show on Palestinian TV Praises Palestinian Attackers as „Young Heroes": https://www.memri.org/tv/childrens-show-palestinian-tv-praises-palestinian-attackers-young-heroes; 16.10.2015

Recherche-Interview mit Melanie Möllmann, Innenministerium NRW, vom 25.09.2018 zum Thema „Clan-Kriminalität in NRW"